DISCURSO E PODER

CÓPIA NÃO AUTORIZADA É CRIME
ABDR
ASSOCIAÇÃO BRASILEIRA DE DIREITOS REPROGRÁFICOS
RESPEITE O DIREITO AUTORAL

TEUN A. VAN DIJK

JUDITH HOFFNAGEL · KARINA FALCONE
(ORGANIZAÇÃO)

DISCURSO E PODER

Traduação e adaptação
Judith Hoffnagel
Ana Regina Vieira
Leonardo Mozdzenski
Benedito Gomes Bezerra
Rodrigo Castro
Karina Falcone

Revisão técnica
Normanda da Silva Beserra
Valeria Severina Gomes
Francisco Eduardo Vieira da Silva
Adriana Letícia Rosa
Leonardo Mozdzenski

Montagem de capa e diagramação
Gustavo S. Vilas Boas

Revisão
Daniela Marini Iwamoto

Dados Internacionais de Catalogação na Publicação (CIP)
(Câmara Brasileira do Livro, SP, Brasil)

Dijk, Teun A. van
Discurso e poder / Teun A. van Dijk ; Judith Hoffnagel, Karina Falcone, organização. – 2. ed., 6ª reimpressão. – São Paulo : Contexto, 2023.

Vários colaboradores.
Bibliografia.
ISBN 978-85-7244-406-4

1. Análise do discurso 2. Poder (Ciências sociais) 3. Política – Linguagem 4. Semiótica 5. Sociologia política 6. Teoria crítica I. Hoffnagel, Judith. II. Falcone, Karina. III. Título.

08-05068 CDD-401.41

Índices para catálogo sistemático:
1. Análise do discurso : Comunicação : Linguagem 401.41
2. Discurso e poder : Análise : Linguagem e comunicação 401.41

2023

EDITORA CONTEXTO
Diretor editorial: *Jaime Pinsky*

Rua Dr. José Elias, 520 – Alto da Lapa
05083-030 – São Paulo – SP
PABX: (11) 3832 5838
contato@editoracontexto.com.br
www.editoracontexto.com.br

Sumário

Apresentação

Abuso de poder. Essa é a denominação dada por Teun van Dijk para a dominação exercida pelas elites simbólicas. Até aí, nada teríamos de muito novo, não fosse a preocupação do importante intelectual holandês da análise de discurso. Utilizando como instrumento a Análise de Discurso Crítica, van Dijk conclui que as elites simbólicas, que têm acesso privilegiado aos discursos públicos, também controlam a reprodução discursiva da dominação na sociedade. O livro mostra que isso ocorre na política, na mídia, na ciência e na burocracia, por exemplo.

Conhecido no Brasil por seus trabalhos anteriores já publicados pela Editora Contexto (*Cognição, discurso e interação* e *Racismo e discurso na América Latina*), van Dijk demonstra neste *Discurso e poder* grande capacidade de perceber os fenômenos da sociedade, de modo interdisciplinar, a partir de uma abordagem com raízes na linguística, mas que atingem as ciências humanas em geral.

Como todos os estudos de van Dijk na ADC nas últimas décadas, também esses trabalhos são multidisciplinares e estabelecem uma relação explícita entre discurso e sociedade por uma interface cognitiva de modelos mentais e cognições sociais como conhecimentos e ideologias. Isso é perceptível, por exemplo, na reprodução do racismo na sociedade. Racismo que, evidentemente, não é inato, mas aprendido a partir dos discursos públicos na sociedade, discursos controlados pelas elites. Também na política a relação entre discurso, cognição e sociedade é importante, por exemplo, na manipulação da opinião pública nos discursos beligerantes de políticos para conseguir apoio da população e dos parlamentares para ações bélicas, seja em ditaduras, seja em democracias formais.

Publicar esta obra é uma contribuição da Editora Contexto ao aprofundamento da questão da análise de discurso, que tantos e bons especialistas têm no Brasil.

É importante notar que esta obra foi traduzida e adaptada por uma excelente equipe da Universidade Federal de Pernambuco, coordenada por Karina Falcone e Judith Hoffnagel.

Os Editores

Discurso e dominação: uma introdução

Se definirmos *Critical Discourse Studies* (CDS) ou, em português, *Estudos Críticos do Discurso* (ECD) como um movimento científico especificamente interessado na formação de teoria e na análise crítica da reprodução discursiva de abuso de poder, então um exame detalhado do conceito de poder constitui uma tarefa central dos ECD. No entanto, assim como ocorre com muitas das noções fundamentais das ciências sociais, também a noção de poder revela-se tão complexa quanto vaga. Não é surpresa que haja um vasto número de livros e artigos dedicado à análise desse conceito central em muitas disciplinas. É imperativo, portanto, que focalizemos naquelas dimensões de poder que são diretamente relevantes ao estudo do uso linguístico, do discurso e da comunicação.

Entretanto, meu objeto de estudo – a saber, a "reprodução discursiva de abuso de poder e desigualdade social" – também é uma noção problemática e, portanto, também necessita de uma análise teórica detalhada. Em outras palavras, interessa-nos investigar, por exemplo, de que modo uma entonação específica, um pronome, uma manchete jornalística, um tópico, um item lexical, uma metáfora, uma cor ou um ângulo de câmera, entre uma gama de outras propriedades semióticas do discurso, se relacionam a algo tão abstrato e geral como as relações de poder na sociedade. Isto é, de alguma forma precisamos relacionar propriedades típicas do micronível da escrita, da fala, da interação e das práticas semióticas a aspectos típicos do macronível da sociedade como grupos, organizações ou outras coletividades e suas relações de dominação.

Além do mais, os ECD não estão meramente interessados em qualquer tipo de poder, mas especificamente se concentram no *abuso* de poder, isto é, nas formas de dominação que resultam em desigualdade e injustiça sociais. Uma noção normativa desse tipo (abuso é *ruim*) requer uma análise em termos de outras noções e critérios normativos das ciências sociais, tais como legitimidade, que por sua vez pressupõe uma ética aplicada e uma filosofia moral. Assim, neste livro tratamos frequentemente da reprodução discursiva do racismo, e uma análise crítica de tais práticas discursivas pressupõe, pelo menos do *nosso* ponto de vista, que o racismo é errado, por exemplo, porque práticas racistas (sexistas etc.) são normas inconsistentes com a igualdade social.

Em outras palavras, vemos que muitos conceitos dos ECD precisam ser formulados em termos das próprias noções fundamentais das ciências sociais. Neste livro, tento contribuir para esse debate acerca dos fundamentos dos ECD, desenvolvendo noções teóricas e aplicando essas noções em exemplos concretos da análise crítica. Nesta introdução apresento essas diferentes contribuições dentro de um coerente quadro teórico.

Estudos Críticos do Discurso

Antes de apresentar o quadro teórico para o estudo da reprodução discursiva do abuso de poder, preciso primeiramente defender o estudo crítico do discurso em termos mais gerais.

Embora o rótulo *Critical Discourse Analysis* (CDA) ou, em português, *Análise Crítica do Discurso* (ACD) seja agora amplamente adotado, gostaria de propor uma mudança dessa expressão para *Critical Discourse Studies* (CDS), isto é, *Estudos Críticos do Discurso* (ECD) por uma série de razões óbvias. A principal razão é que os ECD *não* são, como frequentemente se presume – especialmente nas ciências sociais –, um *método* de *análise* do discurso. Não existe esse tipo de método. Os ECD usam qualquer método que seja relevante para os objetivos dos seus projetos de pesquisa e tais métodos são, em grande parte, aqueles utilizados em estudos de discurso em geral.

De fato, e pela mesma razão, também a *análise do discurso* em si não é um *método*; antes, constitui um domínio de práticas acadêmicas, uma transdisciplina distribuída por todas as ciências humanas e sociais. Pela mesma razão, prefiro usar o rótulo *Discourse Studies* (DS), ou seja, *Estudos do Discurso* (ED) para essa disciplina.

Métodos de Estudos (Críticos) do Discurso

Assim, tanto dentro dos estudos discursivos em geral quanto dentro dos ECD em particular, encontramos a habitual interação entre teoria, métodos de observação, descrição ou análise, e suas aplicações. Dessa forma, não existe "uma" análise do discurso como um método, como também não há "uma" análise social nem "uma" análise cognitiva. Tanto os ED como os ECD possuem métodos de estudo bastante diferentes, dependendo dos objetivos da investigação, da natureza dos dados estudados, dos interesses e das qualificações do pesquisador, bem como de outros parâmetros do contexto de pesquisa. Assim, nesses dois campos, podemos encontrar maneiras de estudar as estruturas e estratégias da escrita e da fala, tais como:

- Análise gramatical (fonológica, sintática, lexical, semântica);
- Análise pragmática dos atos de fala e dos atos comunicativos;
- Análise retórica;
- Análise estilística;
- A análise de estruturas específicas (gênero etc.): narrativa, argumentação, notícias jornalísticas, livros didáticos etc.;
- Análise conversacional da fala em interação;
- Análise semiótica de sons, imagens e outras propriedades multimodais do discurso e da interação.

Esses diferentes tipos de análise (observação, descrição etc.) podem se combinar e se sobrepor de muitas maneiras, de tal modo que uma investigação pode se concentrar na semântica da narrativa, na retórica do discurso político, na pragmática da conversação ou na semiótica do estilo. Dentro de cada tipo de análise sempre há, de novo, muitas maneiras de fazê-la (o que às vezes também é descrito como "métodos" ou "abordagens"), como por exemplo a análise formal, a análise funcional etc., que podem, por sua vez, ser bastante diferentes nas muitas teorias, escolas ou "seitas" que conhecemos em cada disciplina acadêmica. Na maioria das vezes, essas análises serão descrições qualitativas dos detalhes da estrutura discursiva, mas, se tivermos muitas análises de dados, essas descrições podem ser quantificadas.

No entanto, apesar de todas essas diferenças, podemos chamar essas abordagens de *maneiras* de fazer a *análise* ou a *descrição* de discurso. Embora neste caso não seja tão comum falar de "métodos", no sentido tradicional, não há nenhum problema sério em descrever essas "maneiras de análise" em termos de "métodos".

Além dessas diferentes abordagens analíticas, pesquisas em estudos do discurso podem recorrer aos métodos tradicionais das ciências sociais, tais como:

- Observação participante;
- Métodos etnográficos;
- Experimentos.

O discurso não é analisado apenas como um objeto "verbal" autônomo, mas também como uma interação situada, como uma prática social ou como um tipo de comunicação numa situação social, cultural, histórica ou política. Assim, em vez de simplesmente analisar uma conversação entre vizinhos, talvez seja necessário fazer o trabalho de campo em uma vizinhança, observar como as pessoas falam em bares ou outros lugares públicos e descrever muitos outros aspectos relevantes desses eventos comunicativos, tais como a situação temporal ou espacial, circunstâncias especiais, os participantes e seus papéis comunicativos e sociais, as outras várias atividades que se realizam ao mesmo tempo, e assim por diante.

Enquanto essas diferentes formas de observação e análise são bastante típicas das ciências sociais, muitos tipos de psicologia podem utilizar experimentos controlados de laboratório ou de campo para testar hipóteses específicas. Há uma grande quantidade de pesquisas sobre os muitos parâmetros mentais que influenciam a produção e compreensão discursiva e frequentemente só podemos saber quais são eles e como operam ao examinarmos, em um experimento, como as condições experimentais especiais (circunstâncias, dados, tarefas etc.) geram consequências especiais para o modo como falamos ou compreendemos o discurso.

Em resumo, tanto os estudos do discurso quanto os estudos críticos do discurso fazem uso de uma grande quantidade de métodos de observação, de análise e de outras estratégias para coletar, examinar ou avaliar dados, para testar hipóteses, para desenvolver teorias e para adquirir conhecimentos.

O foco analítico especial nos ECD

É importante notar, contudo, que apesar desse pluralismo metodológico, há preferências e tendências em função do enfoque especial dos ECD sobre os aspectos de abuso de poder e, portanto, mais geralmente, sobre as condições e consequências sociais da escrita e da fala. Em primeiro lugar, as pesquisas em ECD, em geral, preferem métodos que não infringem os direitos das pessoas estudadas e que são compatíveis com os interesses de grupos sociais que são o foco das pesquisas. Em outras palavras, os métodos dos ECD são escolhidos de modo que a pesquisa possa contribuir para a apoderação social de grupos dominados, especialmente no domínio do discurso e da comunicação.

Em segundo lugar, os métodos dos ECD concentram-se de forma específica nas complexas relações entre a estrutura social e a estrutura discursiva, bem como no modo como as estruturas discursivas podem variar ou ser influenciadas pela estrutura social. Por exemplo, certas estruturas sintáticas oracionais são obrigatórias (tais como os artigos precedendo os substantivos em inglês), independentemente da situação social do discurso, e, portanto, não vão variar diretamente em função do poder do falante. Se você é da Esquerda ou da Direita, a gramática da língua é a mesma para todos. Em outras palavras, o abuso de poder só pode se manifestar na língua onde existe a possibilidade de variação ou escolha, tal como chamar uma mesma pessoa de "terrorista" ou de "lutador pela liberdade", dependendo da posição e da ideologia do falante. Semelhantemente, notícias na imprensa sempre têm manchetes desempenhando ou não um papel na reprodução de preconceitos étnicos. Assim, é antes a forma e o significado de uma manchete do que sua propriedade estrutural em si que podem estar relacionados à situação social. Embora esse tipo de perspectiva seja, em geral, correto, há casos nos quais as estruturas de dominação influenciam não só as opções ou variações do uso linguístico ou do discurso, mas também os sistemas semióticos ou discursivos como um todo, os gêneros e outras práticas sociais.

Podemos concluir que os ECD se concentrarão, em geral, naqueles sistemas e estruturas da fala ou da escrita que podem variar em função de condições sociais relevantes do uso linguístico, ou que podem contribuir para consequências sociais específicas do discurso, tais como influenciar as crenças e ações sociais dos ouvintes e leitores. Mais especificamente, os ECD preferem enfocar aquelas propriedades do discurso que são mais tipicamente associadas com a expressão, a confirmação, a reprodução ou o confronto do poder social do(s) falante(s) ou escritor(es) enquanto membros de grupos dominantes.

Essas propriedades podem incluir, de um lado, uma entonação especial, as propriedades visuais e sonoras (cor, tipografia, configurações de imagens, música), as estruturas sintáticas (tais como ativas e passivas), a seleção lexical, a semântica de pressuposições ou as descrições de pessoas, as figuras retóricas ou as estruturas argumentativas e, do outro lado, a seleção de atos de fala específicos, os movimentos de polidez ou as estratégias conversacionais.

O discurso racista e, de forma mais geral, o discurso ideológico dos membros de um grupo (endogrupo), por exemplo, tipicamente enfatizam, de várias maneiras discursivas, as características positivas de Nosso próprio grupo e seus membros, e as (supostas) características negativas dos Outros, o grupo de fora (exogrupo). Os autores podem fazer isso ao selecionar tópicos especiais, como o tamanho ou a cor das manchetes, o uso de fotografias ou cartuns, por gestos ou ao escolher itens lexicais especiais ou metáforas, por argumentos (e falácias), ao contar histórias, e assim por diante. Percebemos que uma estratégia geral envolvida na reprodução discursiva (por exemplo, racista ou sexista) de dominação, a saber, a polarização endogrupo-exogrupo (exaltação do endogrupo *versus* derrogação do exogrupo), pode ser realizada de várias formas e em muitos níveis de discurso.

Nesse tipo de análise, estruturas discursivas polarizadas desempenham um papel crucial na expressão, na aquisição, na confirmação e, portanto, na reprodução da desigualdade social. Note, no entanto, que esse tipo de relação entre estruturas discursivas e estruturas sociais não é uma simples relação causal ou de correlação. Antes, temos que considerar um processo sociocognitivo bastante complexo, envolvendo, por exemplo, os modelos mentais ou outras representações cognitivas dos participantes. Também temos que explicar como esses são influenciados pelas estruturas discursivas, por um lado, e influenciam a interação (e, portanto, os discursos futuros), pelo outro.

Metas gerais dos ECD

Apesar da grande diversidade de métodos usados nos ECD, estes possuem algumas metas bastante gerais com as quais a maioria dos estudiosos desse campo concorda. Já formulei uma dessas metas anteriormente, qual seja, *o estudo da reprodução discursiva do abuso de poder*. Em outras palavras, os ECD estão especificamente interessados no estudo (crítico) de questões e problemas sociais, da desigualdade social, da dominação e de fenômenos relacionados, em geral, e no papel do discurso, do uso linguístico ou da comunicação em tais fenômenos, em particular. Podemos chamar isso o *domínio* especial dos ECD: fenômenos sociais específicos, problemas específicos e temas específicos de pesquisa.

No entanto, isso não é tudo. É também preciso tornar mais explícita a noção de "crítico". Estudar as questões ou problemas sociais é uma tarefa normal das ciências sociais, mas esses estudos tradicionais não são inerentemente "críticos". Em outras palavras, há nos ECD um aspecto normativo envolvido, uma perspectiva, uma atitude, uma maneira especial de fazer pesquisas sociais relevantes.

Não é fácil definir as propriedades precisas dessa perspectiva ou atitude crítica, e o que segue não é nem totalmente explícito, nem exaustivo. Os Estudos de Discurso, mais especificamente, podem ser definidos como "críticos" se satisfazem um ou vários dos seguintes critérios, em que "dominação" significa "abuso de poder social por um grupo social":

- Relações de dominação são estudadas principalmente da perspectiva do grupo dominado e do seu interesse.
- As experiências dos (membros de) grupos dominados são também usadas como evidências para avaliar o discurso dominante.
- Pode ser mostrado que as ações discursivas do grupo dominante são ilegítimas.
- Podem ser formuladas alternativas viáveis aos discursos dominantes que são compatíveis com os interesses dos grupos dominados.

Esses pontos claramente implicam que estudiosos dos ECD não são "neutros", mas se comprometem com um engajamento em favor dos grupos dominados na sociedade. Eles assumem uma posição e fazem isso de modo explícito. Enquanto muitas pesquisas sociais "neutras" podem ter uma posição social, política ou ideológica implícita (ou, de fato, negar que tomam essa posição, o que obviamente é também uma tomada de posição), estudiosos dos ECD reconhecem e refletem sobre seus próprios compromissos com a pesquisa e sobre sua posição na sociedade. Eles não são conscientes apenas cientificamente de sua escolha de tópicos e prioridades de pesquisa, teorias, métodos ou dados, mas são também conscientes social e politicamente. Eles não meramente estudam os problemas ou formas sociais de desigualdade porque são coisas "interessantes" para estudar, mas também estudam com o propósito explícito de contribuir para uma mudança social específica em favor dos grupos dominados. Eles se examinam criticamente para observar se os resultados de sua pesquisa podem beneficiar a posição dominante dos grupos poderosos na sociedade. Além de assumir a perspectiva dos grupos dominados, os estudiosos dos ECD podem também tentar influenciar e cooperar com "agentes de mudança" ou "dissidentes" cruciais dos grupos dominantes.

Já houve bastante debate sobre se pesquisas de estudiosos social e politicamente comprometidos são de fato "científicas". Acusações de um "viés" contra a pesquisa crítica são ocorrências comuns e, elas mesmas, necessitam de uma análise crítica – até porque o *não* comprometimento político é também uma escolha política. Contudo, como estudiosos críticos, deveríamos levar a sério a crítica séria. É crucial enfatizar que uma perspectiva crítica e socialmente comprometida não implica menor rigor na pesquisa. Nada do que acaba de ser descrito sobre a pesquisa crítica nas ciências sociais implica que as teorias e os métodos dos ECD deveriam ser menos científicos.

Ao contrário, estudiosos dos ECD são conscientes de que os estudos discursivos de problemas sociais que podem efetivamente beneficiar grupos dominados e que podem contribuir para o abandono ou para a mudança de práticas discursivas ilegítimas das elites simbólicas normalmente requerem programas de pesquisa, teorias e métodos que são complexos e multidisciplinares. Uma coisa é estudar formalmente, por exemplo, os pronomes, as estruturas argumentativas ou os movimentos da interação conversacional, e outra coisa bem diferente é fazê-lo com igual rigor como parte de um programa de pesquisa mais complexo que mostra como tais estruturas podem contribuir à reprodução de racismo ou sexismo na sociedade.

Como vimos anteriormente, isso com frequência significa relacionar estruturas discursivas com estruturas cognitivas, por um lado, e com estruturas sociais, por outro. Isso requer teorias e métodos multidisciplinares.

Em outras palavras, os ECD tratam especificamente de problemas sociais complexos para os quais é necessário desenvolver ou aplicar teorias e métodos complexos de várias disciplinas e, ao mesmo tempo, deve-se satisfazer os critérios sociais mencionados acima – tal como ser relevante para grupos dominados. Isso significa que, em geral, os critérios para a pesquisa em ECD são frequentemente mais exigentes do que os para outras formas de estudo de discurso.

Note também que *não* estamos dizendo que todas as outras formas de estudo de discurso devem ser "críticos", apenas que os estudos críticos não são menos científicos porque são críticos. Estudos críticos devem ser adequados teórica e metodologicamente porque, de outra forma, não seriam capazes de contribuir para suas metas sociopolíticas. Em suma, uma má análise de discurso, também em ECD, não cumpre os critérios bastante elevados dos ECD, a saber, ser capaz de contribuir para a mudança social.

Os estudiosos dos ECD podem muito bem se engajar no desenvolvimento teórico que até agora não tem aplicações diretas, mas que pode contribuir para melhorar as bases da pesquisa dos ECD. Se os estudiosos dos ECD estiverem especialmente interessados no tópico geral da reprodução discursiva do abuso de poder na sociedade, talvez tenham que examinar, também em termos mais gerais, a relação entre discurso e poder, ou o que faz o abuso de poder ilegítimo.

Discurso e reprodução do poder social

É dentro dessa perspectiva mais ampla dos propósitos e bases dos Estudos Críticos de Discurso que examino as complexas relações entre discurso e poder.

Embora haja muitos conceitos de poder na filosofia e nas ciências sociais, neste livro eu defino essencialmente poder *social* em termos de *controle*, isto é, de controle de um grupo sobre outros grupos e seus membros. Tradicionalmente, controle é definido como controle sobre as ações de outros. Se esse controle se dá também no interesse daqueles que exercem tal poder, e contra os interesses daqueles que são controlados, podemos falar de *abuso* de poder. Se as ações envolvidas são ações comunicativas, isto é, o discurso, então podemos, de forma mais específica, tratar do controle sobre o discurso de outros, que é uma das maneiras óbvias de como o discurso e o poder estão relacionados: pessoas não são livres para falar ou escrever quando, onde, para quem, sobre o que ou como elas querem, mas são parcial ou totalmente controladas pelos outros poderosos, tais como o Estado, a polícia, a mídia ou uma empresa interessada na supressão da liberdade da escrita e da fala (tipicamente crítica). Ou, ao contrário, elas têm que falar ou escrever como são mandadas a falar ou escrever.

Esse controle é difuso na sociedade. Poucas pessoas têm uma liberdade total para dizer e escrever o que querem, onde e quando querem e para quem querem. Há restrições sociais de leis (por exemplo, contra a difamação ou a propaganda racista) ou de normas sobre o que é apropriado. Além disso, a maioria das pessoas tem empregos nos quais são obrigadas a produzir tipos específicos de fala e escrita. Nesse sentido, o controle do discurso parece ser a regra, e não a exceção. Para investigar o abuso desse controle de discurso, então, precisamos formular condições específicas, tais como violações específicas de direitos humanos ou sociais, a serem discutidas a seguir.

O controle se aplica não só ao discurso como prática social, mas também às mentes daqueles que estão sendo controlados, isto é, aos seus conhecimentos, opiniões, atitudes, ideologias, como também às outras representações pessoais ou sociais. Em geral, o controle da mente é indireto, uma intencional, mas apenas possível ou provável consequência do discurso. E uma vez que as ações de pessoas são controladas por suas mentes (conhecimento, atitudes, ideologias, normas, valores), o controle da mente também significa controle indireto da ação. Essa ação controlada pode de novo ser discursiva, de modo que o discurso poderoso possa, indiretamente, influenciar outros discursos que sejam compatíveis com o interesse daqueles que detêm o poder. Com esse resumo, explicamos o processo fundamental da reprodução de poder através do discurso. Examinemos esse processo mais detalhadamente.

Controle do contexto: acesso

Se o discurso controla mentes, e mentes controlam ação, é crucial para aqueles que estão no poder controlar o discurso em primeiro lugar. Como eles fazem isso? Se eventos comunicativos consistem não somente de escrita e fala "verbais", mas também de um contexto que influencia o discurso, então o primeiro passo para o controle do discurso é controlar seus contextos. Por exemplo, as elites ou organizações poderosas podem decidir quem pode participar em algum evento comunicativo, quando, onde e com que propósitos.

Isso significa que precisamos examinar em detalhe as maneiras como o *acesso* ao discurso está sendo regulado por aqueles que estão no poder, como é tipicamente o caso de uma das formas mais influentes de discurso público, qual seja, o da mídia de massa: Quem tem acesso à (produção da) notícia ou aos programas, e quem controla tal acesso? Quem é capaz de organizar entrevistas coletivas que serão assistidas por muitos jornalistas? Os *releases* de quem estão sendo lidos e usados? Quem está sendo entrevistado e citado? As ações de quem são definidas como notícias? Os artigos de opinião de quem ou cartas ao editor estão sendo publicados? Quem pode participar de um programa de televisão? E, de forma mais geral, a definição de quem acerca da situação social ou política é aceita e levada a sério?

Em todos esses casos, estamos falando de acesso *ativo*, isto é, a participação no controle dos conteúdos e das formas da mídia, e não sobre o acesso mais ou menos *passivo* de consumidores (mesmo quando esses consumidores possam ativamente resistir às mensagens da mídia através de interpretações não preferidas). Além disso, deve ser enfatizado que o acentuado acesso global à mídia pode significar a obliteração das mídias pequenas e alternativas que têm menores recursos técnicos e financeiros. Em outras palavras, a própria noção de acesso precisa de mais análise, porque possui muitas dimensões. Neste livro, tratarei do acesso apenas como uma forma de contribuição ativa ou participação na produção do discurso público, por exemplo, no que diz respeito aos modos como as organizações ou os cidadãos têm acesso aos jornalistas e são capazes de influenciar a cobertura jornalística.

Controle do discurso

Uma vez estabelecido como tais parâmetros do contexto e da produção de discurso são controlados, podemos investigar como as próprias estruturas do discurso estão sendo controladas. *O que* (desde tópicos globais a significados locais) pode ou deve ser dito, e *como* isso pode ou deve ser formulado (com que palavras, de modo mais ou menos detalhado, preciso, em que tipo de oração, em que ordem, em primeiro ou segundo plano etc.)? E quais atos de fala ou outros atos comunicativos devem ou podem ser realizados por tais formas e significados discursivos, e como são organizados tais atos na interação social?

Controle da mente

Para cada fase do processo da reprodução precisamos de uma análise discursiva, social e cognitiva detalhada e sofisticada. Muitas das relações que acabamos de mencionar são até agora pouco entendidas. Estamos começando a compreender como o discurso está sendo tratado, mas ainda falta muito para compreendermos como tal entendimento leva às várias formas de "mudança de mentalidade": aprendizagem, persuasão, manipulação ou doutrinação. O "controle da mente" envolve muito mais do que apenas a compreensão da escrita ou da fala; envolve também o conhecimento pessoal e social, as experiências prévias, as opiniões pessoais e as atitudes sociais, as ideologias e as normas ou valores, entre outros fatores que desempenham um papel na mudança de mentalidade das pessoas.

Uma vez que temos uma melhor visão desses complexos processos e representações cognitivos, talvez seremos capazes de mostrar, por exemplo, como reportagens tendenciosas sobre imigrantes podem levar à formação ou confirmação de preconceitos e estereótipos, que por sua vez podem levar a – ou serem controlados pela formação de – ideologias racistas, as quais, por sua vez, podem ser usadas para produzir novas escritas ou falas tendenciosas em outros contextos, que finalmente podem contribuir à reprodução discursiva do racismo. Hoje entendemos muito disso em termos bastante gerais, mas, como afirmamos, os detalhes desses processos de influências discursivas sobre as mentes ou as pessoas são pouco compreendidos.

O estudo da influencia da mídia em termos de "controle da mente" deveria dar-se dentro de um enquadre sociocognitivo mais amplo que relacione as estruturas complexas da mídia de hoje (nova) aos usos dessa mídia e, finalmente, as várias formas complexas que tais usos podem influenciar a mente das pessoas. É verdade que a mídia de "massa" tem se diversificado em um grande número de mídias alternativas, mídias de "nichos" especiais e, especialmente, as vastas possibilidades da internet, dos telefones celulares e de seus usos mais individuais das notícias, do entretenimento e de outros "conteúdos". Os leitores e os espectadores podem ter se tornado mais críticos e independentes. Mesmo assim, mais análises críticas são necessárias para descobrir se essa diversidade de tecnologias, mídias, mensagens e opiniões faz com que o cidadão seja melhor informado e capaz de resistir à manipulação através de mensagens que aparentam ser direcionadas pessoalmente para ele – mas que poderia implementar muito bem as ideologias dominantes que não mudaram muito. A ilusão de liberdade e diversidade pode ser uma das melhores maneiras de produzir a hegemonia ideológica que servirá aos interesses dos poderes dominantes na sociedade, incluindo as empresas que fabricam essas próprias tecnologias e seus conteúdos midiáticos e que, por sua vez, produzem tal ilusão.

Análise do Discurso como análise social

Problemas teóricos e empíricos semelhantes caracterizam a definição de grupos ou organizações poderosos; em outras palavras, a própria origem do ciclo da reprodução discursiva do poder. Que características os grupos de pessoas precisam ter para serem descritos como poderosos?

Isso pode ser intuitivamente claro para governos, parlamentos, agências estatais, a polícia, a mídia, os militares e as grandes empresas, como também pode ser para alguns profissionais como médicos ou professores, ou para alguns papéis sociais, tais como os pais. No entanto, embora esse possa ser o caso para a mídia enquanto organizações e empresas, isso também implica que os repórteres individuais são poderosos? A maioria, provavelmente, negaria esse tipo de asserção, mesmo se reconhecesse que tem o poder de influenciar as mentes de centenas de milhares, se não de milhões de pessoas. Poder nesse sentido não deve ser definido como o poder de uma pessoa, mas antes como o poder de uma posição social, sendo organizado como parte constituinte do poder de uma organização. Portanto, precisamos fazer uma análise social muito mais sofisticada para conseguirmos indicar com precisão quem controla o discurso público e como.

Exemplos semelhantes podem ser dados para outro campo importante do "poder simbólico", a saber, a educação. Sabemos que professores e livros didáticos influenciam as mentes dos alunos, e não é possível negar que esperemos que eles o façam se quisermos que nossos filhos *aprendam* algo. Mas é muito difícil distinguir entre uma aprendizagem que realmente serve aos estudantes nas suas vidas presentes e futuras, de um lado, e a doutrinação das ideologias de grupos ou organizações poderosas na sociedade, ou uma aprendizagem que impede que os alunos desenvolvam seu potencial crítico, do outro. Ainda assim, não concentraria a culpa em um professor ou uma passagem tendenciosa num livro didático, uma vez que a forma de influência pode ser muito mais difusa, complexa, global, contraditória, sistemática e quase não percebida por todos os envolvidos. De fato, desde o Ministério da Educação ao estabelecer parâmetros curriculares até os autores e editores ao produzirem livros didáticos ou os comitês de professores que os aprovam e, finalmente, os professores que os usam para ensinar, todos podem estar convencidos de que o que esses livros didáticos ensinam é bom para os alunos.

Esses exemplos podem ser multiplicados para todos os domínios da sociedade, isto é, para a política, para a justiça, para a saúde, para as burocracias, para as agências estatais e para as grandes empresas e, de cima para baixo, desde as principais elites até os que executam as políticas, as normas e os planos delineados pelos que estão em uma situação superior.

Novamente: poder e acesso

Em resumo, quando "fazemos" análise de discurso como análise social, nós nos envolvemos com estruturas de organização, controle e poder vastamente complexas, das quais a fala e a escrita públicas podem ser apenas uma de muitas outras práticas sociais a serem examinadas. Além do mais, esse estudo crítico de organizações complexas e poderosas tem seus próprios problemas metodológicos, por exemplo, limitações sérias de acesso. Dessa forma, podemos analisar criticamente uma notícia ou um editorial público, um livro didático ou uma interação em sala de aula, a propaganda de um partido político ou a publicidade de uma empresa, mas raramente teremos acesso ao tipo de interação discursiva que ocorre no topo: uma reunião da cúpula do governo, a reunião editorial de um jornal, uma reunião dos líderes de um partido político ou as deliberações dos diretores de uma empresa.

Na prática do trabalho de campo, a regra geral é que quanto mais altos e influentes o discursos menos eles se mostram públicos e acessíveis para um exame crítico – e às vezes é a lei que limita o acesso, como é o caso das reuniões ministeriais.

Por exemplo, na minha própria pesquisa de campo sobre o racismo e a imprensa, nenhum pesquisador conseguiu acesso às reuniões editoriais de um jornal, ao menos nenhum de que eu tenha conhecimento. E todos os que já fizeram trabalho de campo sabem que entrevistas com as elites são muito mais difíceis de conseguir do que falar com as pessoas comuns no seu próprio ambiente – pessoas essas que se mostram, muitas vezes, felizes por falarem, já que normalmente ninguém pede sua opinião sobre suas experiências.

É por isso que temos dados públicos sobre o racismo de debates políticos, relatórios noticiosos, livros didáticos ou programas de partidos políticos, mas não sobre como os ministros, líderes de partidos, editores, diretores de empresas ou burocratas em posições superiores falam e escrevem, internamente, sobre imigrantes e minorias.

O PODER COMO CONTROLE SOBRE O DISCURSO PÚBLICO

Neste livro, mostro como a análise social crítica está intimamente imbricada com a análise de discurso contextual. Tradicionalmente, o poder social de grupos (classes, organizações) foi definido em termos de seu acesso preferencial a – ou controle sobre – recursos materiais específicos, tais como o capital ou a terra, recursos simbólicos, tais como o conhecimento, a educação ou a fama, ou a força física.

Muitas formas de poder contemporâneo, contudo, devem ser definidas como poder *simbólico*, isto é, em termos do acesso preferencial a – ou controle sobre – o discurso público, seguindo a lógica da reprodução esboçada anteriormente. Controle do discurso público é controle da mente do público e, portanto, indiretamente, controle do que o público quer e faz. Não há necessidade de coerção se se pode persuadir, seduzir, doutrinar ou manipular as pessoas.

Nesses termos, então, as elites simbólicas hoje, tais como políticos, jornalistas, escritores, professores, advogados, burocratas e todos os outros que têm acesso especial ao discurso público, ou os diretores empresarias que indiretamente controlam tal acesso, por exemplo, como donos de impérios da mídia, são os que devem ser definidos como poderosos segundo esse critério.

O poder simbólico pode ser derivado de outros tipos de poder. Assim, políticos têm acesso ao discurso público devido ao seu poder político, e professores, devido aos recursos de conhecimento. Se o poder é definido em termos de controle de (membros de) um grupo sobre outros, então tais formas de poder político, acadêmico ou empresarial realmente se tornam efetivas se fornecem acesso especial aos meios da produção discursiva e, portanto, ao gerenciamento das mentes do público.

Enquanto o poder foi definido, tradicionalmente, em termos de classe e o controle sobre os meios materiais da produção, hoje tal poder tem sido em grande parte substituído pelo controle das mentes das massas, e esse controle requer o controle sobre o discurso público em todas as suas dimensões semióticas.

Deveríamos, portanto, ir além dos (normalmente corretos, mas simplistas demais) *slogans* da literatura crítica popular sobre o poder da política ou da mídia em termos de "gerentes da mente" e examinar de perto o que exatamente isso significa: como grupos específicos na sociedade são capazes de controlar a definição (isto é, os modelos mentais) de – e as emoções sobre – eventos públicos, o conhecimento sociocultural geral e o sentido comum, as atitudes sobre questões controversas ou, mais fundamentalmente, as ideologias, normas e valores básicos que organizam e controlam tais representações sociais do público em geral.

Reanalisando a hegemonia

Percebemos como a análise social está tão intimamente relacionada à análise do discurso e como, de várias maneiras, essa relação também requer uma análise cognitiva. Notamos como a noção clássica de hegemonia, como definida por Gramsci em *Prison notebooks,* ganha substância através de uma análise muito mais explícita dos processos envolvidos, a saber, como as ideologias são reproduzidas e como as pessoas podem agir, de seu próprio livre-arbítrio, no interesse dos que estão no poder.

É óbvio que essa explicação dos meios discursivos e cognitivos da reprodução do poder social em sociedade deve também ir além da usual análise macro da sociologia ou da economia política. A política e a mídia, sem dúvida, se influenciam mutuamente e controlam uma à outra, ambas sendo por sua vez controladas por interesses comerciais fundamentais, o mercado e o que é financeiramente "viável". Tais análises macro podem ser refinadas ainda mais por uma análise das relações e formas de controle de classes, grupos ou organizações.

Microanálise do poder

Analistas do discurso, contudo, tendem a estudar essas relações gerais no nível mais local e micro, tais como as rotinas de interação cotidiana em que os políticos e jornalistas são envolvidos, como os *releases* são fabricados e distribuídos, como as entrevistas coletivas são conduzidas, como as questões críticas de jornalistas são respondidas estrategicamente, e assim por diante.

Se os que detêm o poder precisam controlar sua imagem na mídia de massa para dessa forma ganhar apoio e influenciar os humores e as mentes públicos, então eles precisam controlar os detalhes discursivos e interacionais da *produção* do discurso público – como o *timing*, os conteúdos detalhados e o estilo de um *release*, um relatório ou publicidade empresarial, ou as conversações e entrevistas com jornalistas. Através de uma análise detalhada dessas práticas discursivas organizacionais – cujo propósito é o controle da produção do discurso público – podemos mostrar como macroestruturas sociais são relacionadas com as estruturas do discurso público e, finalmente, como essas podem influenciar as mentes do público em geral.

Deve-se enfatizar que esses processos sociais de reprodução não são determinísticos. Por exemplo, apesar das muitas formas de influência pelo Estado ou por organizações poderosas, jornais enquanto organizações e jornalistas enquanto indivíduos podem resistir (até um ponto) a esse tipo de pressão e formular notícias de acordo com sua própria perspectiva e interesses.

O mesmo é verdadeiro para o público das organizações jornalísticas. É claro que as pessoas são influenciadas pelas notícias que leem ou veem, mesmo se leem ou veem as notícias para adquirir e atualizar seu conhecimento sobre o mundo. Mas sua compreensão das notícias e a maneira como mudam suas opiniões ou atitudes dependem de suas próprias atitudes ou ideologias prévias (compartilhadas com outros membros de grupo), como também de suas experiências pessoais. É essa interpretação pessoal das notícias, esse modelo mental dos eventos, que é a base da ação pessoal específica dos indivíduos.

Em outras palavras, a ligação entre as macroestruturas do poder societal, de um lado, e a agência individual, do outro lado, é muito complexa e indireta, como o é, também, para a reprodução discursiva do poder que estamos examinando aqui.

Discurso, cognição e sociedade

A breve análise da reprodução discursiva do poder realizada anteriormente estabelece relações fundamentais entre um triângulo de conceitos que organizam a maior parte das minhas pesquisas e outras publicações: discurso, cognição e sociedade. Na minha perspectiva, qualquer tipo de ECD precisa prestar atenção a todas as três dimensões, mesmo quando ocasionalmente possamos querer enfocar uma ou duas delas. A tendência geral na pesquisa crítica é a de ligar diretamente a sociedade – e especialmente o poder e a dominação – com o discurso, as práticas sociais ou outros fenômenos que estudamos.

De acordo com meu esquema teórico, essa ligação direta não existe: não há uma influência direta da estrutura social sobre a escrita ou a fala. Antes, estruturas sociais são observadas, experimentadas, interpretadas e representadas por membros sociais, por exemplo, como parte de sua interação ou comunicação cotidiana. É essa (subjetiva) representação, esses modelos mentais de eventos específicos, esse conhecimento, essas atitudes e ideologias que, no fim, influenciam os discurso e outras práticas sociais das pessoas. Em outras palavras, a cognição pessoal e social sempre medeia a sociedade ou as situações sociais e o discurso. Portanto, nos ECD precisamos estudar problemas sociais em termos do triângulo discurso-cognição-sociedade. Nenhuma de suas três dimensões pode ser realmente entendida sem as outras.

...E HISTÓRIA E CULTURA

A constatação de que essas três dimensões são necessárias não significa que elas sejam suficientes. Há pelo menos mais duas dimensões que são fundamentais na pesquisa em ECD: *história* e *cultura* – embora eu entenda essas duas dimensões como fazendo parte da dimensão social. Isto é, a maioria das questões tratadas neste capítulo e neste livro, tais como o racismo, a mídia de massa, a política ou a educação, tem uma dimensão histórica importante, cuja análise contribuirá para a nossa compreensão mais completa dos problemas sociais contemporâneos. O racismo não é uma invenção de hoje, mas tem uma história de séculos. Por outro lado, existem vastas mudanças sociais nas últimas décadas, tais como as de classe, de gênero e de etnicidade, e muitas sociedades contemporâneas na Europa, na América do Norte e na Austrália têm mudado dramaticamente quando comparadas com o que eram há apenas 50 anos atrás. Os ECD devem examinar essas mudanças como também as mudanças na reprodução discursiva do poder para mostrar precisamente se e como as relações fundamentais de poder podem ter ou não mudado.

Finalmente, o mesmo é verdadeiro para a cultura. Tudo o que dizemos aqui deve também ser qualificado culturalmente. Os discursos e as maneiras como reproduzem o poder são diferentes em diferentes culturas, como também o são as estruturas sociais e as cognições sociais que estão envolvidas nesse processo de reprodução. Devido à globalização crescente, alguns gêneros de discurso podem ter-se tornado bastante uniformes, como é o caso de muitas das notícias internacionais e até de algumas formas de entretenimento. Mesmo assim, alguns membros de diferentes culturas podem entender e usar tais discursos de maneiras diferentes, compatíveis com seu próprio conhecimento e suas atitudes compartilhadas culturalmente. Isso também é verdadeiro para a produção do discurso e suas condições sociais, que também podem ser diferentes em diferentes sociedades e culturas. Isso significa que os ECD também deveriam sempre ter o cuidado de examinar a reprodução discursiva de poder contra o pano de fundo cultural dos participantes – e, cada vez mais, analisar como o discurso está sendo influenciado pelas experiências transculturais de muitas sociedades contemporâneas.

Do poder ao abuso de poder: dominação

É um mal-entendido comum dizer que o poder é inerentemente "ruim" e que a análise de discurso e poder é, por definição, uma análise "crítica". Isso é, contudo, uma concepção, bastante limitada, se não tendenciosa, de poder e de ECD. O poder, óbvia e trivialmente, pode ser usado para muitos propósitos neutros ou positivos, como quando pais e professores educam crianças, a mídia nos informa, os políticos nos governam, a polícia nos protege e os médicos nos curam – cada um com seus próprios recursos especiais.

Isso não é meramente uma ressalva para introduzir um *mas* limitador. Pelo contrário, a sociedade não funcionaria se não houvesse ordem, controle, relações de peso e contrapeso, sem as muitas relações legítimas de poder. Nesse sentido, muita análise social envolve a análise de poder e das noções relacionadas.

Os ECD pressupõem um discernimento especial das estruturas sociais, em geral, e das relações de poder, em particular. Somente com isso podemos examinar o *abuso* de poder, como tal abuso pode prejudicar as pessoas, e como a desigualdade social pode ser produzida e reproduzida na vida cotidiana. Somente então seremos capazes de entender como o poder é desigualmente distribuído na sociedade.

Os usos ilegítimos do poder

Os ECD estão bem mais interessados na análise crítica do abuso de poder dos políticos do que em seu exercício legítimo do poder, mais na maneira como a mídia desinforma do que como informa, ou mais na forma como profissionais e estudiosos abusam do seu conhecimento para acossar alunos, clientes ou outros cidadãos do que como os educa ou os cura. Chamo essas formas de abuso de poder de *dominação*, uma noção que implica a dimensão negativa de "abuso" e também a dimensão de injustiça e de desigualdade, isto é, todas as formas *ilegítimas* de ação e de situações.

A dominação cobre igualmente os vários tipos de *abuso de poder comunicativo* que são de interesse especial para os analistas críticos do discurso, tais como a manipulação, a doutrinação ou a desinformação. Outros exemplos não discursivos de dominação vêm à mente; a experiência cotidiana, as histórias e notícias jornalísticas são repletas de exemplos. O assédio sexual de mulheres por homens, a violência dos pais, a corrupção política, o abuso de poder e a violência pela polícia, o terrorismo e antiterrorismo, as guerras etc. Apenas menciono essas situações para enfatizar que os ECD só podem estudar uma pequena (mas importante) parte de todas as formas de dominação e desigualdade.

Para contribuir com uma prática bem fundamentada do estudo crítico do discurso, devemos, portanto, ser muito mais explícitos sobre a definição de abuso. De que modo fazemos a distinção entre o *uso* e o *abuso* de linguagem, discurso ou comunicação, de notícias e argumentação, de debates parlamentares e leis, de estudos acadêmicos ou de relatórios profissionais, entre uma vasta série de outros gêneros e práticas comunicativas?

Assim, podemos esperar que a mídia de massa nos informe sobre distúrbios civis, mas quando é exatamente que essa "informação" sobre "distúrbios" se transforma em textos preconceituosos sobre os jovens negros ou sobre o terceiro mundo, ou sobre as ideologias de classe acerca dos pobres? Ou quando é que um projeto de pesquisa sobre a imigração ou sobre as vidas cotidianas de minorias cai em estereótipos confirmatórios, por exemplo, sobre o abuso de drogas ou a violência, e ignora as maneiras como essas minorias são diariamente discriminadas pelas autoridades, a polícia e as elites simbólicas?

Em suma, o estudo das maneiras óbvias como o discurso está sendo abusado tal como na propaganda racista explícita ou na pseudociência precisa ser complementado por análises muito mais sutis das práticas cotidianas em que o "bem" e o "mal" podem aparecer juntos na escrita e na fala.

Então, quando exatamente começamos a falar de "abuso" ao descrever essas práticas discursivas? Já começamos a descrever tal abuso em termos de legitimidade: abuso de poder é o uso *ilegítimo* do poder. Esse tipo de análise leva rapidamente a uma das bases da análise social e política. O abuso de poder, então, significa a violação de normas e valores fundamentais no interesse daqueles que têm o poder e contra os interesses dos outros. Os abusos de poder significam a violação dos direitos sociais e civis das pessoas. Na área do discurso e da comunicação, isso pode significar o direito de ser bem ensinado e educado, de ser bem-informado etc.

A noção normativa de legitimidade é, contudo, muito complexa e sua análise adequada é relevante para as próprias bases dos ECD. Se quisermos analisar e criticar a dominação e se a dominação é definida como ilegítima, precisamos ser muito explícitos sobre as normas, os critérios ou os padrões de legitimidade. De forma crucial, então, a questão é: quem define o que é legítimo em primeiro lugar? Uma bem conhecida resposta das democracias liberais é que isso é uma tarefa dos representantes democraticamente eleitos, tais como os de um parlamento, de um conselho municipal etc. Contudo, sabemos através da história que houve muitas leis e regulamentos racistas, sexistas e classistas, de modo que as leis, em si mesmas, não garantem a legitimidade, ao aplicarmos outras normas e critérios. Esse é o mesmo caso no que diz respeito à formulação dos direitos humanos internacionais – os quais, também sabemos, têm mudado historicamente. Em outras palavras, como é o caso para todas as normas, os valores e o conhecimento, também os padrões de legitimidade são relativos, mudam historicamente e variam através das culturas – mesmo quando afirmamos cada vez que são "universais".

Se temos o uso de poder legítimo e o abuso de poder ilegítimo, precisamos aceitar que podemos também ter formas de desigualdade legítimas que são produzidas por eles. Isso não é somente o caso das óbvias diferenças de poder político, mas também onde houver recursos de poder que não sejam distribuídos igualmente – começando com os recursos materiais, tais como dinheiro. Relevante para nós é que isso é também verdadeiro para os recursos não materiais e simbólicos de poder, tais como o conhecimento e o acesso ao discurso público. Assim, achamos "normal" as desigualdades tais como as diferenças de poder entre professores e estudantes, profissionais e seus clientes, peritos e leigos, ou jornalistas e suas audiências. A questão crucial em ECD é, portanto, quais das diferenças de poder são legítimas na visão dos padrões de justiça e equidade de hoje, ou na base dos direitos humanos internacionais, e quais representam casos de abuso ilegítimo de poder. Ou quando os recursos de poder do jornalista, tais como o conhecimento especial e as informações, como também o acesso direto à mídia de massa, são usados legitimamente, por exemplo, para informar o cidadão, e quando tal poder é abusado para desinformar, manipular ou prejudicar os cidadãos.

Percebemos que muito da definição da (i)legitimidade da escrita e da fala encontra-se enquadrada em termos das *consequências mentais* negativas da dominação discursiva: desinformação, manipulação, estereótipos e preconceitos, vieses, falta de conhecimento e doutrinação, e como esses elementos podem significar ou levar à desigualdade social, como por exemplo, no caso em que tais consequências mentais por sua vez podem influenciar a (ilegítima) interação social, tal como a discriminação.

Embora possamos aceitar a definição geral de dominação discursiva em termos de suas consequências sociais negativas para os receptores, especificar os valores e as normas precisos que tornam explícitas tais consequências negativas é muito difícil e, é claro, depende da perspectiva de cada pessoa. Não é difícil formular por que a reportagem racista é "ruim", por exemplo, já que ajuda a formar e confirmar estereótipos e ideologias racistas, os quais, por sua vez, são a base da discriminação racista – que, por definição, é contra os interesses daqueles que são discriminados e viola seus direitos fundamentais. Isso ocorre também tendo em vista que a reportagem racista ou a propaganda política é proibida por lei em muitos países.

Um exemplo: reportagem racista

Mas e se um jornal faz a cobertura, por exemplo, de um "saque" feito por um jovem negro durante um "distúrbio", como temos visto várias vezes no Reino Unido ou nos Estados Unidos, e como eu analisei no meu livro *Racism and the press*? Obviamente, fazer uma cobertura jornalística de ações criminosas cometidas por membros de grupos minoritários não é, em si, racista nem, por outro lado, uma violação de seus direitos civis, mesmo quando tal reportagem "negativa" possa confirmar preconceitos étnicos entre muitos grupos brancos. Então, é necessário elaborar uma análise detalhada do texto e do contexto para poder justificar a conclusão de que tal reportagem é racista. Por exemplo, essa cobertura se torna mais ou menos racista se as condições a seguir existirem:

- Se apenas as ações negativas de jovens negros são representadas, e não as de outros jovens ou, de fato, da polícia.
- Se as ações negativas dos jovens negros são enfatizadas (por hipérboles, metáforas) e as da polícia são desenfatizadas (por exemplo, por eufemismos).
- Se as ações são especificamente enquadradas em termos "étnicos" ou "raciais", em vez de ações de, digamos, jovens ou pessoas pobres, homens ou outra categoria mais relevante.
- Se distúrbios, saques ou violência são focalizados como eventos sem causas sociais, por exemplo, como uma consequência do assédio frequente da polícia, ou sem um padrão mais amplo de pobreza e discriminação.
- Se os jornais sistematicamente se engajam neste tipo de viés e assim parecem ter uma política de reportar de modo negativo as minorias.
- Se apenas, ou predominantemente, fontes "brancas" que tendem a culpar jovens negros e exoneram a polícia são usadas.

Vemos que essas normas violadas não são controversas. Ao contrário, elas fazem parte das normas profissionais da prática de reportagem adequada, que requer representações equilibradas dos eventos, explicando-os em termos de causas e contextos sociais, desempenhando uma função de vigilância contra o abuso de poder das agências ou forças do Estado. Jornalistas sabem e devem saber das consequências possíveis da reportagem tendenciosa sobre comunidades minoritárias e, portanto, devem ter muito cuidado para respeitar as normas gerais da reportagem profissional. Eles não precisam fechar seus olhos para os delitos das minorias nem aplicar a autocensura, mas devem apenas aplicar suas próprias normas profissionais também ao fazer cobertura jornalística sobre os Outros.

Viés legítimo

Mesmo o exemplo da reportagem racista de "distúrbios" é ainda relativamente claro, porque podemos aplicar normas e valores gerais da reportagem profissional para avaliar essa reportagem criticamente. Contudo, há muitos outros exemplos de uma reportagem mais ou menos "ruim" ou "tendenciosa" que não viola as normas existentes e que não tem as consequências sociais negativas, como, por exemplo, quando um jornal da esquerda destaca as qualidades positivas de um candidato da esquerda nas eleições e as qualidades negativas do candidato da direita. Esse viés óbvio pode ser motivado quando a maioria da imprensa é conservadora e representa candidatos da esquerda (mais) negativamente.

Semelhantemente, a imprensa pode querer representar negativamente políticos que são corruptos, indústrias que poluem ou discriminam, e assim por diante, e tal cobertura pode ser "tendenciosa" contra essas entidades, mas obviamente as consequências são, sem dúvida, para o bem do público.

Assim, podemos concluir que para cada prática discursiva precisamos examinar cuidadosamente os contextos, normas e valores específicos que definem a prática adequada. Entretanto, como regra geral, podemos falar do uso ilegítimo do poder discursivo, isto é, da dominação, se esse discurso ou suas possíveis consequências sistematicamente violam os direitos humanos ou civis das pessoas. Mais especificamente, esse é o caso se tal discurso promove formas de desigualdade social, como quando ele favorece os interesses dos grupos dominantes em detrimento dos interesses dos grupos não dominantes, precisamente porque estes não têm o mesmo acesso ao discurso público.

Para cada gênero de discurso ou prática discursiva, então precisamos especificar seus particulares. Demos o exemplo das notícias na imprensa, mas, é claro, precisamos desenvolver tais critérios para todos os tipos de discurso público, tais como os debates parlamentares, a propaganda política, a publicidade, o discurso empresarial, os livros didáticos e a interação em sala de aula, os discursos jurídicos, os discursos científicos ou os discursos burocráticos.

O contra-argumento: a inabilidade de controlar as consequências

Outra complicação em uma teoria acerca da dominação discursiva é que esta não é apenas formulada em termos de estruturas discursivas, isto é, estruturas que autores podem (mais ou menos) controlar e, portanto, pelas quais eles são (mais ou menos) responsáveis, especialmente também em termos das consequências de tais estruturas. Os políticos e os jornalistas rotineiramente se defendem de acusações de tendenciosidade ao dizer que não têm controle sobre o modo como as pessoas leem, compreendem ou interpretam seus discursos.

Esse tipo de defesa não é completamente sem fundamento, porque não há uma relação causal entre o discurso e sua interpretação: sabemos da psicologia da compreensão discursiva que os discursos em si são apenas um fator num conjunto complexo de condições que influenciam a compreensão e a interpretação, tais como o contexto da leitura, o conhecimento dado e as ideologias dos leitores, suas biografias pessoais e experiências correntes, suas intenções e metas atuais, e seu papel e *status* corrente, e assim por diante.

Mesmo assim, apesar de tal variação individual e contextual, isso não significa que os discursos em si são irrelevantes nos processos de influência social. Há uma compreensão geral das maneiras como o conhecimento, o preconceito e as ideologias são adquiridos também através do discurso. Assim, especialmente os autores profissionais e as organizações devem ter um entendimento acerca de quais são as possíveis ou prováveis consequências de seus discursos sobre as representações sociais dos seus receptores.

Há pouca dúvida, por exemplo, que a repetida ênfase e o enfoque nas características desviantes ou criminais das minorias criam e confirmam atitudes racistas socialmente compartilhadas na sociedade, e não somente as opiniões de alguns indivíduos preconceituosos.

Também há pouca dúvida de que a maioria de nossas ideologias são formadas discursivamente. Nesse sentido, então, a falta de controle direto sobre as mentes ou sobre os ouvintes não é uma desculpa para a prática discursiva ruim, dado o conhecimento profissional sobre as prováveis tendências da influência como um todo dessas práticas sobre as mentes e as ações dos ouvintes. De fato, os mesmos grupos da elite e as organizações sabem perfeitamente que efeitos sua "informação", sua propaganda e sua publicidade têm sobre o público – caso contrário, não se engajariam na comunicação pública.

A relevância prática dos Estudos Críticos do Discurso

O que foi dito anteriormente se aplica principalmente a pesquisas de Estudos Críticos de Discurso. Essas pesquisas, esperamos, produzem percepções úteis do papel que o discurso desempenha na reprodução da dominação, e como tal abuso de poder leva à desigualdade social. O crucial para os ECD é que essas percepções devem também ter uma relevância prática para os grupos dominados. Embora existam muitos exemplos de aplicações práticas da pesquisa de ECD, essa dimensão de ECD é a que mais precisa de um maior desenvolvimento e de uma análise autocrítica. Dessa forma, deixe-me formular brevemente algumas das opções.

Mediação e consultoria

Se um político, um jornalista ou um professor alega não saber (ou ter conhecimento) das possíveis consequências sociais negativas de seus discursos, há obviamente um papel mediador para os analistas críticos de discurso. Eles podem mostrar, em detalhe, como tópicos, manchetes e *leads* do discurso jornalístico, ou os resumos e conclusões de artigos acadêmicos, ou *slogans* no discurso político, podem ser usados e abusados para "definir a situação", isto é, de que forma essas estruturas discursivas podem ser usadas para construir as estruturas (macro) mais elevadas dos modelos mentais de eventos. Como analistas críticos, podemos mostrar como específicos itens lexicais ou metáforas são usados para construir os detalhes de eventos ou as características de pessoas em tais modelos mentais – ou, de fato, como os modelos mentais tendem a ser generalizados para preconceitos ou outras atitudes sociais gerais.

Os ECD podem e devem intervir na educação discursiva de profissionais para mostrar como os discursos públicos das elites podem influenciar as mentes dos cidadãos e como tal influência exerce um papel na reprodução da estrutura social. Ser consciente das consequências do seu próprio discurso (e de qualquer ação pública) é uma das condições de responsabilidade, como também ocorre no que se refere ao nosso conhecimento acerca dos efeitos de produtos químicos sobre o ambiente. Nesse caso, a desculpa "Nós não sabíamos!" (ou a variação alemã usada como desculpa após a Segunda Guerra Mundial: *Wir haben es nicht gewusst!)* não é mais válida, da mesma forma que a avaliação crítica das práticas poluentes.

O ensino, obviamente

O ensino de ECD é também relevante para cidadãos em geral, porque eles podem aprender a ser mais conscientes acerca dos propósitos das elites discursivas e de como os discursos públicos podem informar incorretamente, manipular ou, por outro lado, os danificar. Isto é, a principal meta social e prática dos ECD é desenvolver estratégias discursivas de dissensão e resistência.

Conselhos profissionais, códigos de conduta

Para sermos capazes de alcançar tais metas, precisamos investigar em detalhe quais propriedades discursivas, quais gêneros de discurso e quais contextos comunicativos podem provavelmente provocar que consequências sociocognitivas sobre a formação de conhecimento, de atitudes e de ideologias. Essa investigação requer a cooperação de analistas de discurso com linguistas, psicólogos e cientistas sociais – cada um examinando alguns dos componentes do complexo processo da reprodução discursiva da desigualdade social.

Embora o ensino de ECD seja crucial como uma forma de resistência à dominação discursiva, isso não é suficiente. Poucos jornais mudaram suas práticas de produzir reportagens racistas ou tendenciosas como consequência das análises dos ECD. O mesmo é verdadeiro para a maioria dos estudos críticos. Mesmo assim, como vimos para os sucessos dos movimentos feministas e ecológicos, a resistência pode ter efeitos até sobre os mais poderosos.

Tradicionalmente, o caminho tem se dado através das instituições, isto é, através da educação de jornalistas e outros profissionais com os resultados básicos de nossos achados. Quer dizer, na universidade nossas metas são claras: ensinar alunos como analisar criticamente a escrita e a fala, como ensinar isso para outros e como desenvolver novas teorias para melhorar essas análises.

As formas mais diretas de resistência, que tiveram sucesso em outros domínios, podem também ser efetivas para os ECD, como, por exemplo, na área de reportagens sexistas ou racistas, ao fornecerem testemunho crítico e especializado para entidades internacionais que têm pelo menos algum poder, tais como as Nações Unidas ou o Conselho Europeu – ambos já promoveram ações repetidas contra o racismo.

Por exemplo, se somos capazes de mostrar como esse racismo é reproduzido pela mídia, podemos ao mesmo tempo formular recomendações concretas, que podem tomar a forma de códigos profissionais voluntários, como existem em muitas áreas. Tais códigos podem formular critérios para a diversidade na redação dos jornais, na formas de coletar as notícias, nos tópicos e nas fontes de notícias, entre outras recomendações – isto é, na execução de normas e valores profissionais gerais. Eles podem explicitamente sugerir a eliminação de todas as referências irrelevantes à etnicidade dos atores das notícias, especialmente nas notícias negativas (crimes etc.). O mesmo é verdadeiro, e tem sido sugerido, para a cobertura sobre o Terceiro Mundo ou sobre o Islã – da mesma maneira como tem sido repetidamente proposto para a cobertura sobre questões de gênero pela mídia.

O preconceito é ruim para os negócios

Além do ensino, da pesquisa e da ação política envolvendo organizações internacionais influentes, uma outra estratégia importante da resistência dos ECD afeta o centro das ideologias e práticas neoliberais: o lucro. Devíamos argumentar e mostrar que o discurso racista ou sexista é ruim para os negócios. Na sociedade cada vez mais multicultural dos Estados Unidos, da Europa ou da Austrália, onde muitos dos povos não europeus se tornaram cidadãos e consumidores, é obviamente pouco inteligente contrariar esses clientes potencias com políticas, reportagens, ensino ou outras práticas discursivas racistas. Se esses cidadãos têm uma escolha entre um jornal ou programa de televisão, escola ou firma racista e um não racista, podemos imaginar o que a maioria deles escolherá, especialmente se eles mesmos estão explicitamente cientes do racismo.

Diversidade entre os jornalistas pode não ser o suficiente. Jornalistas das minorias, se recrutados de fato, são selecionados pela semelhança de seus valores com os do dono ou do editor principal dos jornais, ou porque esses jornalistas se adaptam aos colegas para poder manter seus empregos ou condições razoáveis de trabalho. Nesse caso, é a diversidade dos compradores de jornais que constitui um incentivo poderoso para mudar as políticas editoriais. De forma mais geral, empresas tenderão a discriminar menos quando seus diretores compreendem que, tanto para o recrutamento de pessoal qualificado como também para satisfazer seus clientes, esse preconceito é ruim para os negócios.

Alianças e cooperação

A pesquisa de ECD é especialmente eficiente através de suas alianças estratégicas com aquelas organizações, ONGs, grupos minoritários ou instituições que estão engajadas na luta contra todas as formas de desigualdade social em geral e contra a discriminação discursiva em particular, tais como o racismo, o sexismo e o classismo na política, na mídia, na educação e na pesquisa. Isso pode não ser todo o campo de operações dos ECD, mas é bastante grande para uma vasta quantidade de projetos de pesquisa e formas de cooperação e ação social.

O QUE FAZER

Em resumo, a relevância prática dos ECD pode ser encontrada especialmente na educação crítica de estudantes como futuros profissionais, no seu papel na preparação de especialistas para poderosas organizações internacionais como também para as organizações de base, e ao mostrar para os empreendimentos empresariais que qualquer forma de discriminação discursiva será no fim das contas ruim para seus negócios.

Estudiosos de ECD podem analisar criticamente livros didáticos e propor novas obras para editores e autoridades educacionais. Eles podem oferecer cursos de escrita de notícias não racistas para jornalistas. Eles podem intervir ao propor oficinas sobre interação não racista com clientes em muitas empresas. E assim por diante.

Deve finalmente ser mais uma vez enfatizado que esses importantes objetivos práticos dos ECD somente podem ser realizados se forem baseados em uma vasta quantidade de pesquisas detalhadas sobre as práticas discursivas cruciais na sociedade e, especialmente, na política, na mídia, na educação e na pesquisa, isto é, sobre as elites simbólicas ou discursivas e suas práticas e produtos diários. Pretende-se que os artigos selecionados neste livro sejam uma contribuição para esse esforço coletivo de pesquisa.

Agradecimentos

Agradeço a Carmem Rosa-Caldas, Michelle Lazar e Theo van Leeuwen por sua leitura crítica, correções e sugestões para este capítulo.

(Tradução: Judith Hoffnagel)

Estruturas do discurso e estruturas do poder

Este capítulo examina algumas das relações entre discurso e poder social. Depois de uma sucinta análise teórica dessas relações, avaliaremos alguns dos recentes trabalhos nessa nova área de pesquisa. Apesar de nos valermos de vários estudos sobre o poder em diversas disciplinas, nossa principal perspectiva encontra-se nas formas como esse poder é exercido, manifestado, descrito, disfarçado ou legitimado por textos e declarações orais dentro do contexto social. Devotamos uma atenção especial ao papel da ideologia, mas, ao contrário da maior parte dos estudos de sociologia e ciências políticas, formulamos essa relação ideológica nos termos da teoria da cognição social. Essa formulação nos permite construir a indispensável ponte teórica entre o poder societal das classes, dos grupos ou das instituições no nível macro da análise e o exercício do poder na interação e no discurso no nível social micro. Sendo assim, nossa revisão de outros trabalhos nessa área centra-se no impacto produzido por estruturas de poder específicas sobre vários gêneros de discurso e suas estruturas características.

A teoria da análise do discurso que fundamenta este estudo pressupõe, mas também ultrapassa, meus trabalhos anteriores sobre o discurso (ver van Dijk, 1977, 1980, 1981; van Dijk e Kintsch, 1983), bem como outras abordagens correntes da análise do discurso (ver as contribuições em van

Dijk, 1985a). Ou seja, dando continuidade a meu trabalho sobre o discurso dos noticiários e sobre o racismo nos discursos, do qual faremos uma breve revisão, este capítulo adota uma postura mais social em relação ao discurso e oferece testemunho de um desenvolvimento mais geral rumo a um estudo crítico da escrita e da fala dentro do contexto social.

Nosso sistema analítico do discurso e as óbvias limitações de espaço impostas pelo fato de se tratar de um único capítulo significam uma série de restrições. Primeiramente, pressupomos, mas não discutimos ou analisamos, os trabalhos atuais sobre as relações mais gerais entre poder e linguagem, tema tratado por vários estudos recentes (Kramarae, Shulz e O'Barr, 1984; Mey, 1985). Nossa discussão centra-se no discurso como uma forma "textual" específica de uso da linguagem no contexto social e trata apenas de alguns dos trabalhos sociolinguísticos que abordam o papel da dominância ou do poder na variação e no estilo linguísticos. Em segundo lugar, já que estamos mais interessados no poder social ou societal e menos no poder pessoal, precisamos ignorar grande parte do campo de estudo sobre o poder na comunicação interpessoal, um campo semelhante a este e já revisado com competência por Berger (1985) (ver também Seibold, Cantrill e Meyers, 1985). Em terceiro lugar, devemos lamentavelmente nos limitar ao papel do poder nas culturas "ocidentais". Portanto, deixamos de lado dados reveladores sobre o papel do poder em outras culturas, obtidos por alguns trabalhos do campo da etnografia da fala (Bauman e Scherzer, 1974; Saville-Troike, 1982) ou pelas pesquisas atuais sobre a comunicação intercultural. Em quarto lugar, estudos feministas sobre o domínio e o poder masculinos na linguagem já foram discutidos (ver a ampla bibliografia de Kramarae, Thorne e Henley, 1983), de modo que nos limitaremos a revisar sucintamente as pesquisas centradas no discurso e no poder de gênero. A fim de restringir ainda mais o tamanho da revisão a ser feita aqui, há poucas referências aos vários estudos interessantes que tratam das relações entre linguagem, discurso, poder e ideologia em diversos países europeus e latino-americanos.

A análise do poder

A análise do poder em várias disciplinas fez nascer um grande número de estudos a respeito desse assunto. Entre os trabalhos recentes incluem-se os estudos de Dahl (1957, 1961), Debnam (1984), Galbraith (1985), Lukes (1974, 1986), Milliband (1983), Mills (1956), Therborn (1980), White (1976) e Wrong (1979), entre muitos outros. Grande parte desses trabalhos opera dentro dos limites da sociologia e das ciências políticas. Não pretendemos neste capítulo revisar ou resumir essa rica tradição. Selecionamos, então, algumas das principais características do poder social e reconstruímos aquelas presentes em nosso próprio sistema teórico. Deve-se ter em mente, porém, que em nossa opinião a noção complexa de poder não pode ser simplesmente esgotada em uma definição simples. Necessita-se de uma teoria madura e interdisciplinar para capturar as implicações e aplicações mais importantes do conceito. As características do poder que são relevantes para nossa discussão podem ser resumidas da seguinte forma:

(1) Poder social é uma característica da relação entre grupos, classes ou outras formações sociais, ou entre pessoas na qualidade de membros sociais. Apesar de podermos falar em formas pessoais de poder, esse poder individual é menos relevante para a nossa explicação sistemática do papel do poder no discurso enquanto interação social.

(2) Em um nível elementar, mas fundamental da análise, as relações de poder social manifestam-se, tipicamente, na interação. Desse modo, afirmamos que o grupo A (ou seus membros) possui poder sobre o grupo B (ou seus membros) quando as ações reais ou potenciais de A exercem um controle social sobre B. Já que o conceito de ação em si envolve o conceito de controle (cognitivo) pelos agentes, o controle social sobre B por meio das ações de A induz a uma limitação no autocontrole de B. Em outras palavras, o exercício de poder por A resulta em uma limitação da liberdade social de ação de B.

(3) Exceto no caso do exercício de uma força física, o poder de A sobre as reais ou eventuais ações de B pressupõe que A precisa ter controle sobre as condições cognitivas das ações de B, tais como desejos, planos e crenças. Independentemente dos motivos, B pode concordar com A ou aceitar fazer o que A deseja, ou seguir a lei, as regras ou o consenso de forma a agir de acordo com (os interesses de) A. Em outras palavras, o poder social é geralmente indireto e age por meio da "mente" das pessoas, por exemplo, controlando as

necessárias informações ou opiniões de que precisam para planejar ou executar suas ações. A maior parte das formas de controle social da nossa sociedade implica esse tipo de "controle mental" exercido tipicamente por meio da persuasão ou de outras formas de comunicação discursiva, ou resultante do medo de sanções a serem impostas por A no caso de B não atender aos desejos de A. É nesse ponto que nossa análise do papel do discurso no exercício, manutenção ou legitimação do poder torna-se relevante. Note-se, porém, que essa "mediação mental" do poder também deixa espaço para graus variáveis de liberdade e resistência daqueles que estão subjugados pelo exercício do poder.

(4) O poder de A precisa de uma base, ou seja, de recursos socialmente disponíveis para o exercício do poder, ou da aplicação de sanções no caso de desobediência. Esses recursos consistem geralmente em atributos ou bens socialmente valorizados, mas desigualmente distribuídos, tais como riqueza, posição, posto, *status*, autoridade, conhecimento, habilidade, privilégios ou mesmo o mero pertencimento a um grupo dominante ou majoritário. O poder é uma forma de controle social se sua base for constituída de recursos socialmente relevantes. Em geral, o poder é intencional ou involuntariamente exercido por A a fim de manter ou ampliar a base de poder de A ou para evitar que B a tome. Em outras palavras, o exercício de poder por A atende geralmente aos interesses de A.

(5) Um fator crucial no exercício ou na preservação do poder é que, para A exercer controle mental sobre B, B precisa conhecer os desejos, as vontades, as preferências ou as intenções de A. Além da comunicação direta – por exemplo, em atos de fala, tais como comandos, pedidos ou ameaças –, esse conhecimento pode ser inferido das crenças, das normas ou dos valores culturais, de um compartilhado (ou contestado) consenso dentro de uma estrutura ideológica ou da observação e interpretação das ações sociais de A.

(6) O controle social total nas sociedades ocidentais contemporâneas limita-se ainda mais devido ao campo e à extensão do poder dos agentes de poder. Ou seja, há a possibilidade de os agentes de poder

serem poderosos em apenas um domínio social – política, economia, educação ou qualquer contexto social específico, tal como uma sala de aula ou um tribunal. De forma semelhante, a extensão das suas ações pode limitar-se a um pequeno número de pessoas ou ampliar-se para uma classe ou grupo inteiros de pessoas ou ações específicas. E, finalmente, o indivíduo poderoso pode receber responsabilidades especiais no exercício do poder. Além dessa forma de distribuição de poder, que também envolve várias formas de compartilhamento de poder, há a dimensão nada desprezível da resistência: grupos dominados e seus membros raras vezes se mostram totalmente impotentes. Sob condições socioeconômicas, históricas ou culturais específicas, tais grupos podem envolver-se com várias formas de resistência, ou seja, com o exercício de um contrapoder, o que, a seu turno, pode tornar o poderoso menos poderoso, ou até mesmo vulnerável, situação típica das revoluções. Portanto, o exercício do poder não se limita simplesmente a uma forma de ação, mas consiste em uma forma de interação social.

(7) O exercício e a manutenção do poder social pressupõem uma estrutura ideológica. Essa estrutura, formada por cognições fundamentais, socialmente compartilhadas e relacionadas aos interesses de um grupo e seus membros, é adquirida, confirmada ou alterada, principalmente, por meio da comunicação e do discurso.

(8) Deve-se repetir que o poder precisa ser analisado em relação às várias formas de contrapoder ou resistência vindas dos grupos dominados (ou de grupos de ação que representam tais grupos), o que também é uma condição para a análise dos desafios e das mudanças sociais e históricas.

CONTROLE DO DISCURSO E MODOS DE REPRODUÇÃO DISCURSIVA

Uma condição importante para o exercício do controle social por meio do discurso é o controle do discurso e a sua própria produção. Sendo assim, as perguntas centrais são: quem pode falar ou escrever o que, para quem, em quais situações? Quem tem acesso aos vários gêneros e formas do discurso ou aos meios de sua reprodução? Quanto menos poderosa for uma pessoa menor o seu acesso às várias formas de escrita e fala. No fim das contas, os sem-poder "não têm nada para dizer", literalmente, não têm com quem falar ou precisam ficar em silêncio quando pessoas mais poderosas falam, como no caso das crianças, dos prisioneiros, dos réus e (em algumas culturas, incluindo algumas vezes a nossa) das mulheres. No dia a dia, a maior parte das pessoas, na qualidade de falantes, possui um acesso ativo apenas nas conversas com membros da família, amigos ou colegas de trabalho. De vez em quando, em diálogos mais formais, essas pessoas podem falar como representantes institucionais ou com superiores no trabalho, mas nesse caso assumem um papel mais passivo e reativo. Em uma delegacia de polícia, em um tribunal, em um posto do serviço social, na sala de aula ou em outras instituições da burocracia social, espera-se que falem ou que deem informações apenas se instadas a fazê-lo ou se ordenadas a fazê-lo. Quanto à maior parte dos tipos de discurso formais, públicos ou impressos (entre os quais, os da grande mídia), os menos poderosos figuram apenas como receptores.

Os grupos mais poderosos e seus membros controlam ou têm acesso a uma gama cada vez mais ampla e variada de papéis, gêneros, oportunidades e estilos de discurso. Eles controlam os diálogos formais com subordinados, presidem reuniões, promulgam ordens ou leis, escrevem (ou mandam escrever) vários tipos de relatório, livros, instruções, histórias e vários outros discursos dos meios de comunicação de massa. Não são apenas falantes ativos na maior parte das situações, mas tomam a iniciativa em encontros verbais ou nos discursos públicos, determinam o "tom" ou o estilo da escrita ou da fala, determinam seus assuntos e decidem quem será participante e quem será receptor de seus discursos. Deve-se ressaltar que o poder não apenas aparece "nos" ou "por meio dos" discursos, mas também que é relevante como força societal "por detrás" dos discursos. Nesse momento, a relação entre discurso e poder é próxima e constitui uma manifestação bastante direta do poder da classe, do grupo ou da instituição e da posição ou *status* relativos de seus membros (Bernstein, 1971-1975; Mueller, 1973; Schatzman e Strauss, 1972).

O poder é exercido e expresso diretamente por meio do acesso diferenciado aos vários gêneros, conteúdos e estilos do discurso. Esse controle pode ser analisado de modo mais sistemático nas formas de (re)produção do discurso, especificamente em termos de sua produção material, articulação, distribuição e influência. Dessa maneira, as empresas de comunicação de massa e seus (geralmente estrangeiros) proprietários controlam tanto as condições financeiras quanto as tecnológicas da produção do discurso, por exemplo, nos jornais, nas TVs, no mercado editorial, bem como nas indústrias de telecomunicações e informática (Becker, Hedebro e Paldán, 1986; Mattelart, 1979; Schiller, 1973). Por meio de investimentos seletivos, controle orçamentário, contratação (e demissão) de pessoal, e algumas vezes por meio da influência editorial direta ou diretrizes, eles podem controlar parcialmente o conteúdo ou ao menos a dimensão do consenso e dissenso da maior parte das formas de discurso público. Para os meios de comunicação privados que dependem da propaganda, esse controle indireto pode exercer-se também por meio de empresas que são clientes importantes ou mesmo por meio de novos e proeminentes participantes do cenário (geralmente institucionais) que fornecem com regularidade informações das quais dependem os meios de comunicação. Esses mesmos grupos de poder também controlam os vários modos de distribuição, especialmente os discursos dos meios de comunicação de massa, e, por conseguinte, também controlam parcialmente os mecanismos para exercer influência sobre a escrita e a fala públicas.

O modo de produção da articulação é controlado pelo que se pode chamar de "elites simbólicas", tais como jornalistas, escritores, artistas, diretores, acadêmicos e outros grupos que exercem o poder com base no "capital simbólico" (Bourdieu, 1977, 1984; Bourdieu e Passeron, 1977). Esses grupos possuem relativa liberdade e, por essa razão, relativo poder para tomar decisões sobre os gêneros de discurso dentro de seu domínio de poder e determinar tópicos, estilo ou forma de apresentação de um discurso. Esse poder simbólico não se limita à articulação em si, mas também inclui o modo de influência: eles podem determinar a agenda da discussão pública, influenciar a relevância dos tópicos, controlar a quantidade e o tipo de informação, especialmente quanto a quem deve ganhar destaque publicamente e de que forma. Eles são os fabricantes do conhecimento, dos padrões morais, das crenças, das atitudes, das normas, das ideologias e dos valores públicos. Portanto, seu poder simbólico é também uma forma de poder ideológico. Apesar dos problemas existentes quanto ao conceito de "elite" (Domhoff e Ballard, 1968), utilizamos esse termo para nos referirmos ao conceito ampliado (ao contrário de Milis, 1956, por exemplo) que envolve o controle social exclusivo de um pequeno grupo. Ou seja, defendemos que, ao lado das elites política, militar e econômica, as elites simbólicas desempenham um papel essencial ao dar sustentação ao aparato ideológico que permite o exercício e a manutenção do poder em nossas modernas sociedades da informação e da comunicação.

Como, no entanto, a maior parte dessas elites é controlada pelo Estado ou por empresas particulares, elas também possuem restrições quanto a sua liberdade de articulação que emergem das várias propriedades do seu discurso. A voz da elite é, frequentemente, a voz do patrão empresarial ou institucional. Os interesses e as ideologias das elites não são, em geral, fundamentalmente diferentes dos interesses e das ideologias dos que pagam seus salários ou lhes dão apoio. Apenas alguns grupos (por exemplo, os romancistas e alguns acadêmicos) dispõem da possibilidade de exercer um contrapoder, que ainda precisa ser manifestado dentro dos limites da publicação. A dependência das elites é tipicamente escondida em termos ideológicos por meio dos vários valores, normas e códigos profissionais, por exemplo, por meio da crença disseminada na "liberdade de expressão" nos meios de comunicação de massa (Altheide, 1985; Boyd-Barrett e Braham, 1987; Davis e Walton, 1983; Downing, 1980; Fishman, 1980; Gans, 1979; Golding e Murdock, 1979; Hall, Hobson, Lowe e Willis, 1980).

Estratégias de controle cognitivo e de reprodução ideológica

Se a maior parte do poder discursivo presente em nossa sociedade diz respeito ao tipo persuasivo exposto acima, então, apesar do controle essencial e muitas vezes fundamental dos modos de produção e distribuição (especialmente no caso do discurso mediado através da massa), a influência decisiva sobre a "mente" das pessoas dá-se por meio de um controle antes simbólico que econômico. De forma semelhante, ao reconhecer o controle exercido sobre os mais fracos no domínio socioeconômico (dinheiro, empregos, serviços de assistência social), um componente importante do exercício e da manutenção do poder é ideológico e baseia-se em vários tipos de aceitação, negociação, contestação e consenso. Torna-se crucial, desse modo, analisar o papel estratégico do discurso e de seus agentes (falantes, escritores, editores e assim por diante) na reprodução dessa forma de hegemonia sociocultural. Dado que as elites simbólicas detêm um grande controle sobre o modo de influência exercida por meio dos gêneros, dos tópicos, das argumentações, dos estilos, da retórica ou da apresentação da escrita e da fala públicas, o poder simbólico delas é considerável, embora exercido dentro de um conjunto de limitações.

Uma nova abordagem da ideologia

Como o conceito de ideologia revela-se fundamental para nossa argumentação sobre o papel do discurso no exercício ou na legitimação do poder, o assunto merece algumas considerações, apesar de ser impossível resumir as proposições clássicas e as discussões atuais a seu respeito (ver Abercrombie, Hill e Turner, 1980; Barrett, Corrigan, Kuhn e Wolf, 1979; Brown, 1973; Centre for Contemporary Cultural Studies [CCCS], 1978; Donald e Hall, 1986; Kinloch, 1981; Manning, 1980). Apesar da variedade de posturas em relação ao conceito de ideologia, pressupõe-se, em geral, que o termo refere-se à "consciência" de um grupo ou classe, explicitamente elaborada ou não em um sistema ideológico, que subjaz às práticas socioeconômicas, políticas e culturais dos membros do grupo, de forma tal que seus interesses (do grupo ou da classe) materializam-se (em princípio da melhor maneira possível). Tanto a ideologia em si quanto as práticas ideológicas derivadas dela são frequentemente adquiridas, exercidas ou organizadas por meio de várias instituições, como o Estado, os meios de comunicação, o aparato educacional, a Igreja, bem como por meio de instituições informais, como a família. As análises marxistas clássicas sugerem, de forma mais específica, que a ideologia dominante de um determinado período costuma ser a ideologia dos que controlam os meios de reprodução ideológica, especificamente, a classe dominante. Isso pode implicar que certos grupos ou classes dominados desenvolveriam concepções distorcidas sobre sua situação socioeconômica ("falsa consciência"), o que, por sua vez, poderia levá-los a agir contra seus interesses básicos. De forma reversa, os grupos ou classes dominantes tendem a esconder sua ideologia (e, portanto, seus interesses) e terão por meta fazer que esta seja, em geral, aceita como um sistema de valores, normas e objetivos "geral" ou "natural". Nesse caso, a reprodução ideológica incorpora a natureza da formação de consenso, e o poder derivado dela toma uma forma hegemônica.

Deixando de lado vários detalhes e elementos complicadores, nossa análise da ideologia adota uma direção em certa medida diferente e mais específica do que a elaborada tradicionalmente (ver também van Dijk, 1987). Apesar de, inegavelmente, haver práticas e instituições sociais que desempenham um papel importante na expressão, no exercício ou na reprodução da ideologia, devemos partir do pressuposto de que a ideologia "em si" não é o mesmo que essas práticas e instituições. Em vez disso, tomamos como ponto de partida o fato de a ideologia ser uma forma de cognição social (ver, por exemplo, Fiske e Taylor, 1984, para uma introdução mais ampla sobre o estudo da cognição social). Esse pressuposto não significa que a ideologia compõe-se simplesmente de um conjunto de crenças ou atitudes. Sua natureza sociocognitiva é mais elementar. Segundo essa análise, uma ideologia é uma estrutura cognitiva complexa que controla a formação, transformação e aplicação de outros tipos de cognição social, tais como o conhecimento, as opiniões e as posturas, e de representações sociais, como os preconceitos sociais. Essa estrutura ideológica em si consiste em normas, valores, metas e princípios socialmente relevantes que são selecionados, combinados e aplicados de forma tal a favorecer a percepção, interpretação e ação nas práticas sociais que beneficiam os interesses do grupo tomado como um todo. Dessa forma, uma ideologia proporciona coerência às atitudes sociais, que, por sua vez, codeterminam as práticas sociais. Deve-se sublinhar que as cognições sociais ideológicas não são sistemas de crenças ou opiniões individuais, mas essencialmente as cognições sociais de membros de formações ou instituições sociais. De forma semelhante, segundo essa análise, não usamos termos como "falso" a fim de denotar ideologias especificamente "tendenciosas". Todas as ideologias (incluindo as científicas) englobam uma (re)construção da realidade social dependente de interesses. (Um critério apropriado para a avaliação de uma tal construção seria sua relevância ou eficiência para as práticas sociais das formações sociais e de seus membros na realização de suas metas ou interesses.)

A aquisição de uma ideologia, no entanto, não se guia pelos "interesses objetivos" de cada grupo ou classe, apesar de, em muitas ocasiões, e historicamente, esses interesses poderem eventualmente suplantar outras condições de (re)produção ideológica. Então, o discurso e a comunicação, segundo sugerimos, desempenham um papel central na (trans)formação da ideologia. Dessa perspectiva, é realmente crucial examinar quem, e por meio de quais processos, controla os meios ou as instituições da (re)produção ideológica, tais como os meios de comunicação e as instituições de ensino. Apesar de a formação da estrutura sociocognitiva fundamental da ideologia ser um processo bastante complexo, ela precisa ao menos de uma base de crenças (verdadeiras ou falsas). Este capítulo tenta mostrar que o discurso, e em especial o discurso de instituições e de grupos poderosos, é a prática social essencial capaz de mediar e administrar essas crenças (Roloff e Berger, 1982). Diferentemente da maioria das abordagens adotadas nas ciências sociais e políticas a respeito da ideologia, pretendemos realizar uma análise sociocognitiva mais sistemática das estruturas ideológicas e dos processos envolvidos em sua (trans)formação e utilização. Esse objetivo significa que as ideologias precisam ser elaboradas em detalhe e que se deve mostrar como tais cognições grupais influenciam as construções sociais da realidade, as práticas sociais e, por conseguinte, a (trans)formação das estruturas societais. De forma semelhante, precisamos de uma análise explícita das estruturas, estratégias e processos do discurso e de seu papel específico na reprodução das ideologias. Dito de outra forma, grande parte das pesquisas clássicas sobre a ideologia deriva das macroanálises típicas da sociedade, negligenciando as estruturas e os processos reais no nível micro do funcionamento da ideologia. Essa abordagem global e superficial também impede que se faça a ligação entre as ideologias societais e grupais (e as estruturas de poder que as determinam, escondem ou legitimam) com as práticas sociais concretas da interação intra e intergrupais, incluindo o papel específico do discurso nas (trans)formações ideológicas.

Discurso e reprodução ideológica

A fim de desenvolver e mudar suas ideias, as pessoas usam uma variedade de discursos – entre os quais os interpessoais – e de informações tiradas deles. Observe-se, porém, que a complexidade do processamento de textos e da formação de atitudes não permite, obviamente, que se realizem transformações imediatas nas crenças e opiniões públicas, muito menos nas atitudes e ideologias altamente organizadas (Petty e Cacioppo, 1981; Roloff e Miller, 1980; van Dijk e Kintsch, 1983). E, ainda assim, cabe à elite simbólica e a seus discursos controlar os tipos de discurso, os tópicos, os tipos e a quantidade de informação, a seleção e a censura dos argumentos e a natureza das operações retóricas. Essas condições determinam, em essência, os conteúdos e a organização do conhecimento público, as hierarquias de crença e a amplitude do consenso, que em troca são fatores poderosos na formação e na reprodução de opiniões, atitudes e ideologias (Burton e Carlen, 1979).

Nos meios de comunicação jornalísticos, essa estratégia de controle do conhecimento exerce-se por meio da seleção restritiva de assuntos e, mais geralmente, por meio de reconstruções específicas das realidades sociais e políticas (Hall et al., 1980; Tuchman, 1978; van Dijk, 1987b, 1987c). Esse processo é dirigido por um sistema de valores e de ideologias profissionais sobre as notícias e sobre o que deve ou não ser notícia, algo que costuma direcionar o foco e o interesse para vários dos participantes da elite: atores, grupos, classes, instituições, países e regiões (Galtung e Ruge, 1965). O acesso e a cobertura privilegiados (sejam negativos ou positivos) a respeito de protagonistas das notícias é um fator importante da reprodução do poder social a qual é mediada pelos meios de comunicação de massa (Brown et. al., 1982). O mesmo vale para o setor educacional, em que o currículo, os livros didáticos, os materiais de ensino e as aulas também são dirigidos por objetivos, assuntos, temas e estratégias de aprendizagem que, em sua maioria, costumam coadunar-se com os valores e interesses dos vários grupos de poder da elite (Apple, 1979; Lorimer, 1984; Young, 1971). Em vista disso, percebemos que as elites simbólicas que controlam o estilo e o conteúdo do discurso midiático e educacional também são as que detêm o controle parcial, na sociedade, sobre os modos de exercer influência e, portanto, sobre a reprodução ideológica.

As elites simbólicas, conforme sugerimos aqui, não são independentes dos outros grupos de poder, em sua maioria econômicos e políticos (Bagdikian, 1983). Pode haver um conflito e uma contradição entre os interesses e, consequentemente, entre as ideologias desses respectivos grupos de poder. Esses outros grupos de poder não apenas possuem os meios diretos e indiretos para controlar a produção simbólica como também possuem suas próprias estratégias para a fabricação da opinião. Quanto aos meios de comunicação, essas estratégias consistem no fornecimento institucional e organizacional de informações (favoráveis) na forma de *releases*, entrevistas coletivas, entrevistas individuais, vazamentos de informação ou outras formas de acesso privilegiado aos que são notícia. Os hábitos jornalísticos dão-se de tal forma que essas pré-formulações possuem mais chances de serem reproduzidas do que outros tipos de fonte de discurso (Collins et al., 1986; Gans, 1979; Tuchman, 1978; van Dijk, 1987b).

No setor educacional, o constrangimento global no sentido de evitar questões "polêmicas" censura as opiniões sociais e políticas mais radicais, inconsistentes com as ideologias sociopolíticas dominantes. Mais concretamente, as organizações oficiais ou as empresas podem fornecer materiais educacionais gratuitos, peças de propaganda em revistas sobre pedagogia, ou dispor de outras formas para influenciar os professores e o conteúdo dos textos didáticos (Domhoff, 1983).

De forma semelhante, as elites do poder também possuem acesso a manobras para controlar a dissidência e a resistência, entre as quais realizar processos de seleção na contratação de pessoal e na decisão sobre pagar patrocínios, impondo formas mais ou menos confessas de censura, recorrendo a campanhas de difamação e a outros mecanismos para silenciar os "radicais" e os seus meios de comunicação (Domhoff, 1983; Downing, 1984; Gamble, 1986). Por isso, em muitos países ocidentais, basta que alguém seja taxado de "comunista", ou como uma pessoa contrária ao nosso tipo de "liberdade" ou a um valor dominante similar, para ser desqualificado como um formulador sério de contraideologias. Essa é uma estratégia poderosa para manter a própria elite simbólica sob controle, tanto interna quanto externamente. Em outras palavras, há uma variada gama de estratégias econômicas, culturais e simbólicas por meio das quais os vários grupos de poder podem, de forma paralela e algumas vezes não sem algum tipo de conflito ou contradição mútua, gerenciar o conhecimento e a informação, disseminar os valores e metas dominantes e, assim, prover as peças formadoras das ideologias dominantes. O poder dessas ideologias, capaz de moldar o consenso, fornece as condições que tornam desnecessária qualquer "conspiração" desses grupos de poder.

A ANÁLISE DO PODER E DO DISCURSO

Dentro de um quadro bastante genérico do poder social e do controle do discurso, podemos agora nos concentrar mais especificamente nas muitas maneiras pelas quais o discurso relaciona-se com essa forma de controle social.

GÊNEROS DE DISCURSO E DE PODER

Daremos início a nossa análise com uma tipologia dos caminhos pelos quais o poder é exercido através do discurso como forma de interação social:

(1) Obtém-se um controle direto sobre a ação por meio de discursos que possuem funções pragmáticas diretivas (força ilocutória), tais como comandos, ameaças, leis, regulamentos, instruções e, mais indiretamente, por meio de recomendações e conselhos. Os falantes costumam ter um papel institucional e seus discursos apoiam-se com frequência no poder institucional. Nesse caso, consegue-se a aquiescência muitas vezes através de sanções legais ou de outros tipos de sanção institucional.

(2) Os tipos persuasivos de discurso, tais como os anúncios publicitários e as propagandas, também pretendem influenciar as ações futuras dos receptores. Seu poder baseia-se nos recursos econômicos, financeiros ou, em geral, empresariais ou institucionais e exerce-se por meio do acesso aos meios de comunicação. Nesse caso, a aquiescência é fabricada por mecanismos retóricos, por exemplo, por meio da repetição ou da argumentação. Mas, claro, com o apoio dos mecanismos tradicionais de controle de mercado.

(3) Para além dessas formas prescritivas de discurso, as ações futuras também podem ser influenciadas por descrições dos acontecimentos, ações ou situações futuras ou eventuais; por exemplo, em previsões, planos, cenários, programas ou alertas, algumas vezes combinados com diferentes formas de conselho. Os grupos de poder envolvidos nesses processos são geralmente profissionais (*experts*) e sua base de poder assenta-se muitas vezes sobre o controle do conhecimento e da tecnologia (Pettigrew, 1972). Os meios retóricos consistem, geralmente, na argumentação e na descrição dos cursos alternativos

e indesejados da ação. Mais implicitamente, relatórios acadêmicos sobre o desenrolar econômico e social podem ter influência sobre a ação futura dos indivíduos.

(4) Várias modalidades de narrativas por vezes comuns e, portanto, possivelmente influentes, tais como romances ou filmes, podem descrever a carga (in)desejável de ações futuras e podem recorrer a uma retórica com apelos dramáticos ou emocionais, ou a várias formas de originalidade estilística ou temática. Os grupos de poder envolvidos nesse processo formam o que se costuma chamar de as elites simbólicas. Um caso específico dessa classe de discurso são as reportagens jornalísticas divulgadas pelos meios de comunicação, que não apenas descrevem os eventos atuais e suas possíveis consequências como apresentam essencialmente as ações e representam as opiniões das elites política, econômica, militar e social do poder. Basicamente, é por meio desse recurso que se fabrica a base consensual do poder e que o público em geral fica sabendo quem possui poder e o que desejam os poderosos. Essa é uma condição crucial para o desenvolvimento da estrutura ideológica que dá sustentação ao poder, mas também para as várias formas de resistência ("conhece teus inimigos").

A primeira tipologia mostra que o exercício discursivo do poder dá-se predominantemente pela via persuasiva. Os grupos ou instituições de poder apenas raramente precisam prescrever o que os menos poderosos devem fazer, apesar de, em última instância, haver a possibilidade de essas diretivas serem decisivas no controle de terceiros, como é o caso específico do controle estatal. Em vez disso, eles argumentam oferecendo justificativas econômicas, políticas, sociais e morais, e administrando o controle das informações relevantes. Dessa forma, o teor da comunicação pode ser distorcido por meio da divulgação seletiva de informações que favoreçam as elites do poder ou por meio da limitação do acesso a informações desfavoráveis a tais elites. O cumprimento dessas metas pode ser facilitado recorrendo-se a vários meios retóricos e artísticos.

Níveis de discurso e de poder

Uma segunda dimensão vai além da simples tipologia dos gêneros de discurso e de suas contribuições para o controle social. Ela apresenta os vários níveis de discurso que podem favorecer, manifestar, expressar, descrever, sinalizar, esconder ou legitimar as relações de poder entre os participantes do discurso ou entre os grupos aos quais pertencem.

Portanto, como já vimos antes, o poder pode ser exercido primeiro no nível pragmático, por meio do acesso limitado a atos de discurso ou do controle desses atos, tais como comandos, acusações formais, indiciamentos, absolvições ou outros atos institucionais de fala. Em segundo lugar, na interação conversacional, um dos participantes pode controlar ou dominar a troca de turnos, as estratégias de autoapresentação e o controle sobre quaisquer outros níveis de fala espontânea ou de diálogo formal. Em terceiro, a seleção do tipo ou gênero de discurso pode ser controlada pelos falantes mais poderosos, por exemplo, na sala de aula, nos tribunais ou dentro de ambientes empresariais: algumas vezes, abre-se espaço para histórias contendo experiências pessoais; no entanto, com maior frequência, elas tendem a ser censuradas em favor de gêneros de discurso controlados que tratam do assunto em questão, como, por exemplo, nos interrogatórios. Quarto, excluídas as conversas do dia a dia, os temas deixam-se controlar, geralmente, pelas regras da situação comunicativa, mas sua iniciação, mudanças ou variações são controladas ou avaliadas na maior parte das vezes pelo falante mais poderoso. O mesmo vale para o estilo e a retórica.

Dimensões do poder

A análise das estruturas de poder permite-nos arrolar outras categorias relevantes, especificamente aquelas dimensões do poder que podem ter algum impacto sobre o discurso e sobre suas estruturas: as várias instituições de poder, as estruturas internas de poder dessas instituições, as relações de poder entre os diferentes grupos sociais e a abrangência ou o domínio do exercício do poder por (membros de) essas instituições ou grupos. Abrindo mão de uma análise mais detida sobre essas estruturas e dimensões do poder social, argumentaremos aqui, simplesmente, que elas também se manifestam nas várias estruturas de escritas e falas "poderosas".

Nessa lista, encontramos primeiramente as grandes instituições de poder, tais como os governos, os parlamentos, os órgãos públicos, o judiciário, os militares, as grandes empresas, os partidos políticos, os meios de comunicação, os sindicatos, as igrejas e as instituições de ensino. Cada uma dessas instituições pode associar-se com seus gêneros de discurso específicos, eventos comunicativos, tópicos, estilos e retóricas. Em segundo lugar, há a hierarquia tradicional de posição, posto ou *status* dentro dessas instituições e estas implicam diferentes atos de fala, gêneros ou estilos, por exemplo, os que sinalizam autoridade ou comando.

Em terceiro lugar, de forma paralela ou algumas vezes combinada com essas instituições, encontramos relações de poder entre grupos, tais como as que há entre ricos e pobres, homens e mulheres, adultos e crianças, brancos e negros, nacionais e estrangeiros, os que possuem formação superior e os que não a possuem, os heterossexuais e os homossexuais, os religiosos e os não religiosos, os moderados e os radicais, os saudáveis e os doentes, os famosos e os desconhecidos, e, em termos gerais, as relações de poder entre *Nós* e *Eles*. Tanto nas interações institucionais quanto nas interações do dia a dia, essas relações de poder podem ser estruturalmente exercidas pelos membros dos respectivos grupos dominantes. Como no caso dos membros institucionais, os membros de um grupo dominante podem fazer provir o poder exercido pessoalmente do poder geral do grupo a que pertencem. O efeito sobre o discurso, nesses casos, se mostrará particularmente óbvio no controle desigual do diálogo, da troca de turnos, dos atos de fala, da escolha de tópico e de estilo.

Em quarto lugar, é possível analisar o exercício do poder quanto a seu domínio ou abrangência de ação e tipo de influência. Algumas instituições ou seus integrantes líderes podem realizar atos discursivos que afetam, por inteiro, países, estados, cidades ou grandes organizações, ou podem determinar a vida e a morte, a saúde, a liberdade pessoal, o trabalho, a educação ou a vida particular de outras pessoas, enquanto outras instituições e seus membros exercem um impacto menos amplo e menos sério sobre outras pessoas.

Finalmente, podemos distinguir entre os vários tipos de legitimidade para essas formas de controle social: os que têm um controle total imposto ou mantido pela força, como em uma ditadura e, em alguns domínios, também num sistema democrático de governo; e os que exercem um controle parcial, sancionado ou por uma elite, uma maioria, ou por um consenso mais ou menos geral. Essas diferenças (graduais) refletem as possibilidades de sanção dos poderosos, bem como a aceitação ou a resistência dos que se sujeitam ao exercício do poder.

Essas diferenças nos modos de legitimação também se manifestam em diferentes gêneros, assuntos, estilos de discurso. As discussões, as argumentações e os debates, por exemplo, não são característicos do discurso ditatorial. Daí a importância da quantidade e natureza da legitimação discursiva nessas diferentes modalidades de sistemas de poder. Pode-se prever que cada sistema político, considerado como uma institucionalização do poder, por exemplo, por meio do Estado, está ligado a seus próprios e característicos arranjos ou modos de discurso. Já que os princípios (normas, regras, valores, metas) de legitimidade encontram-se mergulhados em uma ideologia, os processos de legitimação também vão surgir como processos discursivos.

Abordagens alternativas

Tendo essas várias dimensões do poder em mente, deveríamos ser capazes de dar o próximo passo e estabelecer relações sistemáticas entre essas dimensões e as várias dimensões estruturais do discurso. No entanto, isso poderá ser realizado de formas diferentes e com base em perspectivas diferentes, complementares. Por isso, o cientista social pode começar com uma análise das dimensões do poder social mencionadas acima e, depois, investigar por meio de quais discursos ou propriedades discursivas expressam-se, exercem-se ou legitimam-se essas estruturas de poder. Essa abordagem (macro) favorece uma análise mais geral e integrada de vários gêneros e propriedades do discurso relacionados com uma classe, uma instituição ou um grupo (por exemplo, o discurso do sistema jurídico ou o do poder patriarcal dos homens sobre as mulheres). De outro lado, o sociolinguista começará normalmente com uma análise das propriedades específicas dos usos da linguagem ou do discurso e tentará mostrar como esses usos podem variar ou depender de diferentes posicionamentos, relações ou dimensões sociais; por exemplo, os de classe, gênero, grupo étnico ou situação. Essa perspectiva, em geral, dedicará uma atenção maior às propriedades linguísticas do texto e da fala e adotará uma visão mais geral a respeito das várias "circunstâncias" sociais de tais propriedades.

Nós optamos por uma abordagem que combina as vantagens dessas duas alternativas, especificamente a análise dos (sub)gêneros discursivos e dos eventos comunicativos em situações sociais (Brown e Fraser, 1979). Tal "análise de situações" requer uma integração da análise discursiva com a análise social. Por meio de um estudo interdisciplinar das conversações cotidianas, dos diálogos em sala de aula, das entrevistas para emprego, dos encontros entre prestadores de serviço e seus clientes, das consultas médicas, das audiências nos tribunais, das reuniões de diretores de empresas, dos debates parlamentares, dos relatos de notícia, da publicidade ou da elaboração de leis, entre muitos outros eventos comunicativos, estamos aptos a avaliar tanto as estruturas relevantes do discurso quanto as estruturas relevantes da dominância e do controle no contexto social. Ou seja, compreender esses gêneros comunicativos exige uma análise da representação participativa, das estratégias de interação, da troca de turno, da seleção de tópicos e códigos, dos registros estilísticos, das operações retóricas e também uma análise dos papéis, das relações, das regras, das normas e de outras restrições sociais que governam a interação dos participantes na qualidade de membros de um grupo social. Dessa forma, apreendemos tanto as propriedades quanto os processos de escrita e fala, e os micromecanismos da interação social e da estrutura societal. Além disso, esse nível e escopo de análise permitem uma avaliação sociocognitiva do conhecimento, opiniões, atitudes, ideologias e outras representações sociais que garantem o controle cognitivo dos agentes que atuam em tais situações. Finalmente, essas microestruturas sociais (por exemplo, uma aula) podem, por sua vez, estar relacionadas (por exemplo, por comparação ou generalização) a macroestruturas sociais relevantes, tais como as instituições (por exemplo, a escola, o sistema educacional e suas ideologias) ou as relações sociais gerais (por exemplo, o domínio dos brancos sobre os negros) (Knorr-Cetina e Cicourel, 1981).

Poder no discurso: uma revisão

Nas seções anteriores, apresentei uma sucinta análise teórica do conceito de poder e suas ligações com o discurso e a comunicação. Testemunhamos como os poderosos têm acesso a várias estratégias capazes de permitir-lhes controlar a produção material e simbólica da escrita e da fala e, assim, parte dos processos cognitivos que subjazem à administração cognitiva e à fabricação de consenso entre os menos poderosos. Em várias oportunidades, essa discussão mencionou algumas propriedades do discurso que são afetadas especificamente por esse processo de controle (re)produtivo, como, por exemplo, a tomada de turno, os tópicos e o estilo nas conversações. No restante deste capítulo, analisaremos com mais vagar como o poder é efetivamente manifestado, sinalizado, reproduzido ou legitimado em várias estruturas da escrita e da fala. Enquanto as seções anteriores concentraram-se nas várias estratégias sociais de controle de discurso e de comunicação, passaremos agora a examinar sistematicamente as estratégias discursivas que implementam tais (inter)ações e rever, rapidamente, os estudos empíricos que mostram o poder "atuando" na escrita e na fala. Organizaremos nossa discussão em torno de alguns tipos de discurso escolhidos, especificamente os subgêneros ou eventos comunicativos, que também incorporam relações sociais características, tais como relações específicas de poder. Nesta discussão, será algumas vezes necessário reinterpretar as pesquisas; por exemplo, quando se utiliza incorretamente o conceito de poder. Vamos começar com vários tipos de discurso falado, dialógico, e depois discutiremos os tipos escritos de texto. Vamos nos centrar no poder social e desconsiderar os tipos de poder individual, influência ou *status* na comunicação interpessoal (ver Berger, 1985, para uma revisão dessas obras; Brooke e Ng, 1986; Falbo e Peplau, 1980, para estudos empíricos sobre a influência interpessoal).

Conversação

Apesar de a análise da conversação pressupor, em geral, que os falantes possuem papéis sociais semelhantes (Sacks, Schegloff e Jefferson, 1974; Atkinson e Heritage, 1984; McLaughlin, 1984), é evidente que o pertencimento a um grupo ou instituição por parte dos falantes e a desigualdade social tomada em termos genéricos introduzem diferenças a respeito do controle do diálogo em andamento. Essas diferenças aparecem, por exemplo, na conversa entre homens e mulheres, adultos e crianças, brancos e negros, ricos e pobres, ou entre os que frequentaram a escola durante mais ou menos tempo. Parte-se do pressuposto de que um controle desse tipo, exercido pelo falante com mais poder, pode estender-se à alocação ou apropriação do turno, à escolha do ato de fala, à seleção e mudança de tópico e ao estilo. O exercício do controle, no entanto, não tem de ser necessariamente estático, mas pode ser negociado ou contestado de forma dinâmica pelos falantes com menos poder. Em outras palavras, a fala é repetidamente contextualizada pela sinalização das várias condições ou limitações da situação social em geral e, em termos específicos, pelas relações sociais entre os participantes do discurso. E, apesar de isso fazer sentido para traçar uma distinção entre as conversas do dia a dia, pessoais ou informais, de um lado, e o discurso institucional, formal, de outro, deve-se observar que o discurso informal ou particular pode estar imbuído de constrangimentos formais e institucionais. Na direção oposta, o discurso institucional também pode, em meio a outras práticas sociais, ser um acontecimento informal e rotineiro.

Conversa entre pais e filhos

Uma das diferenças de poder mais óbvias em muitas culturas é aquela existente entre pais e filhos. Apesar de haver importantes diferenças culturais (Snow e Furgeson, 1977), e diferenças entre os pais e as mães (Gleason e Geif, 1986), o controle parental costuma ser exercido na conversa entre pais e filhos de muitas maneiras: "A falta de *status* das crianças nas sociedades estratificadas pode mantê-las em silêncio, proibi-las de dar início a certos assuntos ou de discuti-los, impedi-las de interromper ou exigir-lhes que usem uma variedade especial deferencial de discurso" (Ervin-Tripp e Strage, 1985: 68).

Como mostram esse e outros autores detalhadamente, os pais também podem controlar o comportamento da criança de forma mais direta, por exemplo, reprimindo, ameaçando, dirigindo ou corrigindo as crianças nas conversas. Formas mais indiretas de controle de ação na conversa entre pais e filhos podem aparecer na forma de conselhos, pedidos ou induções por meio de promessas. Essas diferenças relativas ao controle parental na fala têm sido frequentemente relacionadas às diferenças de classe (Cook-Gumperz, 1973). Um fator importante para nossa discussão sobre o poder social é que as representações sociais do poder são adquiridas e exibidas bastante prematuramente, recorrendo, por exemplo, a diferentes formas de polidez discursiva e de deferência, ou por meio do exercício e ritual do poder verbal (Bavelas, Rogers e Millar, 1985; Ervin-Tripp, O'Connor e Rosenberg, 1984; Labov, 1972; Lein e Brenneis, 1978).

Conversas entre mulheres e homens

As diferenças de poder entre as mulheres e os homens e suas manifestações na linguagem foram objeto de vários estudos, especialmente durante a última década, e especialmente por meio de pesquisadoras feministas

(Eakins e Eakins 1978; Kramarae, 1980, 1983; Spender, 1980; Thorne e Henley, 1975; e Thorne, Kramarae e Henley, 1983, onde se pode encontrar uma extensa bibliografia sobre o assunto). Portanto, mencionaremos apenas algumas conclusões gerais desse importante esforço, que, em muitos aspectos, tornou-se paradigmático para a análise do poder na linguagem e na comunicação. E nos concentraremos nos estudos mais recentes sobre o poder de gênero no discurso (para uma breve revisão, ver West e Zimmerman, 1985).

Apesar de as diferenças serem algumas vezes sutis e condicionadas pela situação (Leet-Pellegrini, 1980) e pela posição social (Werner, 1983), descobriu-se que as mulheres costumam "trabalhar mais" nas conversas do que os homens, oferecendo maior apoio para o tópico, demonstrando mais interesse ou retraindo-se em situações de conflito (Falbo e Peplau, 1980; Fishman, 1983). Vários estudos documentam que os homens tendem a interromper as mulheres com maior frequência, especialmente em locais de transição irregular de turno (Eakins e Eakins, 1978; Natale, Entin e Jaffe, 1979; West e Zimmerman, 1983).

Alguns dos estudos reunidos por Trómel-Plótz (1984) mostram que a dominância masculina não se restringe às situações informais, tais como as do lar, mas também surgem nos contextos públicos, tais como nos programas de entrevista na TV, cujos moderadores são, em sua maioria, homens (ver, por exemplo, Owsley e Scotton, 1984). As mulheres, por exemplo, tendem a tomar a palavra com menor frequência do que os homens, e os homens falam mais demoradamente e mais vezes e utilizam frases longas e complicadas, além de vários tipos de pseudoestruturações das contribuições conversacionais.

Na fala, as diferenças de gênero podem também ser estudadas de uma perspectiva mais geral, como instâncias de discursos "com poder" e "sem poder", que podem ser encontradas em outras situações sociais (Bradac e Street, 1986; Erickson et. al., 1978), o que analisaremos a seguir.

Fala racista

O que vale para a subordinação das mulheres na fala também se verifica para o discurso endereçado aos negros ou sobre os negros ou outros grupos minoritários em muitos países ocidentais (Smitherman-Donaldson e van Dijk, 1987). O poder dos grupos de brancos também pode ser exercido por meio da violência ou humilhação verbal em relação aos membros de um grupo minoritário (Allport, 1954). Apesar de haver muitas fontes históricas e literárias que documentam o amplo emprego da ofensa racial, há poucos estudos sistemáticos a respeito de seus usos e funções. Kennedy (1959) fornece uma lista curta das "regras de etiqueta" relativas a como os negros e os brancos devem endereçar-se uns aos outros no período do racismo "Jim Crow" dos Estados Unidos. Uma dessas regras determinava que os negros nunca deveriam ser referidos como "Sr.", "Sra.", "Cavalheiro" ou "Madame", mas apenas por seu prenome, enquanto os brancos deveriam ser sempre referidos de maneira formal. Apesar de as últimas décadas haverem testemunhado uma acentuada mitigação desse racismo expresso verbalmente, e isso por conta da mudança formal de normas e leis, as ofensas raciais ainda se fazem presentes na fala rotineira dos brancos. Nos Estados Unidos, continua comum o tratamento depreciativo em relação a norte-americanos de origem chinesa, italiana, mexicana ou porto-riquenha. Na Europa Ocidental, o mesmo se dá no caso de minorias ou de imigrantes turcos, marroquinos, asiáticos, caribenhos e outros (Helmreich, 1984).

O conflito étnico também pode se fazer presente nos diferentes estilos de discurso que provocam equívocos e fenômenos de estereotipagem (Kochman, 1981). Dentro de um projeto alemão sobre a aquisição linguísitica de trabalhadores imigrantes, deu-se atenção às formas pelas quais os "*gastarbeiter*" eram abordados por meio de um supostamente simplificado "alemão para estrangeiros" (Dittmar e Stutterheim, 1985; Klein e Dittmar, 1979). Muitas vezes, uma fala desse tipo, por si mesma, pode sinalizar uma superioridade dos falantes e do seu grupo. Esse é um caso específico e interessante relativo às funções da acomodação linguística e do conflito na comunicação interétnica (Giles e Powesland, 1975; Giles e Smith, 1979; Gumperz, 1982a, 1982b).

Grande parte das pesquisas recentes sobre preconceito e racismo sugere que, mesmo tendo opiniões, falas e ações racistas se tornado mais indiretas e sutis em certos contextos, atitudes racistas usuais podem não ter mudado muito (Barker, 1981; Dovidio e Gaertner, 1986; Essed, 1984). Greenberg, Kirkland e Pyszczynski (1987) mostram que o uso de ofensas raciais contra pessoas negras, ofensas essas realizadas por alguém contratado para fazê-las, pode provocar esse tipo de atitude entre pessoas brancas e resultar em declarações ainda mais negativas a respeito de pessoas negras. Entre as elites conservadoras, o discurso racista ganhou uma orientação mais "cultural" na última década. Esse tipo de discurso enfatiza as diferenças culturais reconhecidas entre os grupos internos e externos e, algumas vezes, defende sutilmente a autonomia cultural nacionalista do grupo branco dominante (Seidel, 1987a, 1987b).

Segundo minhas pesquisas sobre a manifestação de opiniões étnicas e de preconceitos nas conversas do dia a dia, tais ofensas raciais explícitas parecem ser raras tanto na Holanda quanto na Califórnia (van Dijk, 1984a, 1987a). No entanto, as entrevistas informais em que se baseia meu trabalho representam exemplos típicos de conversas com pessoas relativamente desconhecidas (estudantes universitários); sendo assim, há grandes chances de tais conversas serem monitoradas por normas oficiais de igualdade racial. Na verdade, os brancos costumam manifestar conhecimento dessas normais e afirmam, de maneira elaborada, que, independentemente do que digam a respeito dos "estrangeiros", não pretendem que isso soe racista.

Portanto, a estratégia global de fala sobre as minorias é dupla. De um lado, muitos brancos manifestam experiências e opiniões negativas sobre os grupos étnicos minoritários. De outro lado, porém, essa "outro-apresentação" negativa vê-se sistematicamente contrabalançada por uma autoapresentação positiva, especificamente, a de cidadãos tolerantes, não racistas e compreensivos. Implementa-se a estratégia global por meio de muitas estratégias e táticas locais, tais como negativas e concessões aparentes ("Não tenho nada contra eles, mas [...]"; "Também há alguns bons entre eles, mas [...]"; e assim por diante); contrastes que dão destaque às diferenças entre os grupos, à competição e à oposição usual nós/eles ("Nós trabalhamos duro, e eles não têm de levantar um dedo") e transferências ("Eu não me importo, mas outras pessoas no país, na cidade, na rua no departamento, se importam"). Além de tais estratégias semânticas e retóricas de autoapresentação positiva, a outro-apresentação negativa é implantada principalmente por meio de argumentos e narrações de histórias concretas. As histórias baseiam-se nas experiências pessoais de alguém e, logo, são "verdadeiras" e oferecem "provas" claras para as conclusões negativas. A maior parte dessas histórias relata eventos e ações de grupos minoritários que são interpretados como violadores das normas, das metas, dos valores e dos interesses dos dominantes (brancos), mas que também dão sustentação aos estereótipos e preconceitos atuais. Frequentemente, os meios de comunicação são usados para legitimar tais histórias e opiniões, quando, por exemplo, citam crimes cometidos por minorias "sobre os quais se lê nos jornais todos os dias". Mais sutilmente, propriedades conversacionais, tais como hesitações, reparos e correções, fornecem indícios sobre os processos cognitivos e o monitoramento subjacentes a essas falas. A escolha léxica e o uso de pronomes identificatórios e demonstrativos também sugerem distância social: "eles", "aquelas pessoas", "aqueles turcos (mexicanos etc.)". Dessa forma, a fala cotidiana dos membros dos grupos majoritários brancos reproduz tais preconceitos dentro do grupo interno, enquanto, ao mesmo tempo, confirma verbalmente não só o pertencimento ao grupo, mas também suas normas e seus valores que, por sua vez, são relevantes para a manutenção do poder do grupo branco.

Diálogo institucional

Diálogos realizados com e dentro de instituições e organizações representam formas de interação institucional e, portanto, também exercem, apresentam, sinalizam ou legitimam uma variada gama de relações de poder (Pettigrew, 1973; Pfeffer, 1981). Os envolvidos em tais interações podem seguir as regras e as normas de interação dependentes do contexto, mas também podem negociar papéis e posições diferentes, entre os quais os de *status*, hierarquia ou conhecimento especializado. Outra diferença em relação às conversas informais do dia a dia é que, no caso dos membros de uma instituição, trata-se geralmente de profissionais, de especialistas "trabalhando" (ver também Coleman, 1984, 1985b). Vejamos alguns dos subgêneros mais destacados do diálogo institucional.

Entrevistas de emprego

Ragan (1983) mostrou que nas entrevistas de emprego as diferenças de poder manifestam-se no que descreveu como "ações de alinhamento", tais como explicações, metafalas, sequências laterais, digressões ou qualificadores. Geralmente, os entrevistadores tiveram acesso a estratégias para controlar o ritmo e o progresso conversacionais, tais como formulações, metafalas e digressões metacomunicativas. Os candidatos, de outro lado, viram-se com maior frequência preocupados em justificar ou explicar seu comportamento, apresentando, por exemplo, explicações, qualificadores e expressões do tipo "sabe como é", mesmo quando esses elementos revelavam-se desnecessários. Esse estudo complementa uma pesquisa social psicológica realizada anteriormente sobre o efeito (de poder) das atitudes linguísticas em entrevistas de emprego, mostrando que candidatos, em todos os outros aspectos considerados idênticos, podem sofrer discriminação devido a seu sotaque estrangeiro, recebendo, então, por exemplo, avaliações mais baixas para empregos de maior prestígio e avaliações mais altas para empregos de menor prestígio (Kalin e Rayko, 1980).

Em uma série de estudos experimentais, Bradac e colegas examinaram o papel dos estilos dos poderosos e dos impotentes em entrevistas de emprego (Bradac e Mulac, 1984). De forma semelhante ao que ocorreu em pesquisas anteriores sobre a linguagem das mulheres, as hesitações e as perguntas pós-postas foram avaliadas como características do estilo das pessoas sem poder (ver também Bradac e Street, 1986). Veremos que resultados semelhantes surgiram em estudos sobre os estilos presentes nos tribunais.

Discurso médico-paciente

O discurso médico-paciente é apenas um exemplo específico do discurso médico em geral (Fisher e Todd, 1983, 1986; Freeman e Heller, 1987), algo criticado frequentemente por uma série de motivos, entre os quais o abuso de poder por parte dos médicos. Edelman (1974), em um artigo crítico, mostra como a linguagem dos profissionais da área de saúde, mais caracteristicamente no caso da psiquiatria, esconde de várias maneiras a natureza de suas intenções e ações, voltadas para o controle dos pacientes. Dessa forma, o poder direto pode ser mascarado pelo discurso da "ajuda", no qual os pacientes com bons motivos para se enfurecerem podem ser classificados como "agressivos". Tais pacientes serão colocados no que é denominado eufemisticamente de "quarto do silêncio" ao invés de "confinamento em solitária". De forma semelhante, o uso de termos como "pré-delinquente" pode significar que os profissionais terão carta branca quando forem "tratar" das pessoas (em sua maioria impotentes, ou seja, jovens, pobres) que ofereceram sinais de resistência. O poder profissional aqui se combina com o poder da classe e da idade. De fato, como veremos a seguir, o poder raramente vive desacompanhado: o poder institucional exerce-se muitas vezes junto com o poder de grupo derivado do sexo, da classe, da raça, da idade, da subcultura ou da nacionalidade (ver também Sabsay e Platt, 1985).

West (1984) mostra que a assimetria social inerente às relações médico-paciente também se faz notar nas conversas entre os dois, e que os fatores de gênero e raça desempenham um papel aqui: os médicos do sexo masculino interrompem os pacientes (especialmente os pacientes negros) com maior constância do que o contrário, sem que haja qualquer razão ou relevância médica para tanto; de outro lado, essas interrupções fazem com que informações importantes sejam ignoradas, porém, são interrompidas com maior constância por seus pacientes do sexo masculino. Em geral, nas conversas médico-paciente, há um desequilíbrio na troca de informações: os médicos tomam a iniciativa da maior parte das perguntas e os pacientes gaguejam ao fazer suas poucas perguntas, com a exceção de um tipo específico de pergunta condicional. A conclusão de West é a seguinte: "Provas quantitativas e qualitativas sugerem que os médicos mantêm uma relação quase divina com seus pacientes – na qualidade de entidades que 'não devem ser questionadas" (West, 1984: 51). Usam-se expressões formais no trato com os médicos, ao passo que os médicos tendem a usar o prenome dos pacientes, especialmente quando estes são negros. Fisher e Todd (1983) também identificaram uma interação entre o poder médico e o poder de gênero. Eles mostraram que as pacientes estão sujeitas à "persuasão amigável" por parte dos médicos do sexo masculino para usarem pílulas anticoncepcionais, ao mesmo tempo em que deixam de ser informadas sobre os eventuais efeitos colaterais das pílulas ou sobre formas alternativas de controle de natalidade.

Em uma análise crítica de entrevistas clínicas, Mishler (1984: 190) descobriu provas discursivas da dominação do que chama de "voz biomédica" dos médicos, e conclui: "Em geral, a voz do mundo de vida viu-se suprimida e os esforços dos pacientes para oferecer relatos sobre seus problemas dentro do contexto de suas situações de mundo de vida acabaram interrompidos ou fragmentados". Treichler et. al. (1984) argumentam que o foco do médico nos aspectos biomédicos impede o paciente de manifestar na totalidade suas preocupações. As preocupações manifestadas prontamente por um estudante de medicina não foram incluídas no registro do médico sobre o paciente. Os médicos, segundo se descobriu, apelam à ironia ao dar sinais de menosprezo em relação às reclamações dos pacientes. Por fim, como no caso das entrevistas de emprego, a pesquisa social psicológica sobre as atitudes linguísticas mostra que os médicos podem avaliar seus pacientes de forma diferente a depender do fato de terem ou não um sotaque dialetal ou socioletal (Fielding e Evered, 1980).

O que se descobriu no caso dos médicos em geral pode ser tido como verdadeiro para outras profissões da área de saúde. Coleman e Burton (1985) estudaram o controle dentista-paciente em consultas realizadas na Grã-Bretanha e descobriram que os dentistas controlam tanto a atividade verbal quanto a não verbal: os dentistas falam 71% e os pacientes 26% do tempo (os ajudantes, 3%). Os dentistas possuem mais turnos e turnos mais longos (4,6 contra 2,1 segundos). Obviamente, o controle nesse caso assume uma forma bastante literal: os pacientes ficam com a boca aberta grande parte do tempo, mas são impedidos de falar nesse tipo de situação e, portanto, não têm muito a dizer. A aquiescência ao poder do dentista também pode ter relação com o medo da dor. Em vista disso, os pesquisadores descobriram que os dentistas respondem constantemente aos relatos dos pacientes omitindo-se, minimizando-os por considerá-los irrelevantes ou desconsiderando-os por avaliá-los como incorretos. Como acontece na maior parte das formas profissionais de poder, a maior fonte de domínio dos dentistas é o conhecimento específico que detêm (ver também Candlin, Burton e Coleman, 1980).

Conforme observamos antes, há a possibilidade de o poder advir de uma organização e rotinização institucionais. O poder dos médicos é um exemplo típico. Os resultados dos estudos citados há pouco também deveriam ser interpretados nesse sentido. Em vista disso, Strong (1979) arrola outros fatores que limitam a liberdade dos pacientes no discurso das consultas: os médicos usam uma linguagem técnica (ver também Coleman, 1985a); há poucos médicos e muitos pacientes; os médicos são organizados e os pacientes, em geral, não o são; os médicos possuem muito *status*; em alguns países, há nenhuma ou poucas alternativas aos serviços de saúde pública oferecidos por médicos e, portanto, pouca competição entre os médicos e reduzidas possibilidades para se ouvir uma segunda opinião. Percebemos que o exercício e a organização local do poder na conversa médico-paciente entrelaçam-se de forma intrincada com formas sociais e institucionais mais gerais de controle.

Essas descobertas também são relevantes nas entrevistas de aconselhamento e de emprego, nas quais os profissionais agem como guardiões de instituições e podem exercer um poder de grupo relevante no tratamento conversacional diferencial dos clientes ou candidatos de minorias (Erickson e Shultz, 1982; Mehan, 1986). De forma semelhante, na fala da sala de aula, pode-se prever que os professores exerçam o controle sobre os estudantes por meio de uma série de estratégias: eles decidem sobre o tipo de discurso, iniciam e avaliam assuntos e sequências de perguntas-respostas, monitoram o estilo do discurso dos estudantes e geralmente controlam tanto seus discursos escritos quanto falados. Infelizmente, apesar de haver muitos trabalhos sobre os diálogos mantidos nas salas de aula (Sinclair e Brazil, 1982; Stoll, 1983; Wilkinson, 1982), deu-se pouca atenção aos exercícios rotineiros do poder institucional.

Discurso nos tribunais

Mais do que na maior parte dos outros contextos institucionais, o exercício do poder nos tribunais é sistematicamente governado por regras e procedimentos, formulados de maneira explícita, a respeito das interações dialógicas entre o juiz, o promotor, o advogado de defesa e o réu. Há várias pesquisas sobre os diálogos nos tribunais seguindo a tradição da análise conversacional, mas, novamente, deu-se pouca atenção a dimensões sociais, tais como o poder, o controle ou o domínio (Atkinson e Drew, 1979). O poder estilístico de um jargão altamente técnico compartilhado pelos representantes jurídicos envolvidos pode ser internamente contrabalançado entre esses profissionais, mas, em última análise, serve para subjugar ainda mais o réu. Os poderes combinados do indiciamento pela promotoria, o controle judicial da sala de audiência e o julgamento final devem aparecer na fala das autoridades do tribunal e implicar dominância em relação ao réu, em relação às testemunhas e mesmo em relação ao advogado de defesa. Na mão contrária, independentemente do que os réus, na sua posição tradicional de submissão, possam dizer, isso "poderá ser usado contra eles", o que atira um fardo especial em cima da sua fala.

Nos tribunais, a distribuição dos turnos de fala e dos atos de discurso é rigidamente regulada. Ao contrário da maior parte das situações de interação dialógica, os réus possuem a obrigação de falar quando instados a fazerem-no e a responder a perguntas com declarações específicas, tais como simplesmente "sim" ou "não" (Walker, 1982). A recusa em falar ou em responder a perguntas pode ser punida com a acusação de desobediência à corte. Harris (1984) estudou como as perguntas feitas nos tribunais são usadas para controlar os réus ou as testemunhas e descobriu que a sintaxe da pergunta parecia ser importante para determinar o que é ou não uma resposta apropriada. Ele também descobriu que se exerce o controle de informação por meio de sequências de perguntas, e não por meio de longos relatos, que também determinam com rigidez o controle do questionador. A maior parte das perguntas refere-se a respostas do tipo sim ou não, o que restringe as possibilidades de resposta porque contém proposições já fechadas. Sendo assim, as regras e estratégias de questionamento, bem como o poder jurídico, regulam conjuntamente a escolha em meio a uma oferta restrita de atos de fala: a maior parte das perguntas pede informações ou fazem acusações (ver também Mead, 1985; Shuy, 1986). Obviamente, esses métodos discursivos de controle dentro das salas de audiência podem variar segundo os procedimentos de interrogatório direto ou cruzado (ver também Adelsward et. al., 1987).

Além da tomada de turno, do sequenciamento, dos atos de fala e do controle de assunto, o estilo pode ser um traço importante da autoapresentação e da persuasão dos réus e das testemunhas, apesar de esses estilos nem sempre ficarem registrados nas transcrições dos julgamentos (Walker, 1986; ver também Parkinson, Geisler e Penas, 1983). Essas estratégias de interação e formação de impressão dentro das salas do tribunal foram estudadas por Erickson et. al. (1978) em seu influente trabalho sobre estilos dos poderosos e dos não poderosos. Esses autores descobriram que o estilo dos não poderosos pode ser caracterizado pelo uso frequente de intensificadores, atenuadores, formas de hesitação e entonação de pergunta, ao passo que o estilo dos poderosos marca-se por um uso menos frequente desses recursos. Experimentos sugerem que o estilo dos poderosos produz um maior efeito de atração sobre a testemunha, independentemente do sexo da testemunha ou do sujeito, mas que é percebido como algo de maior credibilidade apenas se a testemunha e o sujeito forem do mesmo sexo (ver também Bradac, Hemphill e Tardy, 1981). Em um estudo experimental posterior, esses autores mostram que a avaliação dos réus ou das testemunhas também pode depender de saber se o advogado de defesa cede controle ao permitir-lhes que contem sua própria história (Lind e O'Barr, 1979).

Como ocorreu em todos os casos já discutidos, os fatores de classe, gênero e raça desempenham um papel e podem possivelmente reforçar ou mitigar a subordinação do réu. Por isso, Wodak (1984, 1985) mostra que os réus de classe média dispõem de uma capacidade melhor para construir uma imagem positiva nos procedimentos realizados no tribunal. Eles conhecem as estratégias das interações naquele ambiente, contam histórias coerentes e mencionam fatores plausíveis. Os réus da classe trabalhadora, de outro lado, saem-se aparentemente menos bem nessas tarefas cruciais. Tais diferenças de classe também aparecem na forma como os juízes dirigem-se aos réus, por exemplo, manifestando polidez, paciência, compreensão e interesse na ocupação profissional dos réus de classe média. De outro lado, Maynard (1985), em um estudo sobre acordos com a promotoria, sugere que a caracterização discursiva dos réus em termos de categorias específicas (idoso, mulher, minoria) pode, por vezes, ser levada em conta como argumento capaz de suspender o caso. Ou seja, ao contrário do ocorrido nos casos de discriminação, a idade, a classe ou a raça podem, algumas vezes, ser usadas para reduzir a responsabilidade do réu. Maynard argumenta ser necessário conhecer a interação social (da justiça) para tirar conclusões sobre a discriminação e que as pressuposições gerais sobre o tratamento injusto em relação aos menos poderosos nos tribunais não podem ser sempre comprovadas.

Apesar de o exercício e a reprodução do poder jurídico surgirem de forma mais palpável nas interações que acontecem nos tribunais, eles também caracterizam outros tipos de discurso jurídico e burocrático, tais como as leis, os contratos, as regulamentações e muitos outros textos. Além do poder incorporado em suas funções pragmáticas de diretivas jurídicas, tais textos também manifestam poder indiretamente por meio de seu exclusivo "juridiquês". O léxico, a sintaxe e o estilo retórico arcaicos não apenas simbolizam e reproduzem uma tradição jurídica, facilitando assim a comunicação entre os profissionais da área, como obviamente excluem os leigos da compreensão, comunicação e, portanto, resistência efetivas (Charrow, 1982; Di Pietro, 1982; Danet, 1980, 1984; Radtke, 1981).

Discurso organizacional

O discurso nas organizações empresariais gerou, infelizmente, um número menor de estudos sobre os detalhes da interação dialógica. Especialmente nas comunicações "verticais" entre chefes e seus subordinados, tais falas são claramente uma forma de exercício e manifestação do poder hierárquico (McPhee e Tompkins, 1985). Em sua revisão sobre a comunicação organizacional, Blair, Roberts e McKechnie (1985) descobriram que os gerentes gastam 78% de seu tempo na comunicação verbal; se os líderes dominam a comunicação líder-subordinado, os subordinados reagem recorrendo à deferência; e, na empresa, há mais casos de autoexposição de baixo para cima do que de cima para baixo. Dando maior atenção ao conteúdo de tais falas, Riley (1983) descobriu, ao analisar entrevistas, que o poder nas empresas é manifestado por meio de significação, legitimação e dominação. Símbolos verbais, tais como metáforas, mitos, piadas e lendas (militares) dominam as discussões, ao passo que as metáforas sobre jogos oferecem legitimação porque manifestam as eventuais sanções.

As diferenças de poder no mundo dos negócios, segundo se prevê, vão aparecer nas diferentes formas de polidez, deferência e, portanto, nas formas de tratamento (Brown e Levinson, 1978). Slobin, Miller e Porter (1972) estudaram as formas de tratamento em empresas e descobriram que o prenome é usado principalmente quando os superiores chamam seus subordinados. Por outro lado, o título e o sobrenome são usados quando alguém fala com uma pessoa postada em um cargo mais alto; essas pessoas, por sua vez, comunicam-se entre si, na maior parte dos casos, usando apenas o prenome. Essas diferentes formas de tratamento parecem ser mais ou menos independentes das diferenças de idade. Os autores não apenas encontraram, conforme o esperado, mais casos de autoexposição entre os colegas de trabalho de mesmo nível como descobriram casos de autoexposição não recíproca com relação a superiores imediatos (mesmo quando não se utilizava o prenome). Esses resultados confirmam as regras estabelecidas por Brown e seus colegas (Brown e Gilman, 1960; Brown e Ford, 1972): quanto maior a diferença de *status*, maior a tendência rumo a uma forma de tratamento não recíproca. No entanto, ao contrário das descobertas de Brown et al., os subordinados realizam com maior frequência atos de autoexposição diante de seus chefes do que o contrário. Ou seja, o uso do prenome nos contextos empresariais nem sempre está ligado a uma maior familiaridade, e vice-versa.

Se a hierarquia e o poder organizacionais podem ser exercidos diretamente por meio de comandos, ordens, instruções e outras diretivas, o poder também pode ser manifestado por representação. Membros da empresa, conforme se espera, falam sobre os assuntos diários e tentam, assim, dar sentido a suas vidas. Tais experiências expressam-se de forma típica em narrativas. Em um dos poucos estudos desse tipo, Kelly (1985) pesquisou os roteiros e esquemas gerais das histórias contadas por pessoas nos diferentes níveis de empresas de "alta tecnologia". Descobriu que muitas dessas histórias centram-se no chefe e, sejam positivas ou negativas, dão ênfase à estrutura de poder e simultaneamente a legitimam.

Discurso político

Desde os tratados clássicos de retórica na Grécia e em Roma, o discurso político – e seu poder persuasivo – recebeu bastante atenção como objeto especial de estudo (Chaffee, 1975; Nimmo e Sanders, 1981; Seidel, 1985). Ao contrário da mairoia das outras formas de discurso, o discurso político pode ser relevante para todos os cidadãos. Seu poder advém tanto de sua abrangência quanto de seus vários graus de legitimidade. Poucas formas de discurso oral são mais bem conhecidos, rotineiramente citados ou distribuídos de modo tão amplo nos meios de comunicação de massa como o discurso dos políticos de maior destaque, tais como presidentes ou primeiros-ministros. Especialmente nos Estados Unidos, os discursos e as atuações do presidente na mídia são tanto um evento social e político destacado quanto um objeto frequente de estudos (Hart, 1984; Lindegren-Lerman, 1983). Essa presença avassaladora nos meios de comunicação e o acesso preferencial a tais meios podem ser interpretados como uma manifestação do poder político.

Em vista do que acabamos de afirmar, pode-se prever que há um grande número de estudos dedicados ao discurso político. E esse é realmente o caso. Mas muitos desses estudos preocupam-se com o que costuma ser chamado de "linguagem política", o que constitui, na maior parte dos casos, o estilo lexical específico (ver Bergsdorf, 1983; Edelman, 1964; Guespin, 1976; Hudson, 1978; Shapiro, 1984). Sendo assim, as ideologias foram estudadas por meio de análises do uso preferencial de palavras ou conceitos específicos, mais corriqueiramente em relação aos políticos extremistas de esquerda ou direita (o linguajar fascista ou comunista). Interessa, porém, ir além do estudo das palavras isoladas a fim de olhar dentro das estruturas do discurso, algumas das quais não estão tão sujeitas ao controle do falante e, portanto, mostram-se com frequência mais reveladoras de atitudes e ideologias (ver também Guespin, 1976; Pecheux, 1975). Apesar de estar apenas indiretamente interessado nas análises de poder, Atkinson (1984) estudou várias propriedades da oratória política, tais como o controle do aplauso por parte dos políticos quando discursam e a preparação cuidadosa de tais performances por parte de especialistas (por exemplo, em aulas de oratória). Tomando por base os meus comentários anteriores sobre o poder entre os sexos e especialmente o poder racial, é interessante observar que, segundo descobriu Atkinson, o aplauso é particularmente provável depois de trechos nos quais há referências negativas a grupos externos.

Textos institucionais

Independentemente do poder dos diretores, políticos de alto escalão, quadros dirigentes de empresas, professores, juízes ou médicos, no discurso cara a cara, o poder real deles parece ter consequências formais apenas quando são de algum modo "cristalizados" em textos ou em impressos. Consequentemente, os muitos tipos de diálogo formal, tais como encontros, entrevistas ou debates, contam com uma contrapartida na forma de minutas, protocolos ou outras transcrições oficiais que se definem como "registro" do encontro e oferecem, geralmente, a base institucional ou jurídica para quaisquer ações ou tomadas de decisão subsequentes.

Os diálogos institucionais costumam vir acompanhados de vários tipos de texto, que funcionam como diretrizes ou referências para a realização do discurso falado. Por isso, a maior parte dos encontros envolve uma agenda escrita, bem como vários tipos de documento. Os diálogos nos tribunais são repassados para vários textos escritos, tais como textos jurídicos, indiciamentos formais, declarações escritas, registros de testemunho e um veredicto final. Mesmo em consultas, os médicos podem, algumas vezes, recorrer a manuais de medicina ou tomar notas. E o encontro costuma terminar com a confecção de uma receita escrita ou de uma indicação para que o paciente procure um especialista. Não se consegue imaginar as aulas em escolas e universidades sem os cadernos ou uma série de outros materiais (escritos ou a serem escritos). Em outras palavras, a maior parte das atividades formais, mesmo quando realizadas oralmente, requer textos escritos como sua base ou como sua consequência. Sendo assim, os textos escritos representam, literalmente, a consolidação do poder comunicativo na maior parte dos contextos institucionais.

O discurso escrito é, em sua maior parte, programado ou planejado explicitamente e, portanto, mais bem controlado. De formas complexas, essa característica apresenta implicações para o exercício do poder. Enquanto os encontros face a face, que são menos monitorados, permitem o exercício de uma dominação ilegítima, por exemplo, contra mulheres ou minorias étnicas em interações de trabalho, entrevistas de trabalho ou discurso de aconselhamento, por outro lado, o discurso escrito é, em princípio e geralmente, público e, portanto, seus escritores podem ser responsabilizados por eles. Esse caráter público pode implicar que, nos textos, haja a possibilidade de o poder ser exercido e formulado de maneiras mais indiretas, veladas e formalizadas, em especial, quando tal poder não é estabelecido legal ou organizacionalmente. Outro fator que torna o exercício do poder por meio da comunicação escrita algo menos direto é que frequentemente os autores de textos institucionais não são os mesmos dos falantes em público, emissores ou fontes de tais discursos. Os discursos públicos, então, são frequentemente uma forma de discurso coletivo, institucional, assim como o poder que ele exerce.

Discurso da mídia: textos jornalísticos e produção de notícias

Não há dúvida de que, dentre todas as formas de texto impresso, as dos meios de comunicação de massa são as mais penetrantes, se não as mais influentes, a se julgar pelo critério de poder baseado no número de receptores. Além dos discursos falado e visual da televisão, os textos de jornal desempenham um papel vital na comunicação pública. Ao contrário da crença popular e do senso comum entre os estudiosos, as notícias na imprensa são geralmente mais bem lembradas do que as notícias na televisão (Robinson e Levy, 1986) e são percebidoas como qualitativamente superiores (Bruhn Jensen, 1986), o que pode ampliar sua influência persuasiva e, portanto, seu poder.

Vimos que muitos detentores de poder (bem como a sua fala) contam com uma cobertura rotineira da mídia jornalística, e, assim, o poder desses grupos pode ser confirmado e legitimado de maneira ainda mais abrangente. Mesmo quando o poder dos meios de comunicação constitui uma forma de poder mediador, ele possui seu próprio papel autônomo na produção e na reprodução das estruturas de poder social. Por meio do uso seletivo de fontes de informação, rotinas jornalísticas consagradas e seleção de assuntos para as histórias, a mídia jornalística decide quais atores serão representados na arena pública, o que será dito a respeito deles e, em especial, como será dito. Grande parte da pesquisa recente sobre a produção de notícias mostrou que esses processos não são arbitrários e nem determinados simplesmente por noções intuitivas, jornalísticas, sobre o que é ou não interessante. Os jornalistas aprendem como retratar o poder dos outros e, ao mesmo tempo, aprendem como contribuir para o poder de sua própria organização, por exemplo, ao torná-la independente de outras organizações (Turow, 1983). A decisão sobre o que vale ou não ser noticiado baseia-se em critérios que conferem a pessoas, organizações e países da elite acesso preferencial à mídia, reconhecendo e legitimando, assim, o poder dessa elite (Galtung e Ruge, 1965; Gans, 1979). De forma semelhante, a rotina organizacional da produção de notícias favorece a reunião de notícias em contextos institucionais que garantem uma fonte constante de novas histórias, tais como os grandes organismos políticos do Estado, a polícia, os tribunais e as grandes empresas (Fishman, 1980; Tuchman, 1978). Em suma, a inclusão corporativa da maior parte dos meios de comunicação do Ocidente, especialmente os jornais, bem como a rotina organizacional da produção de notícias, a dependência de fontes prontamente disponíveis e confiáveis de informação, os aspectos profissionais e ideológicos gerais do que vale ou não ser notícia, tudo isso soma-se em cognições e produção textual que favorecem as histórias sobre as pessoas, os grupos ou as instituições mais poderosos da sociedade (van Dijk, 1987b). Dessa forma, ao invés de serem um simples porta-voz da elite, os meios de comunicação também mostram que são uma parte inerente da estrutura de poder societal, cuja dimensão simbólica administram.

Claro que tal poder materializa-se e exerce-se localmente por meio de profissionais da mídia. Surge então a pergunta: como os jornalistas reproduzem ou contestam as ideologias com as quais se confrontam? Os pesquisadores responsáveis por estudos críticos sobre a mídia destacam o fato de que, devido a sua socialização e pertencimento a uma classe, os jornalistas tendem a reproduzir as ideologias dominantes da elite (Hall et al., 1980). No entanto, argumenta-se também que os jornalistas são críticos em relação aos políticos e às empresas dominantes e que nem sempre compartilham as ideologias dessas elites (ver uma revisão dessa posição em

Altheide, 1985). Apesar dessas contradições, assumimos com os teóricos críticos que as práticas midiáticas continuam, em geral, dentro das fronteiras de um consenso flexível, mas dominante, mesmo quando há espaço para discordâncias ou críticas ocasionais. Os valores, as normas e os arranjos de poder fundamentais são apenas raramente contestados de forma explícita nos meios de comunicação dominantes. Na verdade, essa dimensão de discordância é em si própria organizada e controlada. A oposição, também a realizada pelos meios de comunicação, limita-se às fronteiras fixadas pelas instituições de poder e pode, assim, também se tornar rotineira.

Um aspecto importante do processo de (re)produção do poder é como os jornalistas adquirem as estruturas profissionais e ideológicas que guiarão sua prática diária. Turow (1983) analisou os processos nos quais os jornalistas aprendem como representar o poder institucional. Ele argumenta que os meios de comunicação, como outras empresas, desejam reduzir sua dependência em relação a outras organizações. Eles enfrentam riscos ambientais por meio de rotinas. Os jornalistas, escritores e diretores precisam elaborar produtos criativos, mas esses devem ser bem-sucedidos. Isso acontece, por exemplo, por meio de fórmulas adotadas tanto na ficção (enredos, personagens e ambientações) quanto nas matérias jornalísticas. Essa análise, de um ponto de vista organizacional, corrobora parcialmente com a análise microssociológica realizada por Tuchman (1978) a respeito das rotinas na produção de notícia.

Em uma série de estudos de análise do discurso de notícias na imprensa, eu examinei como os grupos sociais subordinados são representados nos textos noticiosos (van Dijk, 1987c; van Dijk, 1985b). As minorias, os refugiados, os sem-teto e os países e as populações do Terceiro Mundo parecem ser representados de maneiras geralmente semelhantes, ou seja, em contraste com a apresentação dos grupos e países poderosos. A conclusão geral desses estudos é a de que esses e outros grupos externos: (a) tendem a ter menos acesso aos meios de comunicação de massa dominantes; (b) são menos usados como fontes de notícia usuais e confiáveis; (c) são descritos de forma estereotipada, se não negativa, principalmente como um "problema", se não como um fardo ou mesmo uma ameaça a nossos valiosos recursos; (d) são tidos como "deficientes" ou "atrasados" de várias maneiras, quando comparados a nossos objetivos, normas, conhecimento ou cultura; e, portanto, (e) precisam de nossa ajuda, compreensão ou apoio (altruístas), pressupondo que se adaptem a nossas normas e ideologias sociais e políticas. Essas implicações gerais podem ser inferidas da análise das rotinas de produção de notícias, da quantidade, dimensão e destaque da apresentação, dos assuntos dominantes, bem como do estilo usado no relato da notícia (ver também Cohen e Young, 1981, para estudos com conclusões semelhantes).

Dentro do âmbito do debate sobre a Nova Ordem Internacional da Informação, examinei a cobertura internacional de um evento noticioso de destaque – o assassinato do presidente-eleito do Líbano Bechir Gemayel, em setembro de 1982 (van Dijk, 1984b, 1987c). Além do usual estudo analítico do conteúdo dessa cobertura nos jornais (de cerca de cem países), realizei uma análise mais qualitativa do discurso noticioso. Supõe-se que as diferenças políticas, ideológicas, culturais ou regionais influenciaram a percepção, interpretação e descrição desse evento, que aconteceu no conflito conturbado e polêmico do Oriente Médio. Descobri que, apesar de haver muitas diferenças de tamanho, especialmente entre os comentários feitos em editoriais, os textos jornalísticos em si mostraram-se surpreendentemente semelhantes quanto a seu formato esquemático convencional e quanto ao conteúdo dos assuntos. Uma diferença inesperada e importante foi encontrada entre os jornais do Primeiro e do Terceiro Mundo quanto à forma como utilizaram correspondentes próprios: a maior parte dos jornais do Terceiro Mundo confiou nas agências de notícia ocidentais. Segundo minha interpretação dessas descobertas, pode haver, de um lado, condições históricas e profissionais responsáveis por impor um esquema noticioso internacionalmente penetrante para a reprodução na imprensa dos textos jornalísticos, mas, de outro lado, o domínio e o poder do Ocidente, de formas bastante complexas, servem como explicação para a penetração dos formatos "ocidentais" nas matérias jornalísticas. Limitações de tempo, falta de dinheiro e de correspondentes, a socialização profissional influenciada pelo Ocidente e por outros fatores favorecerão mais ou menos o surgimento do mesmo tipo de histórias no Ocidente e nos países não ocidentais. Há maiores chances de as histórias vindas dos e sobre os países do Terceiro Mundo serem escritas por jornalistas ocidentais ou adaptadas ao formato das agências internacionais (i.e., ocidentais) a fim de atingirem essas agências e seus (ricos) clientes ocidentais e a fim de serem usadas por eles.

Essas conclusões confirmam parcialmente as conclusões de algumas críticas apresentadas por muitos países do Terceiro Mundo contra a hegemonia informacional das organizações de mídia da Europa e dos Estados Unidos (Unesco, 1980; Mankekar, 1978; ver também as discussões em Richstad e Anderson, 1981, e em Atwood, Bullion e Murphy, 1982). Conforme era de se esperar, os órgãos noticiosos e os políticos do Ocidente rejeitam veementemente tais alegações e costumam ignorar os resultados de pesquisas acadêmicas que lhes dão sustentação (Fascell, 1979). Para o meu estudo sobre o poder e o discurso, é interessante deixar claro que tais rejeições enquadram-se, geralmente, em termos de "ataque contra a liberdade de imprensa". Minha análise sobre o poder sugere que, em tais casos, o conceito de "liberdade" pode ser simplesmente traduzido, com frequência, como (nosso) "poder" ou "controle".

A aquisição de conhecimento e a formação de opiniões sobre a maior parte dos eventos do mundo parecem basear-se largamente no discurso jornalístico presente na imprensa e na televisão, compartilhado diariamente por milhões de pessoas. Provavelmente, nenhum outro tipo de discurso é tão penetrante e tão compartilhado e lido por tantas pessoas de maneira mais ou menos simultânea. Seu poder potencial, então, é enorme e uma observação minuciosa dos esquemas, assuntos e estilo das matérias jornalísticas é, portanto, crucial para compreendermos o exercício do poder político, econômico, social e cultural, além da comunicação e da aquisição de ideologias que lhe dão apoio.

Esse potencial não significa que o poder dos meios de comunicação pode ser simplesmente compreendido em termos de "efeitos" simplistas, diretos. Dependendo das diferenças socioeconômicas e socioculturais, as pessoas, claro, interpretam, representam e avaliam as matérias jornalísticas e os eventos noticiosos de maneiras bastante diferentes, e, consequentemente, formam opiniões, atitudes e ideologias diferentes. Apesar de, em alguns casos específicos, as formas diretas de influência existirem realmente, em especial quando não há outras fontes de informação e quando não há nenhuma contrainformação disponível ou relevante, deveríamos ver o poder do discurso dos órgãos jornalísticos em termos mais estruturais. A influência estrutural implica o desenvolvimento de uma base seletiva de conhecimento, metas, normas e valores compartilhada socialmente, além de moldes de interpretação baseados nela. O poder da mídia, assim, implica a exclusão de fontes alternativas de informação, informações alternativas e outros fatores relevantes na descrição dos acontecimentos mundiais. Os governos e/ou as empresas de comunicação podem, na prática, controlar a publicação e a disseminação de tais "vozes" alternativas, limitando dessa maneira a liberdade de informação dos cidadãos, por exemplo, ao proibirem, pressionarem ou marginalizarem a mídia "radical" (Downing, 1984).

Um outro traço que, segundo se percebeu, caracteriza o discurso jornalístico do Ocidente é o retrato etnocêntrico e estereotipado dos países e povos do Terceiro Mundo. Apesar de nem todas as notícias a respeito do Terceiro Mundo serem do tipo "golpes de Estado ou terremotos" (Rosenblum, 1981; Schramm e Atwood, 1981), há um foco sobre alguns poucos tipos de acontecimentos e atores, que são, em geral, estereótipos, quando não negativos: pobreza, ausência de (nosso tipo de) democracia, ditadura, violência e guerra civil, "atraso" tecnológico e cultural (ver Said, 1981, para a cobertura atual e altamente relevante sobre o Islã). Downing (1980) descobriu que os líderes do Terceiro Mundo costumam ser retratados de forma condescendente e raramente têm permissão para falar por si próprios.

O mesmo vale para as minorias raciais e étnicas e para a sua representação nos meios de comunicação em seus meios de comunicação. Harmann e Husband (1974), em seu estudo clássico sobre o racismo e a imprensa, concluíram, a partir da análise de conteúdo da imprensa britânica, que os imigrantes (do Terceiro Mundo) tendem a ser retratados principalmente como "pessoas-problema", pessoas que ameaçam nossos valiosos recursos (espaço, habitação, trabalho, educação), quando não como simples trapaceiros do sistema de assistência social ou como criminosos. Eu encontrei resultados semelhantes em nossos estudos qualitativos sobre a imprensa holandesa (van Dijk, 1983, 1987c). Os grupos etnicamente minoritários na Holanda (os trabalhadores imigrantes vindos de países do Mediterrâneo e as pessoas de ex-colônias, como a Indonésia e o Suriname) não têm acesso rotineiro às notícias ou às colunas jornalísticas, além de raramente trabalharem nos meios de comunicação. Quando apresentados, os assuntos tendem a ser estereotípicos ou negativos, centrando-se nas dificuldades e na ilegalidade da imigração, enfatizando as diferenças culturais percebidas e os problemas provocados por elas, os problemas de linguagem e de educação, a competição por moradia e emprego, as atividades ilegais ou criminosas desses grupos; tais assuntos são centrados ao redor de conceitos dominantes, como agressão, violência e uso de entorpecentes (ver também Hall et. al., 1978). Esses retratos etnocêntricos, quando não preconceituosos e racistas, podem ser encontrados em todos os níveis da organização textual, incluindo as manchetes, na hierarquia de relevância das notícias e no estilo e na retórica. Observe-se que essas expressões de poder grupal podem ser bastante sutis e indiretas na imprensa de alto nível e na televisão. O ataque racista declarado é raro. Em vez disso, características e situações "étnicas" são descritas de forma que possam ser usadas pelos leitores como elementos ou argumentos ao desenvolverem o preconceito étnico. Esses resultados vão ao encontro das conclusões gerais da maior parte dos outros estudos a respeito do racismo nos meios de comunicação dos países ocidentais (Ebel e Fiala, 1983; Hartmann e Husband, 1974; Merten, 1986; Troyna, 1981; Wilson e Gutiérrez, 1985; ver também os artigos em Smitherman-Donaldson e van Dijk, 1987).

Um traço característico do estilo sintático das notícias sobre grupos externos de vários tipos aparece em vários estudos a respeito da expressão dos papéis semânticos e sociais. Fowler et. al. (1979) pesquisaram a cobertura jornalística na imprensa britânica a respeito dos distúrbios raciais ocorridos em Londres. Descobriram que a ideologia dos jornais aparecia na forma como os participantes dos eventos com vários graus de poder eram representados na sintaxe das frases – como agentes ativos, colocados na posição 1 de sujeito, ou em posições posteriores em sentenças passivas, ou como atores implicados, mas ausentes. Descobriram que, quando as autoridades estão ligadas a atos negativos, tendem a ser colocadas em posições posteriores ou simplesmente deixadas fora da sentença. De outro lado, as minorias que aparecem em posições posteriores, sintaticamente dependentes, costumam ocupar a posição 1 de sujeito assim que se tornam agentes negativos (ver também Fowler, 1985; Kress, 1985; Kress e Hodge, 1979). Sendo assim, os traços negativos dos grupos internos ou das elites podem ser minorados e as dos grupos externos, enfatizados. Essa ação dá-se em acordo com as atuais teorias de psicologia social do preconceito e da percepção intergrupal (Hamilton, 1981; Tajfel, 1981; van Dijk, 1987a).

Cheguei às mesmas conclusões em uma análise das manchetes das matérias jornalísticas sobre grupos étnicos na imprensa holandesa (van Dijk,

1987e), bem como em meu estudo sobre refugiados imigrantes na Holanda (van Dijk, 1987c). A perspectiva intragrupal, o etnocentrismo e o poder grupal, consequentemente, também influenciam a formulação sintática das representações semânticas subjacentes. Mais além, Downing (1980) mostra que tais representações tendenciosas valem igualmente para as minorias nos países ocidentais e para as populações dos países de Terceiro Mundo. Sykes (1985, 1987) chega a conclusões semelhantes em seu estudo sobre o discurso oficial (do serviço social) britânico a respeito das minorias étnicas: as estruturas sintáticas das sentenças sugerem a passividade e a dependência por parte dos jovens negros e menosprezam as iniciativas de ação tomadas por eles.

Esses vários estudos sobre o racismo nos meios de comunicação de massa revelam-se importantes por mostrarem uma interessante interação entre o poder grupal e o poder organizacional. Os jornalistas brancos (em sua maioria do sexo masculino) escrevem como representantes profissionais das instituições de comunicação e, simultaneamente, como membros do grupo dominante, branco, ocidental. Essa postura molda suas cognições sociais e, portanto, o seu processamento de informações sobre os grupos externos. A posição social e a cognição social permitem que exerçam seu poder ao escreverem e ao continuarem a escrever, apesar dos muitos protestos e estudos, de forma estereotipada ou negativa sobre grupos minoritários étnicos ou raciais relativamente impotentes. De maneira característica, eles também podem agir assim inconscientemente e vão rejeitar com veemência a conclusão, apresentada por pesquisadores de grupos étnicos e por pesquisadores brancos ou negros, de que tais reportagens são etnocêntricas, quando não racistas.

A eficiência do poder dos meios de comunicação também aparece nas fontes de informação que as pessoas usam para seu conhecimento e sua formação de atitudes sobre grupos étnicos (Hartmann e Husband, 1974). Nas entrevistas que realizamos em Amsterdã a respeito das experiências de pessoas brancas com seus vizinhos "estrangeiros", e da opinião que têm deles, elas citam frequentemente os jornais para confirmar os preconceitos sobre grupos étnicos (van Dijk, 1987a). Os assuntos estereotipados dos meios de comunicação também parecem ser os mais usuais nas conversas do dia a dia. Mesmo quando os meios de comunicação assumem uma postura ambígua em seus vários discursos, a informação que divulgam pode, apesar disso, ser usada para desenvolver e ratificar atitudes racistas existentes. O mesmo vale, de forma mais ou menos geral, para o discurso racista de outros grupos ou cidades poderosos, por exemplo, no caso da *polis* (Reeves, 1983).

Conclusões semelhantes ocorrem para a representação na mídia da classe trabalhadora, das mulheres (especialmente as feministas), dos jovens, dos manifestantes, dos sem-teto, dos *punks* e de todos os grupos sociais que tendem a ser discriminados, marginalizados, subordinados ou estereotipados, mas que também participam de várias formas de resistência que podem ser vistas como uma tentativa de obter contrapoder (ver Cohen e Young, 1981; Halloran, Elliott e Murdock, 1970; Tuchman, Daniels e Benet, 1978; van Dijk, 1987c).

Em uma série de estudos sobre as notícias televisivas em torno dos conflitos industriais na Grã-Bretanha, o Grupo de Mídia da Universidade Glasgow (1976, 1980, 1982) conclui que a apresentação dos principais participantes envolvidos nesses conflitos tende a ser sutilmente favorável aos patrões e, portanto, negativa para os grevistas. Esse viés tendencioso surge através do tempo e dos tipos de entrevistas: os patrões tendem a ser entrevistados em contextos tranquilos e em posições de domínio, por exemplo, em seus escritórios, enquanto os grevistas – quando entrevistados – respondem a perguntas em meio ao ambiente barulhento dos grupos de piquete. Os ângulos e a posição da câmera e a associação que os cidadãos fazem entre os tópicos greve e problemas também trazem à tona a perspectiva antigreve dos meios de comunicação. A escolha léxica representa os grevistas como demandantes, enquanto o governo e os empregadores são representados, de forma mais positiva, realizando ofertas ou, de outro lado, no controle da situação. Não é comum se dizer que os trabalhadores "oferecem" seu trabalho sob condições específicas. Esses e muitos outros traços da produção de notícias, contato com fontes, entrevistas, apresentação, transcrição de fala, assuntos predominantes, associações e estilo, transmitem sutilmente as posições sociais e ideológicas envolvidas, incluindo as dos próprios meios de comunicação.

O que vale para as notícias vale também para outros tipos de discurso dos meios de comunicação, tais como o publicitário. Nele, as empresas e as agências de publicidade combinam poderes na produção de discursos persuasivos para o consumo público. Ao contrário do que ocorre na representação das empresas nas matérias jornalísticas, a sua exibição pública nas peças de propaganda e, portanto, sua eventual influência são compradas. O poder de resistência vindo do público pode ser reduzido apelando-se a várias táticas (Percy e Rossiter, 1980). Como no caso das matérias jornalísticas, no entanto, a propaganda tende a reproduzir as estruturas e os estereótipos de poder social, por exemplo, no caso das mulheres e dos negros (Culley e Bennett, 1976; Dyer, 1982; Greenberg e Mazingo, 1976; Goffman, 1979; King e Stott, 1977; Manstead e Cullogh, 1981; Tuchman, Daniels e Bent, 1978; Wilson e Gutiérrez, 1985). Nesse âmbito, Goffman (1979) fala em "ritualização da subordinação". As peças de propaganda chamam a atenção do público ao mesmo tempo em que controlam a exposição e a opinião e escondem o poder corporativo por meio de estratégias complexas de incompletude, inovação, ambiguidade, repetição e autoapresentação positiva (Davis e Walton, 1983; Packard, 1957; Tolmach Lakoff, 1981).

Livros didáticos

Como no caso dos meios de comunicação, o discurso educacional retira seu poder de sua enorme penetração. Ao contrário de outros tipos de texto, os livros didáticos são leitura obrigatória para muitas pessoas, o que oferece uma segunda precondição importante do seu poder. Junto com os diálogos instrucionais, os livros didáticos são usados amplamente por todos os cidadãos durante seu processo de educação formal. O conhecimento e as atitudes manifestados e transmitidos por esse material pedagógico, mais uma vez, refletem o consenso dominante, quando não os interesses dos grupos e instituições mais poderosos da sociedade. Como os livros didáticos e os programas educacionais que pretendem concretizar deveriam, em princípio, servir aos interesses públicos, raramente se permite que sejam "polêmicos". Em outras palavras, as vozes alternativas, críticas, radicais, costumam ser censuradas ou mitigadas (McHoul, 1986).

Muitos estudos mostraram que a maior parte dos livros didáticos reproduz uma visão nacionalista, etnocêntrica ou racista do mundo de outros povos, bem como de grupos étnicos minoritários (Ferro, 1981; Klein, 1986; Milner, 1983; Preiswerk, 1980; van Dijk, 1987d). Essas observações já haviam sido realizadas em nossa análise sobre os meios de comunicação jornalísticos: sub-representação, privação de voz e estereotipagem. Os grupos minoritários e sua história e cultura tendem a ser ignorados enquanto algumas poucas diferenças culturais estereotipadas são enfatizadas e, com frequência, contrastadas negativamente com as características de nosso "próprio" grupo, nação ou cultura.

Apesar de a diferenciação cultural e o orgulho poderem ser um traço de todos ou da maioria dos grupos, culturas ou países, o domínio ocidental ou branco revela-se por meio da atenção especial devotada a "nossa" tecnologia, "nossa" cultura e "nosso" sistema político superiores. Os países do Terceiro Mundo e as minorias (negras) podem, assim, ser retratados como "atrasados" quando comparados ao "nosso" desenvolvimento e posição, quando não como "primitivos", "preguiçosos" e "burros". Ao mesmo tempo, o grupo branco dominante ou o mundo ocidental carrega o "fardo" de "ajudar essas pessoas" por meio do envio de ajuda, dos serviços sociais e de aconselhamento tecnológico. Apesar de haver diferenças entre os livros didáticos (e, em alguns países, esse tipo de livro para crianças parece estar mudando lentamente), essas mensagens dominam os livros didáticos de História, Geografia, Ciências Sociais e Linguagem em muitos países do mundo ocidental (e do Japão). Novamente, a oposição feita, por exemplo, por professores requer um amplo conhecimento sobre as informações, um acesso a outras fontes de informação e uma liberdade (geralmente limitada) de desviar-se do currículo estabelecido e da tradição. Em vista disso, ao lado dos meios de comunicação, os livros didáticos e outros materiais pedagógicos formam o núcleo tanto do poder simbólico quanto da reprodução e da legitimação textuais do poder na sociedade (Bourdieu, 1984; Bourdieu e Passeron, 1977).

Conclusões

Neste capítulo, analisamos algumas das relações entre poder social e discurso. Partimos de uma análise geral do poder social em termos de controle institucional ou de grupos sobre as cognições de outras pessoas e outros grupos, usualmente no interesse dos poderosos. Em geral, um aumento do poder diminui a liberdade dos que estão submetidos a esse poder. Essa interação pode restringir-se a um domínio social específico e também afetar o detentor do poder. Ao mesmo tempo, é possível que o exercício do poder provoque resistência e o surgimento de um contrapoder. O poder social foi analisado mais profundamente levando-se em consideração sua base social e institucional, seu domínio, sua abrangência e sua legitimação. O poder pessoal, que não foi analisado neste capítulo, pode algumas vezes enfatizar, mas também questionar, essas formas de poder social. Realmente, algumas mulheres podem controlar seus maridos, alguns estudantes, seus professores, e algumas crianças, seus pais; por sua vez, nem todos os médicos ou homens são chauvinistas. Apesar dessas diferenças pessoais, concentramo-nos nas características mais gerais, estruturais, das relações de poder e do discurso na sociedade.

A escrita e a fala parecem desempenhar um papel crucial no exercício do poder. Por isso, o discurso pode exercer poder direta e coercitivamente, por meio de atos discursivos diretivos e por meio de modalidades de texto tais como as leis, as regulamentações ou as instruções. O poder também pode se manifestar de forma mais indireta no discurso, como representação na forma de expressão, descrição ou legitimação dos atores do poder ou de suas ações e ideologias. O poder discursivo costuma ser direta ou indiretamente persuasivo e, portanto, exibe justificativas, argumentos, promessas, exemplos e outros instrumentos retóricos que aumentam a probabilidade de os receptores formarem as representações mentais desejadas. Uma estratégia crucial quando se trata de disfarçar o poder é convencer as pessoas sem poder de que elas praticaram as ações desejadas em nome de seus interesses.

O poder discursivo também envolve o controle sobre o discurso em si: quem está falando em quais contextos, quem tem acesso aos vários tipos e meios de comunicação e quais receptores podem ser alcançados? Descobrimos que há uma correlação direta entre a abrangência do discurso e a abrangência do poder: os sem-poder costumam ter controle apenas nas conversações do dia a dia e são meros receptores passivos do discurso oficial e midiático. Os poderosos têm acesso a uma variada gama de modos dialógicos formais, especialmente impressos, de escrita e fala e, em princípio, conseguem atingir um grande número de grupos de pessoas. Daí que os poderosos controlam o discurso por meio do controle de seu material de produção, sua formulação e sua distribuição. Crucial no exercício do poder, então, é o controle da formação das cognições sociais por meio da manipulação sutil do conhecimento e das crenças, a pré-formulação das crenças ou a censura das contraideologias. Essas representações formam a ligação cognitiva essencial entre o poder social em si e a produção e a compreensão do discurso e de suas funções sociais no exercício do poder.

Contra esse pano de fundo mais geral da análise das ligações entre o poder e o discurso, nossa análise do discurso mais concreta centrou-se nas microunidades de poder e discurso, especificamente, nos eventos comunicativos, tais como as conversas do dia a dia, as salas de audiência dos tribunais ou a fala nas salas de aula. Em uma revisão de alguns trabalhos recentes, analisamos, então, como o poder é manifestado, descrito, apresentado ou legitimado nos vários gêneros de texto e fala e nos vários níveis da análise, tais como os atos de fala, a troca de turnos, a seleção de assuntos, o estilo e a retórica. Dedicou-se uma atenção especial às várias formas pelas quais o poder institucional é exercido pelos profissionais e especialistas em relação a seus clientes, e dedicou-se uma atenção especial às formas como as mulheres e os grupos minoritários são submetidos às estratégias de poder, tanto no diálogo institucional quanto nos textos dos meios de comunicação, tais como matérias jornalísticas, livros didáticos e peças de propaganda. Descobriu-se que, dessa forma, os eventos comunicativos podem ser estruturados ao mesmo tempo por várias dimensões de poder; não apenas pelas dimensões institucionais, mas também por aquelas de gênero, raça e classe.

Nossa análise teórica e nossa revisão mostram que, seja em sua forma direta ou em sua forma indireta, o poder é tanto exercido quanto reproduzido no e pelo discurso. Sem comunicação – escrita e fala –, o poder na sociedade não pode ser exercido ou legitimado. O poder pressupõe conhecimento, crenças e ideologias a fim de sustentar-se e reproduzir-se. O discurso mostra e comunica estruturalmente essas condições cruciais da reprodução para todos os níveis, dimensões e contextos societais. Este capítulo apresentou um esboço desses processos. Será preciso realizar um trabalho teórico muito mais aprofundado para preencher os muitos detalhes desse exercício e reprodução discursivos do poder.

Agradecimentos

Agradeço a James Anderson, Charles Berger, Norman Fairclough, Cheris Kramarae e Ruth Wodak pelas observações e sugestões críticas a respeito da primeira versão deste capítulo.

(Tradução: Rodrigo Castro)

Discurso, poder e acesso

Dimensões da dominância

Uma das tarefas mais cruciais da Análise Crítica do Discurso (ACD) é explicar as relações entre discurso e poder social. Mais especificamente, tal análise deveria descrever e explicar como o abuso do poder é praticado, reproduzido e legitimado pelo texto e pela fala de grupos ou instituições dominantes. Dentro do enquadre dessa explicação de dominância e desigualdades discursivamente mediadas, este capítulo focaliza uma dimensão importante de tal domínio, a saber, os padrões de acesso ao discurso.

Uma análise crítica das propriedades de acesso ao discurso e à comunicação públicos pressupõe a percepção de aspectos políticos, socioculturais e econômicos mais gerais da dominância. Este capítulo oferece tão somente um resumo desse enquadre conceitual mais amplo. Deixando de lado uma discussão detalhada das inúmeras complexidades filosóficas e teóricas, as pressuposições mais relevantes desse enquadre são, por exemplo, as seguintes (ver, por exemplo, Clegg, 1999; Lukes, 1974, 1986; Wrong, 1979):

1. Poder é uma propriedade das relações entre grupos, instituições ou organizações sociais. Por conseguinte, apenas o *poder social*, e não o poder individual, é aqui considerado.

2. Poder social é definido em termos do *controle* exercido por um grupo ou organização (ou seus integrantes) sobre as *ações* e/ou as mentes de (membros de) um outro grupo, limitando dessa forma a liberdade de ação dos outros ou influenciando seus conhecimentos, atitudes ou ideologias.
3. O poder de um grupo ou instituição específica pode ser "distribuído", e pode ser restrito a um *domínio* ou *escopo* social específico, como o da política, da mídia, do direito e da ordem da educação ou das empresas, resultando, assim, em diferentes "centros" de poder e grupos da elite que controlam tais centros.
4. *Dominância* é entendida aqui como uma forma de *abuso* de poder social, isto é, como o exercício moral e legalmente ilegítimo de controle sobre outros em benefício ou interesse próprio de alguns, frequentemente resultando em desigualdade social.
5. O poder é *baseado* em um acesso privilegiado a recursos sociais valorizados, como riqueza, empregos, *status* ou mesmo um acesso preferencial ao discurso e à comunicação públicos.
6. O poder social e a dominância são frequentemente *organizados* e *institucionalizados*, de forma a permitir um controle mais efetivo e possibilitar formas rotineiras de reprodução de poder.
7. A dominância raramente é absoluta; é frequentemente *gradual* e pode encontrar maior ou menor *resistência* ou contrapoder por parte de grupos dominados.

Para a discussão neste capítulo, é importante ressaltar um elemento nessas curtas definições de poder e dominância, qual seja, a relevância da dimensão *cognitiva* do controle. O abuso de poder não apenas envolve o abuso de força, por exemplo, em uma agressão de policiais contra jovens negros, e pode não resultar meramente no cerceamento da liberdade de um grupo específico, mas também, e de modo crucial, pode afetar as mentes das pessoas. Isto é, através de um acesso especial ao discurso e à comunicação públicos bem como de um controle sobre eles, os grupos ou instituições dominantes podem influenciar as estruturas do texto e da fala, de modo que, como resultado, o conhecimento, as atitudes, as normas, os valores e as ideologias dos receptores sejam mais ou menos indiretamente afetodas tendo em vista o interesse do grupo dominante.

Muito do poder "moderno" nas sociedades democráticas é mais persuasivo e manipulador que coercitivo (uso da força) ou incentivador, tal como a emissão explícita de comandos, ordens, ameaças e sanções econômicas. Obviamente, o discurso tem um papel crucial de, assim, "fabricar o consenso" de outros (Herman e Chomsky, 1988). É, portanto, uma tarefa importante da ACD também estudar as estruturas e estratégias cognitivas precisas envolvidas nesses processos que afetam as *cognições sociais* de grupos (para detalhes sobre cognição social, ver, por exemplo, Fiske e Taylor, 1991). De um modo geral, o que está envolvido aqui é a manipulação de modelos mentais de eventos sociais através do uso de estruturas discursivas específicas, como estruturas temáticas, manchetes, estilo, figuras retóricas, estratégias semânticas etc. (para mais detalhes, ver van Dijk, 1990; van Dijk e Kintsch, 1983). A menos que os leitores e ouvintes tenham acesso a informações alternativas ou a recursos mentais para se opor a tais mensagens persuasivas, o resultado dessa manipulação pode ser a formação de *modelos preferidos* para certas situações (por exemplo, revoltas étnicas), os quais, por sua vez, podem ser generalizados em conhecimentos, atitudes ou ideologias preferidas mais gerais (por exemplo, sobre os negros ou sobre os jovens).

Discurso e acesso

Um elemento importante na reprodução discursiva do poder e da dominância é o próprio *acesso* ao discurso e a eventos comunicativos. Nesse ponto, discurso é similar a outros recursos sociais valorizados que constituem a base do poder e cujo acesso é distribuído de forma desigual. Por exemplo, nem todos têm igual acesso à mídia ou à fala e à escrita médicas, jurídicas, políticas, burocráticas ou acadêmicas. Assim, precisamos explorar as implicações de uma questão complexa: *quem pode falar e escrever para quem, sobre o que, quando e em que contexto*, ou *quem pode participar desses eventos comunicativos nos mais variados papéis de ouvintes,* por exemplo, como ouvinte endereçado, audiência, ouvintes inadvertentes (*"bystanders"* e *"overhearer"*). O acesso pode ser analisado em termos de tópicos ou referentes do discurso, ou seja, *sobre* quem se escreve e/ou se fala. Podemos supor que, como acontece com outros recursos sociais, mais acesso – de acordo com esses vários papéis dos participantes – corresponda a *mais* poder social. Em outras palavras, as medidas de acesso ao discurso podem ser indicadores bastante confiáveis de poder de grupos sociais e de seus membros.

Padrões e estratégias de acesso discursivo podem ser explicitados em praticamente todos os domínios sociais, instituições, profissões, situações e gêneros. Assim, na esfera política, apenas os ministros têm acesso ativo às reuniões do Gabinete, e apenas os parlamentares têm acesso aos debates no Parlamento. Secretárias e assessores podem ter acesso passivo às reuniões do Gabinete, isto é, apenas no papel de pessoas que fazem anotações e cumprem ordens; eles falam apenas quando são convidados a fazê-lo. Nas sessões públicas do Parlamento, os membros do público podem ter acesso passivo, mas apenas como ouvintes (ou melhor, como "*overhearers*"). Padrões de acesso similares existem também em *ambientes corporativos*, nas reuniões de diretoria ou nas interações patrão-empregado.

Na *educação*, os professores usualmente controlam os eventos comunicativos, distribuem turnos de fala e ainda têm acesso especial ao discurso educacional, exercendo seu controle sobre ele. Por outro lado, os alunos têm em princípio acesso para falar nas salas de aula apenas quando a fala lhes é dirigida e são convidados a falar. Em alguns casos e também em outros domínios, esse acesso restrito pode ser voluntário, enquanto em outros pode ser obrigatório, por exemplo, quando os alunos têm que responder às questões nos exames, quando cidadãos são intimados a falar em audiências jurídicas, quando réus são obrigados a falar nos interrogatórios policiais ou nos tribunais. De forma similar, nas consultas *médicas*, os médicos podem controlar alguns aspectos da conversação com seus clientes, tal como o cenário (data/hora, lugar e circunstâncias, por exemplo, apenas por "hora marcada"), tópicos (apenas problemas médicos) e estilo.

Muito mais óbvios e consequentes são os padrões de acesso à *mídia de massa*: quem tem acesso preferencial aos jornalistas, quem será entrevistado, citado e descrito nas reportagens jornalísticas, e de quem serão as opiniões capazes de influenciar o público. Ou seja, através do acesso à mídia de massa, os grupos dominantes também podem ter acesso e, consequentemente, controle parcial sobre o público em geral. A não ser por meio de cartas ao editor, o público geralmente tem acesso passivo à mídia apenas como leitores ou telespectadores.

Finalmente, nas *conversações* do dia a dia, pode haver padrões de acesso culturalmente diferentes baseados na idade, no sexo, na classe, no nível de educação ou em outro critério que define dominância e discriminação; mulheres podem ter menos acesso que homens; negros, menos que brancos; jovens, menos que adultos.

Portanto, para cada domínio social, profissão, organização ou situação podemos esboçar um *esquema discursivo e comunicativo de condições e estratégias de acesso* para os vários grupos sociais envolvidos: de fato, quem pode dizer/escrever o que, como, para quem e em que circunstâncias ?

Analisando padrões de acesso

Os exemplos informalmente discutidos mostram diferentes padrões de acesso que dependem dos diversos papéis sociais ou institucionais, do sexo, da idade, do cargo, do contexto e da temática. Com o intuito de examinar tais condições e estratégias de acesso mais explicitamente, um certo número de distinções analíticas precisam ser feitas. Embora seja um conceito relevante nos estudos sobre discurso e poder, "acesso" é uma noção muito vaga e, assim, carece de mais especificações. Acesso pode englobar o modo como as pessoas tomam a iniciativa nos eventos comunicativos, as modalidades de suas participações, assim como os modos com os quais controlam as várias outras propriedades do discurso, como a tomada do turno, o sequenciamento, os tópicos e até mesmo os modos como as pessoas são representadas no discurso, como referentes ou tópicos. Vamos discutir brevemente algumas dessas dimensões do acesso.

Planejamento

Os padrões do acesso discursivo já começam com a tomada de iniciativa, a preparação ou o *planejamento* de um evento comunicativo. Assim, um presidente pode convocar uma reunião, um juiz pode expedir um mandado de intimação e um professor pode decidir fazer uma prova. Esses planos sempre implicarão decisões sobre o cenário (tempo, lugar) e um roteiro da conversa, assim como os participantes convidados ou convocados a comparecer. Em encontros médicos ou educacionais, pacientes ou estudantes podem tomar a iniciativa, porém são os médicos e professores que normalmente decidem sobre o cenário. Esse é o caso na maioria dos encontros de trabalho, tal como nas agências burocráticas. Nos encontros da mídia, a posição e o poder relativo dos novos atores e jornalistas geralmente determinam quem pode acessar quem: quem tem acesso a uma entrevista coletiva ou quem dá uma entrevista.

Cenário

Existem muitos elementos do cenário de eventos comunicativos que podem ser controlados por diferentes participantes. Primeiramente, quem é chamado ou obrigado a participar e em qual papel podem ser decididos pelo diretor ou por outros participantes poderosos que controlam a interação. Já vimos que tempo, lugar e circunstâncias de textos e falas podem ser, da mesma forma, controlados por atores poderosos. Também outras circunstâncias, tais como distância, localização e presença de "apoios do poder" (o banco e a toga de um juiz, o uniforme dos policiais ou a cadeira na ponta da mesa), podem envolver padrões diferenciados de acesso para diferentes participantes.

Controle de eventos comunicativos

A forma crucial de acesso consiste no poder de controlar dimensões variadas do próprio discurso ou fala: qual modalidade de comunicação pode/deve ser usada (fala, escrita), qual variedade linguística pode/deve ser usada e por quem (língua padrão ou de prestígio, um dialeto etc.), quais gêneros do discurso são permitidos, quais tipos de atos de fala, ou quem pode iniciar ou interromper turnos de fala ou sequências discursivas. Além dessas restrições mais gerais, os participantes podem ter acessos diferenciados a tópicos, estilo ou retórica. Assim, nos julgamentos, réus podem ser solicitados a falar na língua padrão, a apenas responder a perguntas (e só quando solicitados), a falar apenas sobre o tópico em discussão, utilizando um estilo polido e deferencial. Restrições similares podem existir para subordinados em empresas ou alunos em uma escola. Ou seja, praticamente todos os níveis e dimensões da fala e da escrita podem ter acesso obrigatório, opcional ou preferencial para diferentes participantes, por exemplo, em função do poder institucional ou social de cada um. Ou melhor, tal poder e dominância podem ser exercidos, confirmados e reproduzidos por meio desses padrões diferenciados de acesso a diversas formas de discurso em diferentes situações sociais. Assim, ter acesso ao ato de fala de um comando pressupõe, como também exerce e confirma, o poder social do falante.

Alcance e controle da audiência

Em diálogos como reuniões, sessões ou debates formais, apresentadores ou participantes podem permitir ou requerer que participantes específicos estejam presentes (ou ausentes), ou permitir ou requerer que esses outros escutem e/ou falem. Dessa forma, além de controlar o conteúdo ou o estilo, os falantes podem também controlar audiências. Ou seja, o acesso ao discurso, em especial às formas públicas de discurso também, e de forma crucial, implica acesso à audiência. Em reuniões públicas ou através da mídia de massa, o poder dos discursos e de seus falantes ou autores podem então ter um maior ou menor alcance. Acesso total a uma grande rede de jornais e televisão implica, portanto, acesso a uma grande audiência: obviamente, o acesso ao *The New York Times* ou à *CBS* sinaliza mais poder do que o acesso a um jornal ou estação de rádio local. O mesmo é verdade para escritores, professores ou políticos e o tamanho relativo de suas audiências.

Embora o alcance do acesso em termos do tamanho da audiência de um discurso seja um critério importante de poder, o controle é muito mais efetivo se as mentes da audiência puderem ser também "acessadas" com sucesso. Quando os falantes são capazes de influenciar os modelos mentais, o conhecimento, as atitudes e, em última instância, até mesmo as ideologias dos receptores, esses falantes podem indiretamente controlar as ações futuras desses receptores. Ou seja, o controle mentalmente mediado das ações dos outros é uma forma fundamental de poder, especialmente quando a audiência está pouco ciente desse controle, como é o caso da manipulação. De fato, a maioria das formas de acesso discursivo e comunicativo que abordamos anteriormente, tais como o controle do cenário, interação, tópico ou estilo, vai ser voltada para o controle das mentes dos participantes, receptores ou audiência em geral, de modo que as mudanças mentais resultantes vão ser aquelas desejadas pelos que estão no poder, e geralmente aquelas do seu interesse.

Sintetizando os critérios de acesso

Após essa discussão dos vários tipos de acesso, somos capazes de explicar – para cada tipo de discurso ou evento comunicativo e para cada grupo social ou instituição – os diversos padrões de acesso que estabelecem uma das relações entre discurso e poder social. Para um julgamento em um tribunal de justiça, por exemplo, podemos especificar o seguinte esquema de acesso, em termos de quem controla que aspecto desse julgamento, como foi informalmente discutido anteriormente (o esquema não está completo; para detalhes conversacionais, ver por exemplo Atkinson e Drew, 1979; para estilo, ver Erickson et. al., 1978; O'Barr, 1982; para acesso a gêneros específicos, Wodak, 1985; note também que toda variação e controle são limitados pelas restrições socioculturais mais gerais do contexto jurídico e da situação de fala).

- Iniciativa: juiz
  - Cenário (hora, lugar e participantes): juiz, promotor, advogados
  - Evento comunicativo:
    - Participantes: juiz (por exemplo, o juiz pode excluir testemunhas do promotor)
    - Controle e distribuição do turno: juiz
    - Sequencialização (por exemplo, abrir e fechar a sessão): juiz
    - Atos de fala:
      - Veredicto, sentenças, ordens, solicitações, perguntas, afirmações: juiz.
      - Veredicto: júri (por exemplo, nos sistemas legais britânico e americano).
      - Indiciamento, acusações, perguntas, afirmações: promotor.
      - Defesa, solicitações, perguntas, afirmações: advogados de defesa.
      - Afirmações (como respostas a perguntas): acusado(a), testemunhas.
    - Tópico(s): juiz, promotor, advogados de defesa.
    - Estilo: juiz
    - Inscrição: escreventes
    - Audiência/abrangência: imediata: normalmente pequena; mediada por veículo de comunicação de massa: grande.

Resultado: possivelmente sério para o acusado (perda de dinheiro, da liberdade ou da vida).

Inversamente, podemos examinar o poder de grupos sociais ou de profissões, como a dos juízes, através da análise da variedade e padrões de acesso que detêm (como juízes), e veremos que eles controlam a maior parte das propriedades (ou dos elementos) de um julgamento. Contudo, uma vez que os julgamentos (importantes) são rotineiramente cobertos pela mídia, os juízes também têm uma relativa facilidade de acesso à mídia, como descrito anteriormente, apesar de esse acesso não ser pleno: os juízes não podem controlar o que exatamente é escrito ou dito a seu respeito (Anderson et. al., 1988; Chibnall, 1977; Graber, 1980; Hariman, 1990). Apesar de a variedade e a abrangência normais de acesso dos juízes se restringirem ao domínio legal, isto é, ao discurso jurídico em geral (por exemplo, quando emitem um veredicto), e em julgamentos em particular, os juízes podem ainda ter acesso à educação e à pesquisa, quando proferem palestras ou escrevem livros didáticos, ou à política e à economia, quando são indicados para membros de comitês ou conselhos por conta do seu saber jurídico ou da sua influência. Em suma, os juízes parecem ter um escopo mediano de acesso, correspondente ao seu relativo poder. No entanto, como são em princípio considerados os únicos que decidem a respeito de liberdade ou até de vida e de morte (tratando-se especificamente de sistemas que permitem a pena de morte), as consequências do seu moderado poder, por sua vez, podem ser tremendas. Isso se aplica, é claro, mais especialmente aos juízes das Cortes de Apelações e das Supremas Cortes,* que detêm a última palavra em decisões sobre questões sociopolíticas maiores que afetam uma nação inteira, como o aborto e os direitos civis. Isto é, mais além da abrangência e da variedade de seus acessos discursivos, o poder dos juízes também poderia ser especialmente medido pelas consequências pessoais, sociais e políticas desse acesso. De fato, no domínio jurídico, seus discursos podem *ser* a lei.

Análises similares podem ser feitas, cada uma delas em seus próprios domínios de poder, para presidentes mais ou menos poderosos, gabinetes ministeriais, Parlamento ou Congresso, papas e padres, presidentes de empresas (CEOs), professores universitários, editores de jornais, líderes sindicais, entre outros, como também, em um nível inferior na hierarquia de poder, para cidadãos comuns, burocratas, professores do Ensino Básico, policiais ou comerciantes. É crença nossa que deveria existir, de um modo geral, uma interdependência bastante íntima entre poder (e, portanto, acesso a recursos sociais valorizados), de um lado, e acesso a (e controle

* N.T.: Traduzimos *Courts of Appeal* e *Supreme Courts*, respectivamente, como Cortes de Apelações e Supremas Cortes. No sistema legal brasileiro esses termos não se aplicam. Temos os Tribunais de Justiça dos Estados e o Supremo Tribunal Federal como instâncias superiores de decisão.

sobre) condições, propriedades estruturais e consequências do discurso, do outro lado. Em outras palavras, se o acesso ao discurso é uma medida de poder, a Análise Crítica do Discurso se torna uma ferramenta de diagnóstico importante para a avaliação da dominância social e política.

Discurso, poder e racismo

Para ilustrar melhor a análise de poder social e padrões de acesso discursivos apresentados anteriormente, vamos examinar de uma forma mais detalhada alguns dos modos pelos quais o poder social está sendo exercido, legitimado e reproduzido em um domínio maior da dominância, por grupos brancos (europeus) sobre minorias étnicas e raciais, refugiados e outros imigrantes.

Dados empíricos que constituem o pano de fundo dessa discussão são derivados de nosso amplo projeto de pesquisa sobre discurso e racismo, levado a cabo na Universidade de Amsterdã desde 1980 (van Dijk, 1984a, 1987a, 1991, 1993a). Os vários discursos estudados nesse projeto eram conversações do dia a dia, livros didáticos de Ensino Médio, notícias jornalísticas, debates no Parlamento, discurso científico e discurso corporativo, entre outros.

O objetivo de nossa discussão aqui é apenas mostrar como a dominância étnico-racial, ou racismo, é também reproduzida através de padrões diferenciais de acesso discursivo por grupos majoritários e minoritários, e não apenas por conta de acessos diferenciados a residência, emprego, habitação, educação ou previdência social. Essa dominância pode assumir duas formas: a reprodução discursiva do preconceito étnico e do racismo dentro do próprio grupo branco dominante, de um lado, e formas de racismo cotidiano nas conversas entre membros dos grupos majoritário e minoritário (por exemplo, estigmatizar, ser indelicado, acusar sem fundamentos), do outro lado (Essed, 1991).

Uma estratégia de tal discurso dominante é definir de forma persuasiva o *status quo* étnico como "natural", "desejável", "inevitável", ou até mesmo "democrático", por exemplo, através da negação da discriminação ou racismo, ou através da desracialização (*"de-racialising"*) da desigualdade através de redefinições em termos de classe, diferença cultural ou das consequências especiais (únicas, temporárias) do *status* de imigrante. O sucesso persuasivo ou manipulador desse discurso dominante é em parte devido aos padrões de acesso dessa escrita e dessa fala. Isto é, a maioria das elites de poder é branca e seu poder implica acesso preferencial aos meios de comunicação de massa, aos discursos políticos de tomada de decisão, aos discursos da burocracia e ao sistema legal. Ainda, em relação aos grupos minoritários, a dominância é duplicada: é o grupo branco como um todo que tem privilégios especiais e acesso aos recursos sociais, incluindo aí os recursos simbólicos da comunicação, enquanto as elites brancas de poder adicionalmente controlam o grupo branco em geral através da sua influência persuasiva sobre as condições mentais (estereótipos, preconceitos, ideologias) das práticas discriminatórias dos membros do grupo branco. O oposto é verdadeiro para grupos étnicos minoritários, cuja subordinação é muito mais exacerbada pela posição (geralmente) mais baixa que sua classe ocupa. Isto é, sua falta de acesso não é meramente definida em termos de exclusão racial ou étnica, mas também pela falta de acesso a uma boa educação, *status*, empregos ou capital atrelada à classe social e compartilhada com brancos pobres. A exclusão e a marginalização que resultam do acesso socioeconômico e simbólico (discursivo e comunicativo) limitado dificilmente precisam ser detalhadamente explicados (para detalhes, ver Essed, 1991; Jaynes e Williams, 1989). Assim, minorias ou imigrantes geralmente têm pouco ou nenhum acesso aos contextos comunicativos cruciais listados a seguir, como já analisado anteriormente:

1. Discursos governamentais e legislativos de tomada de decisões, informação, persuasão e legitimação, especialmente os de nível nacional;
2. Discursos burocráticos de construção e implementação de políticas de mais alto nível;
3. Discurso da mídia de massa dos maiores veículos da mídia jornalística;
4. Discurso acadêmico ou científico;
5. Discurso das empresas.

Política

Em especial na Europa, praticamente nenhum membro de grupo minoritário é membro de governos nacionais e apenas muito poucos são membros do Legislativo (sobre o Reino Unido, ver Solomos, 1989). Em alguns países, como os Países Baixos, algumas minorias não possuem nacionalidade holandesa, mas são residentes há 5 anos, têm acesso passivo ou ativo às eleições locais e, assim, têm voz (mínima) nos conselhos da cidade, um pequeno "privilégio" intensamente combatido na França e na Alemanha. Devido ao tamanho dos grupos de minorias étnicas nos Estados Unidos da América, existe ao menos alguma representação política das minorias e, portanto, acesso à tomada de decisão política, especialmente no nível local, por exemplo, nas cidades com uma grande parcela da população composta de um grupo minoritário (Bem-Tovin et al., 1986; Jaynes e Williams, 1989; Marable, 1985). Uma vez que a maior parte das políticas "étnicas", contudo, são políticas nacionais ou federais, as minorias são mais ou menos efetivamente excluídas de escritas ou falas influentes sobre sua própria situação. Por outro lado, as minorias são assunto frequente na fala e na escrita política, mas esse fórum de acesso passivo raramente é controlado por elas: na prática, elas não têm qualquer influência nessa "representação" dentro do discurso político (van Dijk, 1993a).

Mídia

O acesso das minorias à mídia de massa é uma condição crucial para sua participação na definição pública de sua situação. Apesar de os jornalistas em geral se autodefinirem liberais, a falta de acesso das minorias à mídia é um das propriedades mais visíveis da dominância simbólica das elites brancas (Hujanen, 1984; Mazingo, 1988; Minority Participation in the Mídia, 1983; Wilson e Gutiérrez, 1985). Na Europa, praticamente não existem jornalistas oriundos de minorias, muito menos no controle de cargos editoriais. Os jornais de maior qualidade podem ter apenas um ou dois parcos elementos provenientes de minorias, geralmente em cargos com contratos temporários ou como *free-lancer*. Até mesmo nos Estados Unidos, 51% dos jornais não possuem jornalistas de minorias, e as promoções a cargos mais altos são notoriamente problemáticas. A televisão dá acesso limitado apenas a algumas (muito moderadas) minorias de mais visibilidade. Como resultado, o quadro de pessoal nos jornais é praticamente todo composto de brancos, e isso, é claro, acarreta sérias consequências na produção de notícias, no estilo de redação, no acesso às fontes e no ponto de vista geral do discurso jornalístico ou dos programas de televisão (Hartmann e Husband, 1974; Martindale, 1986; Smitherman-Donaldson e van Dijk, 1988; van Dijk, 1991).

Além disso, dado ao seu limitado poder social e econômico, os grupos e organizações minoritárias também carecem de formas mais usuais de acesso à mídia organizada, tais como a (entrevista) coletiva à imprensa, o *press release*, os departamentos de relações públicas (Fedler, 1973). Ao contrário, a maioria dos jornalistas brancos são conhecidos por sua rotineira preferência por fontes (brancas) institucionais (Tuchman, 1978) e geralmente consideram as minorias menos confiáveis, principalmente quando estão emitindo opiniões críticas sobre as elites brancas dominantes. Problemas de comunicação e diferenças de estilo entre jornalistas brancos e fontes de grupos minoritários podem limitar ainda mais o acesso das minorias à mídia (Kochman, 1981).

O acesso diferenciado das elites majoritárias e das minorias à mídia previsivelmente resulta também em acessos diferenciados às estruturas das reportagens/matérias jornalísticas. A seleção e a proeminência dadas às questões e tópicos das notícias são aquelas estereotipadas e negativas, preferidas pelas elites branca, política, corporativa, social e acadêmica e suas instituições. Assim, a questão frequente sobre imigração será principalmente definida como uma invasão e também como essencialmente problemática, mas raramente como uma contribuição bem-vinda à economia ou à cultura do país. Crime, drogas, violência e desvios culturais são outras questões preferidas da cobertura jornalística "étnica". Contrariamente, devido ao limitado acesso de minorias à definição da situação, questões e tópicos que são diretamente relevantes para as minorias recebem menos cobertura e menos proeminência. Esse é o caso das questões como discriminação, racismo, violência policial, escassez de empregos, condições de trabalho miseráveis, falhas na educação das minorias e outras, em especial quando a elite branca é culpada pela situação. Por outro lado, as ações das elites brancas que são tidas como "positivas" para as minorias são em geral proeminentemente cobertas. Como na cobertura das relações Norte-Sul, "nossa" ajuda a "eles" é um tópico jornalístico de valor. Dessa forma, a seleção e a proeminência de tópicos jornalísticos é função direta dos diferenciais de acesso, interesses e perspectivas dos atores – de maiorias e de minorias – das notícias.

De forma similar, a falta de acesso aos jornalistas também leva à previsão de que falantes das minorias serão menos *citados* que falantes da maioria branca, como de fato é o caso (van Dijk, 1991). Se eles são realmente citados, então, ou serão citados os porta-vozes moderados que compartilham opiniões ou perspectivas com a maioria, ou serão citados os radicais ou extremistas para dar margem ao ridículo e ao ataque (Downing, 1980). As minorias são especialmente citadas em tópicos "suaves" e menos "arriscados", tais como religião, artes, folclore ou cultura de uma maneira geral (Hartmann e Husband, 1974; Johnson, 1987; van Dijk, 1991). Também, diferentemente dos falantes dos grupos majoritários, raramente é permitido que as minorias falem sozinhas. Suas acusações à grande sociedade e às suas elites, quando são citadas, *nunca* são aceitas sem questionamento.

Observações similares podem ser feitas com todas as propriedades e níveis de reportagens jornalísticas. O conteúdo e estrutura sintática da *manchete* sistematicamente "nos" favorecem e problematizam "eles", como também é o caso do *estilo* lexical (por exemplo, "motins" em vez de "distúrbios"), da *retórica*, das negações ou outros *movimentos* semânticos estratégicos ("Não temos nada contra turcos, mas..."; "Somos uma sociedade tolerante, mas..."), assim como outras propriedades discursivas. Assim, de um modo geral, as ações negativas "deles" são tornadas mais proeminentes (por exemplo, por meio de topicalização, cobertura da primeira página, construção da manchete, ênfase retórica), enquanto as "nossas" ações negativas são amenizadas por meio de negação, eufemismo, atenuação ou outras estratégias que evitam uma autoapresentação negativa (van Dijk, 1991, 1992a). Por conta da falta de fontes alternativas de informação sobre relações étnicas, os efeitos dessas reportagens diárias dos modelos e atitudes de muitos leitores brancos são previsíveis: a difusão do preconceito e da xenofobia. Assim, as minorias e seus representantes têm pouco acesso ao público em geral, a não ser por protestos e comportamentos perturbadores que irão certamente ser definidos como uma confirmação de estereótipos e preconceitos dominantes.

Academia

Comentários bastante similares podem ser feitos acerca de padrões de acesso ao discurso educacional e acadêmico (para detalhes, ver van Dijk, 1993a). As minorias, especialmente na Europa, em geral têm pouco acesso às universidades e muito menos ao controle ativo do discurso acadêmico, mesmo nos estudos "étnicos" sobre eles. Nos Países Baixos, por exemplo, mais de 95% de toda a pesquisa étnica é desenvolvida por pesquisadores holandeses brancos, e muito mais está sob a supervisão de holandeses brancos. Os tópicos de tais pesquisas étnicas são, surpreendentemente, similares aos da mídia de massa: diferenças e desvios culturais, crime, problemas educacionais etc. Com os atrasos usuais, os livros didáticos do Ensino Médio reproduzem os estereótipos acadêmicos dominantes sobre as minorias. O que não surpreende é que a mídia vai dar, por sua vez, atenção especial para esses resultados de pesquisas que se ajustam muito bem aos estereótipos dominantes, tais como ao das *gangues* juvenis, das drogas, do crime ou dos problemas culturais da jovem mulher imigrante.

Questões cruciais, como discriminação e especialmente racismo, são tão pouco estudadas quanto tratadas nos jornais. Além disso, os poucos estudos sobre essas questões tendem a ser ignorados, repudiados, marginalizados e atacados como sendo "não científicos" ou de erudição "política" (Essed, 1987).

Assim, os grupos étnicos, e até as suas elites acadêmicas, não têm praticamente acesso aos modos como a situação étnica é definida nas ciências sociais, quanto mais controle sobre eles. Uma vez que muito dessa pesquisa é também utilizada como uma fonte de informação para as políticas nacionais (e para os meios de comunicação), vemos como as elites brancas dominantes articuladamente formam um conluio para impedir o acesso à base hegemônica do poder, aquela do conhecimento, das crenças e da fabricação do consenso. Não é necessário nenhum argumento adicional para defender que currículos, revistas ou jornais acadêmicos, conferências e outros veículos do discurso acadêmico são também normalmente dominados por estudiosos brancos, exceto no caso de pequenos "nichos" de revistas ou jornais acadêmicos "negros" que não têm praticamente influência alguma na elite acadêmica nas ciências sociais como um todo. A propaganda, em especial nos Estados Unidos, sobre o que é definido como "politicamente correto" na academia reflete mais uma reação das elites brancas dominantes contra mudanças culturais e resistência, menores e localizadas, das minorias do que uma mudança fundamental no discurso acadêmico dominante e nos padrões de acesso (Aufderheide, 1992; Berman, 1992).

Negócios

O discurso corporativo, normalmente, é menos público e, portanto, apenas indiretamente envolvido na fabricação do consenso. No entanto, em última análise, ele é altamente influente através de suas consequências nas implicações socioeconômicas do *status quo* étnico. Se o discurso corporativo explica o alto desemprego das minorias, principalmente em termos que maldizem a vítima (deficiências linguísticas, falta de habilidades, baixo nível educacional, falha no *ethos* relacionado ao trabalho etc.), esse discurso vai ter também um acesso rápido aos jornais e à tomada de decisões políticas (Fernandez, 1981; Jenkins, 1986; van Dijk, 1993a). A fala gerencial sobre ações afirmativas e outras formas de responsabilidade social pode estar associada a muitas propriedades negativas, tais como a perda da competitividade, injustiça social etc. Além disso, essa característica do discurso corporativo proeminente, especialmente na Europa, irá indiretamente tornar-se pública, por exemplo, através de políticos ou jornalistas a repetir ou enfatizar esse ponto de vista.

Poucos membros de grupos minoritários têm cargos gerenciais de liderança, e, quando os têm, tomam precauções para não falarem de forma demasiadamente radical sobre as exigências e reclamações do seu próprio grupo, a menos que queiram perder seus empregos. Assim, as minorias têm muito pouca influência no discurso corporativo dominante. Isto é, elas não são capazes de desafiar com sucesso as ideologias subjacentes à discriminação e à marginalização das minorias no mercado de trabalho, nos negócios e no mundo financeiro em primeiro lugar. Pelo contrário, culpar a vítima é a maior estratégia da elite branca dominante também no discurso corporativo: denúncias de discriminação são anuladas através da acusação de que as minorias (especialmente os negros) causam sua própria desgraça, como mencionado anteriormente.

Alguns exemplos

Após uma análise mais teórica das relações entre discurso, poder e acesso, e uma revisão dos padrões de acesso ao discurso nas relações étnicas, vamos finalmente discutir alguns exemplos concretos. Tais exemplos foram coletados da cobertura da imprensa britânica sobre questões étnicas, durante os primeiros seis meses de 1989. Uma série de reportagens durante esses meses tratou da questão Salman Rushdie e, como é comum na imprensa, da imigração "ilegal".

Assim, o *The Sun* começa uma de suas matérias (23 de janeiro de 1989) sobre imigração da seguinte forma:

CAIAM FORA, PARASITAS

de Victor Chapple

Uma BLITZ na imigração ilegal foi lançada pelo governo. O quantitativo de pessoal que cuidará de parasitas estrangeiros será mais do que DUPLICADO e FORTES novos freios são planejados contra falsos estudantes estrangeiros. Os alvos-chave serão as faculdades falsas que matriculam jovens, mas não oferecem nenhum curso. Quando os funcionários da imigração fizeram uma batida em uma delas na zona leste de Londres, no ano passado, descobriram que 990 dos 1000 "estudantes" não tinham permissão para estar em Londres. O secretário de assuntos internos Douglas Hurd estuda uma mudança na lei para impedir que visitantes estrangeiros mudem para o *status* de estudantes enquanto estão aqui.

Exemplo 1.

A grande manchete (*banner* de 23 x 3cm) dessa matéria representa o comentário avaliativo do *The Sun* sobre o plano do governo. O mesmo se aplica para o uso de *"borgus"* e *"phoney"* (falsos), para descrever os estudantes e as faculdades. Esses termos avaliativos estão longe de ser aqueles utilizados pelo governo britânico ou pelo secretário de assuntos internos Douglas Hurd. Até aqui, o poder, a autonomia e, portanto, a responsabilidade do jornal são óbvios: dificilmente se poderia culpar os "políticos" pela linguagem racista que usam para influenciar os leitores. Em termos de nossa análise de padrões de acesso, o estilo de reportar é acessível apenas ao repórter (Victor Chapple) ou aos editores do *The Sun*, e também o é o efeito persuasivo que essa outra apresentação negativa do outro pode causar na cabeça dos leitores. A contribuição direta à confirmação de preconceitos étnicos bem conhecidos no Reino Unido, isto é, de imigrantes como *"spongers"* (parasitas), está, assim, no âmbito da responsabilidade do tabloide.

Ao mesmo tempo, contudo, precisamos enfatizar o "conluio" entre as elites da imprensa, de um lado, e as elites políticas, do outro. Afinal, as políticas e as ações políticas sobre as quais se escreve são aquelas das autoridades britânicas: eles farão qualquer coisa para reduzir o que definem como imigração "ilegal". No entanto, o tabloide não apenas reporta tais ações, mas apoia as mesmas e até fabrica suas razões (os estudantes serão expulsos porque são *"spongers"* (parasitas)). Assim, de certo modo, a imprensa de direita apoia as políticas conservadoras sobre imigração e, ao mesmo tempo, enquadra essas políticas em um estilo retórico popular ("*get lost*", "*spongers*", "*phoney*" etc.)* que faz com que pareçam uma resposta às exigências e aos ressentimentos do povo contra a imigração, tornando-os, dessa forma, legítimos.

Além do acesso direto dos jornalistas ao estilo (tamanho, léxico etc.) das manchetes e ao estilo do restante da matéria, também testemunhamos um certo grau de acesso de um político proeminente, o secretário de Estado, cujo retrato é reproduzido, cujas ações são divulgadas (positivamente) e cujas políticas futuras são mencionadas. No restante da matéria, não mencionado aqui, sobre um refugiado do Siri Lanka, o senhor Viraj Mendis (descrito como um "ativista") – que buscou abrigo numa igreja, mas foi preso numa batida policial e expulso depois de muitos anos de residência no Reino Unido –, Douglas Hurd também é citado, assim como um Membro do Parlamento (MP) do partido conservador, ambos protestando contra a ação da Igreja no sentido de esconder refugiados. As igrejas não têm acesso à imprensa aqui: nenhum porta-voz é citado. Viraj Mendis, em uma pequena matéria à parte, é citado como a querer "expor o racismo do governo britânico" e um retrato dele também é mostrado. No entanto, o enquadre das palavras dele é dramaticamente diferente daquele de Hurd. Ele é retratado, no texto, "saboreando água mineral em um clube privê em Colombo", o que sugere que alguém em tal situação dificilmente seria um autêntico refugiado e, assim, não seria um interlocutor confiável. O próprio fato de ele acusar o governo britânico de racismo é tão absurdo para o *The Sun* que tal acusação dificilmente requer que seja conferido ainda mais descrédito a Mendis, como o tabloide fez durante todo o caso Mendis (para uma análise mais detalhada da reportagem de direita no Reino Unido sobre o caso Mendis, ver van Dijk, 1993b).

Em suma, encontramos diferentes modos de acesso aqui. Primeiro, o acesso das elites da mídia: os próprios repórteres e editores do tabloide, que escolheram o tópico como tendo valor jornalístico e controlam seu estilo e retórica, *layout*, fotos, e que também têm acesso direto e persuasivo às "mentes" dos leitores.

Segundo, o acesso das elites políticas: o senhor Hurd, como ator principal, tem acesso ao tópico, às citações e às imagens visuais de um tabloide que é lido por aproximadamente cinco milhões de leitores britânicos.

* N.T.: Esses termos, em parênteses, são informais, acessíveis e usados pelas camadas populares da sociedade.

Terceiro, o acesso de outros políticos: acesso de um Membro do Parlamento do partido conservador, dando apoio ao Sr. Hurd (ou até criticando-o por não ter agido com a rapidez necessária) e, dessa forma, reforçando a avaliação negativa do *The Sun*.

Quarto, o acesso do refugiado: o acesso passivo de Viraj Mendis a um tópico secundário dessa matéria (e a um tópico principal de uma curta história relacionada à matéria), à citação e às fotografias, mas envolvido num enquadre negativo de forma a invalidar a sua credibilidade.

O próximo exemplo também é extraído do *The Sun* e foi publicado alguns dias depois (2 de fevereiro de 1989):

GRÃ-BRETANHA INVADIDA POR UM EXÉRCITO DE ILEGAIS

Notícia Especial do THE SUN
De John Kay e Alison Bowyer

A Grã-Bretanha vem sendo inundada por uma maré de imigrantes ilegais tão desesperados por um emprego que trabalharão por uma ninharia nos nossos restaurantes, cafés e boates.

Funcionários da imigração estão assoberbados de trabalho. No ano passado, 2.191 "ilegais" foram capturados e enviados de volta para casa. Mas há dezenas de milhares mais, trabalhando como escravos nos fundos dos bares, limpando quartos de hotéis e trabalhando nas cozinhas...

Os ilegais entram às escondidas:

- ENGANANDO os funcionários da imigração quando questionados nos aeroportos.
- DESAPARECENDO quando seus vistos de entrada expiram.
- FALSIFICANDO permissões de trabalho e outros documentos.
- FUGINDO dos centros de detenção.

Exemplo 2.

Encontramos novamente o quadro já familiar de uma manchete veiculando três importantes expressões de conotação negativa, normalmente associadas a imigrantes e refugiados: "invadida", "exército" e "ilegais". Esse estilo de descrever os imigrantes sem documentos está totalmente sob o controle (e acesso) dos jornalistas do *The Sun*, com prováveis consequências sobre o acesso do público-alvo (*mirad*?), como descrito anteriormente. Atentem para as implicações e associações semânticas especiais relacionadas ao uso de "invasão" e "exército" que, explicitamente, relacionam imigração com violência e ameaça à "Inglaterra": imigração é guerra.

Uma vez que se trata de uma "notícia especial", a responsabilidade parece pesar ainda mais sobre o tabloide: eles não estão reportando um evento noticioso, tal como uma ação política, como foi o caso do exemplo anterior, mas apresentam uma "reportagem" baseada em suas próprias "investigações" jornalísticas. Assim, os "fatos" construídos pelo tabloide são tão familiares quanto o seu estilo metafórico através do qual refugiados e outros imigrantes são rotineiramente comparados a uma "maré" que "inunda" o país. O termo "inundado" é familiar. Foi também usado por Margaret Thatcher antes de ser eleita primeira-ministra, quando disse que temia que a Grã-Bretanha fosse "muito inundada" por pessoas de uma cultura alienígena. Daí as metáforas, ainda que sob pleno acesso e controle dos jornalistas, não serem em si uma novidade, mas usadas rotineiramente por conservadores racistas quando falam sobre imigração. Obviamente, como é o caso no uso de "invadir" e "exército", ser "inundado" por uma "maré" de "ilegais" é algo bastante ameaçador para a população (branca) britânica, a audiência principal de tal estilo. O restante da reportagem apresenta o mesmo estilo, por exemplo, quando as ações policiais são chamadas de "uma confusão para rastrear a força de trabalho informal". Isso é, de fato, do que se trata: uma guerra para manter a Grã-Bretanha branca.

Os funcionários da imigração também têm acesso (passivo, atual) a essa matéria e recebem a devida compaixão por terem sido "derrotados" pela tarefa. Nenhuma palavra áspera será encontrada no *The Sun* sobre a maneira como os funcionários da imigração realizam sua missão de "rastrear os ilegais". Note, no entanto, que aí parece haver também uma sugestão de compaixão para com os imigrantes, como pode ser inferido pelo uso das expressões "trabalhando por uma ninharia" e "trabalhar como um escravo". Ao mesmo tempo, o estilo do restante da matéria não parece confirmar essa posição dos jornalistas a favor dos imigrantes. Ou melhor, a expressão "trabalhar por uma ninharia" também implica que se os imigrantes fazem qualquer trabalho por qualquer salário, eles competem com trabalhadores brancos britânicos. Assim, tal representação reforça a conclusão racista familiar: "eles tiram os nossos empregos!". Na realidade, em lugar algum na matéria é ressaltado que os britânicos jamais iriam querer tais tipos de trabalhos.

O fragmento de texto seguinte, enfatizado por letras maiúsculas em negrito e palavras-chave que chamam a atenção, resumem as diversas formas de desvios de conduta, violações e crimes atribuídos a imigrantes: eles são mentirosos e impostores. O restante da matéria é similar (eles não pagam impostos etc.), mas também focaliza os negócios que estão sendo "investigados" pela polícia. Contudo, o foco da ilegalidade não reside nos empregadores, nos negócios e em todos os outros que exploram os imigrantes e pagam salários abaixo dos padrões normais. De fato, a manchete da reportagem *não* é GRÃ-BRETANHA AMEAÇADA POR UMA GANGUE DE EXPLORADORES DE IMIGRANTES. Até mesmo o uso da voz passiva na sintaxe das sentenças esconde aqueles que contratam ilegalmente: "Eles [funcionários da imigração] terminaram levando 13 nigerianos presos, todos contratados ilegalmente", omitindo, na última sentença, o agente da contratação ilegal.

No que diz respeito às relações de poder e acesso aí envolvidas, primeiramente encontramos os repórteres (e possivelmente os editores) do *The Sun* novamente responsáveis pela seleção do tema dessa "reportagem especial", por seu estilo e enfoque em certas dimensões (os imigrantes como ameaças e como criminosos), e não em outras (empregadores envolvidos com contratação ilegal e exploração de minorias). Isto é, as elites da mídia têm acesso exclusivo e ativo a uma grande parte desse texto e controle sobre ele, e também é sua a responsabilidade manipular as mentes dos leitores: os "fatos" sobre a imigração não devem ser culpados (como os repórteres sem dúvida diriam), mas sim os meios jornalísticos de fabricar, representar e persuasivamente formular tais "fatos".

Ao mesmo tempo, outros atores do jornal estão envolvidos e têm diferentes meios de acesso. Positivamente representados (como era de se esperar) estão os funcionários da imigração (em reportagens étnicas da imprensa de direita, os funcionários da justiça e da ordem pública são *sempre* positivamente representados como guardiões da Grã-Bretanha, que lutam bravamente na guerra racial). Um deles é também apresentado numa citação mais tardia, a qual diz aos leitores que ele desconhece quantos ilegais existem (aparentemente o *The Sun* sabe), mas que os funcionários estão intensificando "os esforços para localizá-los". Os empregadores, como vemos, estão estilisticamente ausentes: seus negócios podem ser investigados, mas eles estão fora desse quadro; apenas o "ilegal" (isto é, imigrantes, não gerentes) são encontrados lá. Além disso, no final, e separadamente em um pequeno artigo, alguns patrões podem falar. No entanto, eles afirmam que contratam apenas imigrantes legais (da União Europeia), uma afirmação que de forma alguma é apresentada como duvidosa pelo *The Sun*. Nem uma única palavra negativa sobre os empregadores é encontrada nessa reportagem, apesar do fato de os imigrantes "ilegais" estarem trabalhando por um trocado. Ao contrário, são representados como vítimas, que algumas vezes são enganados por falsas credenciais.

Em suma, também ao longo dessa reportagem especial, "Nós" e "Nosso" povo (funcionários, negócios, Grã-Bretanha) são, consequentemente, representados de forma positiva, e "Eles", de forma muito negativa, como um exército invasor ou uma maré que inunda, pessoas que, nas palavras do *The Sun*, devem ser "pegos" e "carregados" pelos funcionários da imigração.

Vemos que padrões de acesso (sobre quem se escreve, quem é permitido falar, quem pode dirigir sua fala a quem, quem pode usar que estilo etc.) estão intimamente relacionados aos modos de autoapresentação e de outra-apresentação no discurso público sobre assuntos étnicos. O acesso aos jornais, através do acesso aos jornalistas, também pressupõe um grupo associado: aqueles que pertencem ao grupo vão ter mais acesso, especialmente as elites, mas ao mesmo tempo vão ser representados de modo mais positivo. O inverso é verdadeiro para "Eles". De fato, nem um único "imigrante ilegal" é citado nesta "reportagem especial": suas visões, experiências, formação são irrelevantes. Com um exército estrangeiro, isto é, o inimigo, ninguém fala: antes o "rastreia" e o carrega embora.

Outros exemplos

Muitos exemplos similares podem ser apresentados: na imprensa de tabloide a maioria das reportagens tem as mesmas estruturas e estratégias gerais de acesso à seleção, à temática, ao estilo, à citação, junto ao familiar esquema Nós-Eles das representações racistas. Para os tabloides de direita, isso também significa que "eles" imigrantes são associados a "eles" da esquerda maluca, outro alvo familiar dos ataques dos tabloides, como acontece nas seguintes manchetes e fragmentos de textos:

ESQUERDA DÁ 20.000 LIBRAS PARA IMIGRANTE ILEGAL

(*The Sun*, 6 de fevereiro de 1989)

SEJAM BRITÂNICOS, DIZ HURD AOS IMIGRANTES

Uma advertência direta aos 750.000 muçulmanos será feita hoje pelo Secretário Douglas Hurd.

Ele dirá aos muçulmanos que eles devem aprender a viver segundo as leis e costumes britânicos – particularmente para o bem de seus filhos. A alternativa seria o crescimento do ódio público, do ressentimento e do conflito social renovado.

(*Daily Mail*, 24 de fevereiro de 1989)

NÃO HÁ RADICALISMO NO PARTIDO TORY, DIZ THATCHER

(*Daily Telegraph*, 23 de junho de 1989)

Assim, os imigrantes e a esquerda compartilham acusações familiares de "fraude" expostas pelos tabloides, como na primeira manchete. De fato, "o dinheiro dos contribuintes", como frequentemente ressaltado, é apresentado dessa forma como "desperdiçado" pelos comitês ou programas da esquerda maluca, um tema obviamente popular entre leitores de tabloide.

No segundo exemplo, o Secretário Hurd, responsável por imigração e relações étnicas, aparece novamente, dessa vez com o relato completo do discurso que *fará* (algumas notícias não se referem ao passado, mas a um presente próximo), que merece uma imensa manchete com letras maiúsculas de três centímetros de altura. Isto é, depois do caso Rushdie, os muçulmanos se tornaram presas fáceis para ambos, a ação política paternalista – quando não ameaçadora –, assim como a imprensa (e não apenas os tabloides de direita), que associam *todos* os muçulmanos aos fundamentalistas radicais que existem entre eles. Se a autonomia cultural foi ocasionalmente uma política oficial dos governos ocidentais, as palavras que agora são proferidas por Hurd e enfatizadas pelo *Daily Mail* não deixam dúvidas dos verdadeiros objetivos assimiladores das políticas que dizem respeito às relações étnicas: adaptem-se a nós ou deixem-nos. Ainda mais grave é o caso da maioria das reportagens e editoriais de tabloides, uma vez que as minorias ou os imigrantes são representados violando a lei (como em "manifestações" ou transgredindo as normas de adaptação cultural, o "ressentimento" popular (ou até mesmo os fascistas) é mostrado como uma ameaça. Ironicamente, para não dizer cinicamente, precisamos perceber que esse ressentimento é criado e alimentado pelos próprios tabloides. De forma similar, a ameaça de "conflito racial" não é atribuído a racistas brancos, mas aos próprios imigrantes, através de um movimento familiar de estrategicamente reverter a atribuição de responsabilidades.

O terceiro exemplo fala por si. Como primeira-ministra, Margaret Thatcher obviamente tinha acesso privilegiado à mídia, portanto, a permissão de definir a situação étnica, e assim claro, de negar o racismo (ao mesmo tempo em que usa o termo mais atenuado, familiar e conservador, "*racialism*"). Observe-se que, se acusações (bem fundamentadas) de racismo são por ventura reportadas, a imprensa conservadora normalmente fará uso do termo "diz", que impõe distanciamento ou veicula dúvida (para detalhes, ver van Dijk, 1991). Note-se também que, quando Thatcher "nega totalmente", durante um debate no Parlamento, que exista racismo no Partido Conservador, a afirmação é recebida com escárnio nos bancos dos Trabalhistas, representados neste episódio, contudo, como tendo menos credibilidade que Thatcher. Com certeza, a negação do racismo é uma das marcas características do racismo da elite (ver van Dijk, 1993c).

Novamente encontramos os padrões tradicionais de acesso: Hurd, *como* um político conservador, e através do castigo aos muçulmanos, tem acesso ao tabloide, à seleção de tópico, à manchete e à citação, da mesma forma que Thatcher. Os imigrantes e muçulmanos têm acesso passivo (como tópicos), mas *eles* não controlam suas próprias representações e seus porta-vozes não são citados, a menos que esse porta-voz seja um fundamentalista radical que vai, com muita satisfação, fazer o favor de afirmar os preconceitos do repórter sobre a ameaça que muçulmanos e árabes representam.

Conclusões

As conclusões deste capítulo são breves. No âmbito de uma análise crítica dos discursos, o estudo da reprodução do poder e da dominância através do discurso é um dos principais objetivos. Um elemento nesse processo de reprodução é constituído pelas estruturas e estratégias de "acesso": quem controla a preparação, os participantes, os objetivos, a linguagem, o gênero, os atos de fala, os tópicos, os esquemas (por exemplo, as manchetes, as citações), o estilo e a retórica, entre outros aspectos textuais dos eventos comunicativos. Isto é, quem pode/poderia/deve dizer o que, a quem, como, em que circunstâncias e com que efeitos sobre os receptores.

Entre outros recursos que formam a base do poder dos grupos dominantes, o acesso preferencial ao discurso público também é um bem de importância crescente, porque permite o acesso aos mecanismos de controle da mente pública. Nas sociedades modernas, o acesso ao discurso é uma condição primordial à construção do consenso, e, assim, configura-se como o modo mais efetivo de exercer o poder e a dominância.

Nossa breve análise de alguns exemplos da imprensa britânica mostra como os tabloides, os políticos conservadores e as forças da lei e da ordem têm acesso preferencial ao conceito público de imigração e de minorias, assim como às suas avaliações pejorativas como criminosos, fraudadores, exércitos invasores e assassinos radicais, entre muitas outras descrições "Deles", ao mesmo tempo em que "Nós" se apresentam como tolerantes, tenazes e valentes, ou até como vítimas. Isto é, o poder sobre o acesso preferencial à mídia está intimamente relacionado ao poder dos grupos dominantes de definir a situação étnica e de contribuir para a reprodução do racismo, ou seja, do poder do grupo branco.

(Tradução: Ana Regina Vieira)

Análise Crítica do Discurso

O QUE É ANÁLISE CRÍTICA DO DISCURSO?

A Análise Crítica do Discurso (ACD)[1] é um tipo de investigação analítica discursiva que estuda principalmente o modo como o abuso de poder, a dominação e a desigualdade são representados, reproduzidos e combatidos por textos orais e escritos no contexto social e político. Com essa investigação de natureza tão dissidente, os analistas críticos do discurso adotam um posicionamento explícito e, assim, objetivam compreender, desvelar e, em última instância, opor-se à desigualdade social.

Alguns dos fundamentos da ACD já podem ser encontrados na teoria crítica da Escola de Frankfurt antes da Segunda Guerra Mundial (Agger, 1992b; Rasmussen, 1996). O atual interesse pela linguagem e pelo discurso iniciou-se com a "linguística crítica", que surgiu sobretudo no Reino Unido e na Austrália no final da década de 1970 (Fowler et al., 1979; ver também Mey, 1985). Enfoques similares à ACD também podem ser encontrados em certas tendências "críticas" da sociolinguística, da psicologia e das ciências sociais – algumas delas remontando ao início dos anos 1970 (Birnbaum, 1971; Calhoun, 1995; Fay, 1987; Fox e Prilleltensky, 1997; Hymes, 1972; Ibanez e Iniguez, 1997; Singh, 1996; Thomas, 1993; Turkel, 1996; Wodak, 1996). Tal como ocorre com essas disciplinas circunvizinhas, a ACD pode ser vista como uma reação contra os paradigmas formais dominantes (muitas vezes associais e acríticos) dos anos 1960 e 1970.

A Análise Crítica do Discurso não é, na verdade, uma diretriz, uma escola nem uma especialização semelhante a tantas outras "abordagens" nos estudos discursivos. Antes, a ACD objetiva oferecer um "modo" ou uma "perspectiva" diferente de teorização, análise e aplicação ao longo de todos os campos. Podemos encontrar uma perspectiva mais ou menos crítica em diversas áreas, tais como a pragmática, a análise da conversação, a análise da narrativa, a retórica, a estilística, a sociolinguística, a etnografia, a análise da mídia, entre outras.

Para os analistas críticos do discurso, é fundamental a consciência explícita do seu papel na sociedade. Dando continuidade a uma tradição que rejeita a possibilidade de uma ciência "não valorativa", os analistas críticos argumentam que a ciência e, em particular, o discurso acadêmico não apenas são parte inerente de uma estrutura social, mas também são por ela influenciados, além de serem produzidos na interação social. Em vez de negar ou ignorar essa relação entre o conhecimento acadêmico e a sociedade, os analistas críticos do discurso defendem que tais relações sejam estudadas e explicadas por si mesmas e que as práticas acadêmicas sejam fundamentadas a partir desse entendimento. A formulação, a descrição e a explanação de teorias, também na análise do discurso, são sociopoliticamente "situadas", quer gostemos disso ou não. Dessa forma, a reflexão acerca do papel dos acadêmicos na sociedade e na *polis* transforma-se em uma parte inerente da tarefa proposta pela análise do discurso. Isso talvez signifique, entre outras coisas, que os analistas do discurso orientam suas pesquisas em solidariedade e cooperação com os grupos dominados.

A investigação crítica do discurso precisa cumprir uma série de requisitos para poder efetivamente concretizar seus objetivos:

- Como ocorre com outras tradições de pesquisa mais marginais, a investigação em ACD deve ser "melhor" que qualquer outra investigação para ser aceita.
- A ACD concentra-se principalmente nos *problemas sociais* e nas questões políticas, no lugar de paradigmas correntes e modismos.
- A análise crítica de problemas sociais, empiricamente adequada, é normalmente *multidisciplinar*.

- Em vez de meramente *descrever* estruturas do discurso, a ACD procura *explicá-las* em termos das propriedades da interação social e especialmente da estrutura social.
- A ACD enfoca, mais especificamente, os modos como as estruturas do discurso produzem, confirmam, legitimam, reproduzem ou desafiam as relações de *poder* e de *dominação* na sociedade.

Fairclough e Wodak (1997: 271-80) sintetizam os principais fundamentos da ACD da seguinte maneira:

1) A ACD aborda problemas sociais;
2) As relações de poder são discursivas;
3) O discurso constitui a sociedade e a cultura;
4) O discurso realiza um trabalho ideológico;
5) O discurso é histórico;
6) A relação entre texto e sociedade é mediada;
7) A análise do discurso é interpretativa e explanatória;
8) O discurso é uma forma de ação social.

Apesar de alguns desses fundamentos terem sido discutidos acima, outros necessitam de uma análise teórica mais sistemática. Apresentaremos aqui alguns fragmentos dessa análise como uma base mais ou menos geral dos princípios mais importantes da ACD (para maiores detalhes sobre essas metas dos estudos críticos do discurso e da linguagem, ver, por exemplo, Caldas-Coulthard e Coulthard, 1996; Fairclough, 1992a, 1995a; Fairclough e Wodak, 1997; Fowler et. al., 1979; van Dijk, 1993c).

Enquadres teóricos e conceituais

Uma vez que não constitui uma diretriz específica de investigação, a Análise Crítica do Discurso não possui um enquadre teórico único. Considerando os objetivos mencionados anteriormente, encontram-se muitos tipos de ACD, as quais podem ser bastante diversas do ponto de vista teórico e analítico. A análise crítica da conversação é muito diferente de uma análise de reportagens jornalísticas na imprensa ou de uma análise das aulas e do ensino na escola. No entanto, tendo em vista a perspectiva e os objetivos gerais comuns da ACD, também podemos encontrar enquadres teóricos e conceituais gerais que guardam uma estreita relação. Tal como já sugerido, a maioria dos tipos de ACD fará perguntas sobre o modo como as estruturas específicas do discurso são organizadas para reproduzir a dominação social, quer façam parte de uma conversação, quer façam parte de uma reportagem jornalística ou de outros gêneros e contextos. Dessa forma, o vocabulário típico de muitos estudiosos da ACD apresentará noções como "poder", "dominação", "hegemonia", "ideologia", "classe", "gênero", "raça", "discriminação", "interesses", "reprodução", "instituições", "estrutura social" e "ordem social", além das noções analíticas do discurso mais familiares.[2]

Aqui enfocarei uma série de conceitos básicos e, assim, delinear um enquadre teórico que relaciona, de maneira crítica, discurso, cognição e sociedade.

MACRO *VERSUS* MICRO

O uso da linguagem, o discurso, a interação verbal e a comunicação pertencem ao micronível da ordem social. O poder, a dominação e a desigualdade entre grupos sociais são tipicamente termos que pertencem a um macronível de análise. Isso significa que a ACD tem que estabelecer teoricamente uma ponte que preencha a bem conhecida "lacuna" existente entre os enfoques micro e macro – evidentemente, uma distinção que é, por si mesma, um construto sociológico (Alexander et. al., 1987; Knorr-Cetina e Cicourel, 1981). Na interação e na experiência cotidianas, o macronível e o micronível (bem como "mesoníveis" intermediários) formam um todo unificado. Por exemplo, um pronunciamento racista no Congresso Nacional é um discurso no micronível da interação social na situação específica de um debate, mas ao mesmo tempo pode representar ou ser parte constituinte de uma legislação ou a reprodução do racismo no macronível.

Existem diferentes formas de analisar e relacionar esses níveis, e assim chegar a uma análise crítica unificada:

1. *Membros-grupos*: os usuários da língua participam no discurso *como* membros de (diversos) grupos sociais, organizações ou instituições; e, por outro lado, os grupos então podem agir "através" de seus membros.

2. *Ações-processos*: os atos sociais de atores individuais são, desse modo, partes constituintes das ações e dos processos sociais do grupo, tais como a legislação, a produção de notícias ou a reprodução de racismo.
3. *Contexto-estrutura social*: de maneira semelhante, as situações de interação discursiva são partes ou constituintes da estrutura social; por exemplo, uma entrevista coletiva jornalística pode ser uma prática típica de organizações e instituições da mídia. Isto é, os contextos "locais" e os mais "globais" estão intimamente relacionados e ambos impõem restrições ao discurso.
4. *Cognição pessoal e social*: os usuários da língua, enquanto atores sociais, possuem cognição tanto pessoal quanto social: memórias, conhecimentos e opiniões pessoais, bem como aqueles compartilhados com os membros do grupo ou da cultura como um todo. Ambos os tipos de cognição influenciam a interação e o discurso dos membros individuais, enquanto que as "representações sociais" compartilhadas governam as ações coletivas de um grupo.

Poder como controle

Uma noção central na maioria dos trabalhos críticos sobre o discurso é a de poder e, mais especificamente, de *poder social* de grupos ou instituições. Sintetizando uma complexa análise filosófica e social, definiremos poder social em termos de *controle*. Dessa maneira, os grupos possuem (maior ou menor) poder se forem capazes de exercer (maior ou menor) controle sobre os atos e as mentes dos (membros de) outros grupos. Essa habilidade pressupõe a existência de uma *base de poder* que permita um acesso privilegiado a recursos sociais escassos, tais como a força, o dinheiro, o *status*, a fama, o conhecimento, a informação, a "cultura" ou, na verdade, as várias formas públicas de comunicação e discurso (entre a vasta literatura sobre poder, ver, por exemplo, Lukes, 1986; Wrong, 1979).

É possível distinguir diferentes *tipos de poder* de acordo com os recursos empregados para exercê-lo: o poder coercitivo dos militares e dos homens violentos estará baseado principalmente na força; já os ricos terão poder por causa do seu dinheiro; enquanto o maior ou menor poder persuasivo de pais, professores ou jornalistas pode estar baseado no conhecimento, na informação ou na autoridade. Note também que raramente o poder é absoluto.

Os grupos podem exercer maior ou menor controle sobre outros grupos ou apenas controlá-los em situações ou domínios sociais específicos. Além disso, os grupos dominados podem, em menor ou maior grau, aceitar, consentir, acatar, legitimar ou resistir a esse poder e até mesmo achá-lo "natural".

O poder dos grupos dominantes pode estar integrado a leis, regras, normas, hábitos e mesmo a um consenso geral, e assim assume a forma do que Gramsci denominou "hegemonia" (Gramsci, 1971). A dominação de classe, o sexismo e o racismo são exemplos característicos dessa hegemonia. Note também que nem sempre o poder é exercido através de atos obviamente abusivos praticados por membros dos grupos dominantes; antes, pode estar incorporado na miríade de ações consideradas normais da vida diária, como é tipicamente o caso de muitas formas de sexismo e de racismo cotidianos (Essed, 1991). Além disso, nem todos os membros de um grupo dominante são sempre mais poderosos do que todos os membros de grupos dominados: o poder é definido aqui apenas para grupos como um todo.

Para a nossa análise das relações entre discurso e poder, portanto, constatamos em primeiro lugar que o acesso a formas específicas de discurso – por exemplo, da política, da mídia ou da ciência – é em si um recurso de poder. Em segundo lugar, tal como sugerido anteriormente, a ação é controlada através de nossas mentes. Assim, se somos capazes de influenciar as mentes das pessoas – por exemplo, seu conhecimento ou suas opiniões –, podemos indiretamente controlar (algumas de) suas ações, tal como sabemos, a partir da persuasão e da manipulação. Em síntese, fechando o círculo discurso-poder, isso significa que aqueles grupos que controlam o discurso mais influente também possuem mais chances de controlar as mentes e as ações de outros.

Para simplificar ainda mais essas relações tão intrincadas, podemos dividir, para os fins deste capítulo, a questão do poder discursivo em duas perguntas básicas para a investigação em ACD:

- Como os grupos (mais) poderosos controlam o discurso público?
- Como esse discurso controla a mente e a ação dos grupos (menos poderosos) e quais são as consequências sociais desse controle (como, por exemplo, a desigualdade social)?

Abordarei cada uma dessas perguntas a seguir.[3]

Controle do discurso público

Já vimos que, entre muitos outros recursos que definem a base de poder de um grupo ou instituição, o *acesso* à comunicação e ao discurso público ou o *controle* exercido sobre esses elementos representam um importante recurso "simbólico", como no caso do conhecimento e da informação (van Dijk, 1996). A maioria das pessoas possui controle ativo apenas sobre as conversas cotidianas com os membros da família, os amigos ou os colegas, e controle passivo sobre, por exemplo, o uso da mídia. Em muitas situações, as pessoas comuns são alvos passivos, em maior ou menor grau, de textos orais e escritos, por exemplo, de seus chefes, professores ou de autoridades, como oficiais de polícia, juízes, burocratas da previdência social ou auditores fiscais, os quais podem simplesmente dizer-lhes em que devem (ou não) acreditar ou o que podem (ou não) fazer.

Por outro lado, os membros dos grupos e instituições sociais mais poderosos – e especialmente seus líderes (as elites) – possuem acesso mais ou menos exclusivo a um ou mais tipos de discurso público, exercendo controle sobre esses tipos. Dessa maneira, os professores universitários controlam o discurso acadêmico; os professores de escola, o discurso educacional; os jornalistas, o discurso da mídia; os advogados, o discurso jurídico; e os políticos, o discurso da política e de outros assuntos públicos. Aqueles que possuem maior controle sobre mais discursos e sobre discursos mais influentes (e ainda sobre mais propriedades discursivas) são também aqueles, segundo essa definição, mais poderosos. Em outras palavras, propomos aqui uma definição discursiva (bem como um diagnóstico prático) de um dos principais constituintes do poder social.

Essas noções de acesso e controle discursivos são bastante gerais e uma das tarefas da ACD é explicar detalhadamente essas formas de poder. Desse modo, se o discurso é definido em termos de eventos comunicativos complexos, o acesso e o controle podem ser definidos tanto pelo *contexto* quanto pelas *próprias estruturas dos textos orais e escritos.*

O contexto é definido como a estrutura mentalmente representada daquelas propriedades da situação social que são relevantes para a produção ou compreensão do discurso (Duranti e Goodwin, 1992; van Dijk, 1998b). O contexto é constituído por categorias, tais como a definição global da situação, o cenário (tempo, espaço), as ações em curso (incluindo os discursos e os gêneros discursivos), os participantes em vários papéis comunicativos, sociais ou institucionais, assim como suas representações mentais: metas, conhecimento, opiniões, atitudes e ideologias. O controle do contexto envolve o controle sobre uma ou mais dessas categorias, por exemplo, determinando-se a definição da situação comunicativa, decidindo-se sobre o tempo e o lugar do evento comunicativo ou sobre que participantes podem ou devem estar presentes e em que papéis, ou ainda sobre qual conhecimento ou opiniões os participantes devem (ou não) possuir e que ações sociais podem ou devem ser realizadas através do discurso.

Na representação ou no exercício do poder grupal, também é crucial o controle não apenas sobre o conteúdo, mas também sobre as estruturas dos textos orais e escritos. Dessa forma, ao relacionarmos texto e contexto, já vemos que os (membros dos) grupos poderosos podem decidir sobre os (possíveis) *gêneros discursivos* ou *atos de fala* de uma ocasião em particular. Um professor ou um juiz pode exigir uma resposta direta de um aluno ou de um suspeito, respectivamente, e não um relato pessoal ou uma argumentação (Wodak, 1984a, 1986). De maneira ainda mais crítica, podemos examinar como falantes poderosos podem abusar de seu poder em tais situações, por exemplo, quando policiais usam a força para obter uma confissão de um suspeito (Linell e Jonsson, 1991) ou quando editores do sexo masculino impedem que mulheres escrevam as notícias econômicas (van Zoonen, 1994).

De modo semelhante, os gêneros tipicamente possuem *esquemas* convencionais, compostos por várias *categorias*. O acesso a algumas dessas categorias pode ser proibido ou obrigatório. Por exemplo, algumas saudações numa conversação só podem ser usadas por falantes de um grupo social, classe, idade ou gênero específicos (Irvine, 1974).

Também vital para todo discurso e toda comunicação é quem controla os *temas* (macroestruturas semânticas) e a mudança de tópico, assim como ocorre quando os editores decidem que tópicos noticiosos serão cobertos (Gans, 1979; van Dijk, 1987c, 1988b), ou quando os professores decidem que tópicos serão trabalhados em sala de aula, ou ainda quando os homens controlam os tópicos e a mudança de tópico em conversas com mulheres (Palmer, 1989; Fishman, 1983; Leet-Pellegrini, 1980; Lindegren-Lerman, 1983).

Embora a maior parte do controle discursivo seja contextual ou global, até mesmo detalhes locais do *sentido*, da *forma* ou do *estilo* podem ser controlados, como, por exemplo, os detalhes de uma resposta em sala de aula ou no tribunal, ou a escolha de itens lexicais ou jargões nos tribunais, nas salas de aula ou nas redações dos jornais (Martin Rojo, 1994). Em muitas situações, o volume pode ser controlado, podendo-se assim exigir que os falantes "baixem a voz" ou "fiquem quietos", ou que as mulheres sejam "silenciadas" de muitas maneiras (Houston e Kramarae, 1991), e em algumas culturas é necessário "murmurar" como forma de respeito (Albert, 1972). O uso público de palavras específicas pode ser proibido e taxado de subversivo em uma ditadura, assim como questionamentos discursivos a grupos culturalmente dominantes (por exemplo, homens brancos ocidentais) formulados por seus oponentes multiculturais podem ser ridicularizados na mídia como "politicamente correto" (Williams, 1995). E, finalmente, as dimensões da ação e da interação do discurso podem ser controladas prescrevendo-se ou proscrevendo-se atos de fala específicos, bem como distribuindo-se ou interrompendo-se seletivamente os turnos (ver também Diamond, 1996).

Em resumo, todos os níveis e estruturas do contexto, do texto e da fala podem virtualmente, em princípio, ser mais ou menos controlados por falantes poderosos, e esse poder pode ser usado de forma abusiva em detrimento dos outros participantes. No entanto, deve ser enfatizado que os textos orais e escritos nem sempre representam ou incorporam as relações globais de poder entre os grupos: é sempre o contexto que pode interferir, reforçar ou, por outro lado, transformar essas relações.

O controle da mente

Se controlar o discurso é umas das principais formas de poder, controlar as mentes das pessoas é a outra forma fundamental de reproduzir a dominação e a hegemonia.[4] Dentro da perspectiva da ACD, o "controle da mente" envolve muito mais do que a mera aquisição de crenças sobre o mundo através do discurso e da comunicação. A seguir, indicaremos os modos como o poder e a dominação participam do controle mental.

Em primeiro lugar, os receptores tendem a aceitar crenças, conhecimento e opiniões (salvo se forem inconsistentes com relação a suas crenças e experiências pessoais) através do discurso produzido por aqueles que são considerados fontes autorizadas, confiáveis ou críveis, tais como acadêmicos, peritos, profissionais, bem como meios de comunicação de confiança (Nesler et. al., 1993). Em segundo lugar, em algumas situações, os participantes são obrigados a ser os receptores do discurso, como por exemplo na educação e em muitas situações de trabalho. Aulas, materiais didáticos, instruções de trabalho e outros tipos de discurso nesses casos podem requerer um certo grau de atenção, de interpretação e de aprendizagem segundo exijam os autores institucionais ou organizacionais (Giroux, 1981). Em terceiro lugar, em muitas situações, não existem discursos públicos ou meios de comunicação que possam fornecer informação da qual possam ser derivadas crenças alternativas (Downing, 1984). Em quarto lugar, e mais estreitamente ligado aos pontos anteriores, os receptores podem não possuir o conhecimento e as crenças necessárias para questionar o discurso ou a informação a que são expostos (Wodak, 1987).

Enquanto essas condições de controle da mente são amplamente *contextuais* (dizem algo sobre os participantes de um evento comunicativo), outras condições são *discursivas*, isto é, são uma função das estruturas e estratégias dos textos orais e escritos em si. Em outras palavras, dado um contexto específico, certas formas e sentidos do discurso exercem mais influência sobre as mentes das pessoas do que outros fatores, tal como demonstram a própria noção de "persuasão" e a tradição de dois mil anos de retórica.[5]

Uma vez que possuímos uma ideia elementar acerca de algumas estruturas da mente e o que significa controlá-la, a pergunta crucial a ser feita é como o discurso e suas estruturas são capazes de exercer esse controle. Como sugerimos anteriormente, essa influência discursiva pode ocorrer devido ao *contexto*, assim como às *estruturas dos textos orais e escritos em si*.

O controle que se baseia no *contexto* origina-se do fato de que as pessoas compreendem e representam não apenas os textos orais e escritos, mas também toda a situação comunicativa. Dessa maneira, a ACD tipicamente estuda o modo como as características do contexto (tais como as propriedades dos usuários da língua de grupos poderosos) influenciam as formas como os membros dos grupos dominados definem a situação comunicativa em "modelos de contexto preferidos" (Martin Rojo e van Dijk, 1997).

A ACD também focaliza o modo como as *estruturas do discurso* influenciam as representações mentais. No *nível global* do discurso, os *tópicos* podem influenciar o que as pessoas veem como a informação mais importante da escrita e da fala, e assim fazer correspondência com os níveis superiores de seus modelos mentais. Por exemplo, expressar um certo tópico na manchete do jornal pode influenciar poderosamente a maneira como um evento é definido em termos de um modelo mental "preferido" (por exemplo, quando um crime cometido por minorias é tipicamente topicalizado e objeto de manchetes jornalísticas: Duin et. al., 1988; van Dijk, 1991). De forma semelhante, a argumentação pode ser persuasiva por causa das opiniões sociais que estão "ocultas" em suas premissas implícitas, e então os receptores as tomam como certas. Por exemplo, a imigração pode ser restringida, caso esteja pressuposto em um debate parlamentar que todos os refugiados são "ilegais" (ver as contribuições em Wodak e van Dijk, 2000). Igualmente, no *nível local*, para compreender o sentido e a coerência do discurso, as pessoas podem necessitar de modelos apresentando crenças que permaneçam implícitas (pressupostas) no discurso. Assim, uma característica típica da manipulação é comunicar crenças implicitamente, isto é, sem realmente afirmá-las e, portanto, com pouca chance de serem questionadas.

Esses poucos exemplos revelam como os vários tipos de estruturas discursivas podem influenciar a formação e a mudança dos modelos mentais e das representações sociais. Se os grupos dominantes – e especialmente suas elites – controlam amplamente o discurso público e suas estruturas, podem também, portanto, exercer maior controle sobre as mentes do público em geral. No entanto, esse controle tem seus limites. A compreensão, bem como a formação e a mudança de crenças, tão complexas, é que nem sempre se pode prever que características de um texto falado ou escrito terão efeitos (e que efeitos serão esses) sobre as mentes de determinados receptores.

Essas breves considerações nos forneceram um quadro bastante geral do modo como o discurso está envolvido com a dominação (abuso de poder) e com a produção e reprodução da desigualdade social. É propósito da ACD examinar essas relações mais detalhadamente. Na próxima seção, estudaremos diversas áreas da pesquisa em ACD nas quais essas relações são investigadas.[6]

As pesquisas em Análise Crítica do Discurso

Apesar de grande parte dos estudos do discurso que lidam com aspectos relacionados ao poder, à dominação e à desigualdade social não ter sido conduzida explicitamente sob o rótulo da ACD, faremos mesmo assim referência a alguns desses trabalhos a seguir.

Desigualdade de gênero

O gênero constitui um vasto campo de investigação crítica do discurso e da linguagem que não havia sido até o momento abordado dentro da perspectiva da ACD. De muitas maneiras, o trabalho feminista tornou-se paradigmático para muitas análises do discurso, especialmente porque a maioria desses trabalhos lida explicitamente com a desigualdade social e a dominação. Nós não os examinaremos aqui – ver Kendall e Tannen (2001), os livros escritos e editados por Cameron (1990, 1992), Kotthoff e Wodak (1997), Seidel (1988), Thorne et al. (1983), Wodak (1997). Para discussão e comparação com uma abordagem que enfatiza as diferenças culturais em lugar das diferenças de poder e da desigualdade, ver, por exemplo, Tannen (1994a); ver também Tannen (1994) para uma análise das diferenças de gênero no trabalho, em que muitas das propriedades da dominação discursiva são discutidas.

O discurso da mídia

O inegável poder da mídia tem inspirado muitos estudos críticos em muitas disciplinas: linguística, semiótica, pragmática e estudos do discurso. Tradicionalmente, os enfoques analíticos do conteúdo em estudos críticos da mídia muitas vezes revelam imagens preconceituosas, estereotipadas, sexistas ou racistas em textos, ilustrações e fotos. De igual maneira, os primeiros estudos da linguagem da mídia se concentravam nas estruturas de superfície facilmente observáveis, tais como o uso tendencioso ou sectarista das palavras na descrição de Nós e Eles (e nas ações e características Nossas/Deles), especialmente ao longo de linhas sociopolíticas na representação dos comunistas. O tom crítico foi estabelecido através de uma série de estudos denominados "Bad News", realizados pelo Glasgow University Media Group (1976, 1980, 1982, 1985, 1993) acerca de reportagens televisivas, tais como na cobertura de diversas questões (por exemplo, as disputas industriais (greves), a guerra das Malvinas ou a cobertura da mídia sobre a aids).

Talvez o trabalho sobre a mídia mais conhecido fora dos estudos do discurso seja a investigação realizada por Stuart Hall e seus colaboradores dentro do paradigma dos estudos culturais (ver, por exemplo, Hall et al., 1980; para introdução ao trabalho crítico dos estudos culturais, ver Agger, 1992a; ver também Collins et al., 1986; para as abordagens críticas iniciais acerca da análise das imagens da mídia, ver também Davis e Walton, 1983; e para uma abordagem mais recente da ACD sobre os estudos da mídia relacionados com a abordagem crítica dos estudos culturais, ver Fairclough, 1995b; ver também Cotter, 2001).

Uma compilação anterior do trabalho de Roger Fowler e seus colaboradores (Fowler et. al., 1979) também focalizou a mídia. Tal como ocorre com muitos outros estudos ingleses e australianos nesse paradigma, o enquadre teórico da gramática sistêmico-funcional de Halliday é usado no estudo da "transitividade" dos padrões sintáticos das orações. A tese dessas investigações é que os eventos e as ações podem ser descritos com variações sintáticas que são uma função do envolvimento subjacente dos atores (por exemplo, sua agência, responsabilidade e perspectiva). Dessa maneira, em uma análise dos informes da mídia acerca dos "distúrbios" ocorridos durante um festival de uma minoria, a responsabilidade das autoridades e especialmente da polícia nesse tipo de violência pode ser sistematicamente desenfatizada através de uma atenuação do enfoque, como por exemplo através de construções passivas e nominalizações, isto é, deixando implícitas a agência e a responsabilidade. Os estudos críticos posteriores de Fowler, sobre a mídia continuam essa tradição, mas também fazem tributo ao paradigma dos estudos culturais ingleses, o qual define a notícia não como um reflexo da realidade, mas como um produto moldado por forças políticas, econômicas e culturais (Fowler, 1991). Em um grau maior do que em outros estudos críticos da mídia, Fowler também se concentra nas "ferramentas" linguísticas para esse estudo crítico, tais como a análise da transitividade na sintaxe, na estrutura lexical, na modalidade e nos atos de fala. De modo semelhante, eu (1987c) aplico uma teoria de discurso das notícias (van Dijk, 1987b) aos estudos críticos de notícias internacionais, ao racismo na imprensa e à cobertura jornalística sobre os sem-terra em Amsterdã.

Discurso político

Tendo em vista o papel do discurso político na representação, na reprodução e na legitimação do poder e da dominação, também podemos esperar muitos estudos críticos do discurso da escrita e da fala políticas (ver Wilson, 2001). Até hoje, muitos desses trabalhos foram realizados por linguistas e analistas do discurso, uma vez que a ciência política está entre as poucas disciplinas sociais em que a análise do discurso tem se mantido virtualmente desconhecida, embora haja alguma influência das abordagens "pós-modernas" do discurso (Derian e Shapiro, 1989; Fox e Miller, 1995), e muitos estudos sobre a comunicação e a retórica políticas se sobrepõem com uma abordagem analítica do discurso (Nimmo e Sanders, 1981). Ainda mais próxima da análise do discurso encontra-se a abordagem corrente dos "*frames*" (estruturas conceituais ou conjuntos de crenças que organizam o pensamento político, as políticas e o discurso) na análise dos textos políticos orais e escritos (Gamson, 1992).

Na linguística, na pragmática e nos estudos discursivos, o discurso político tem recebido atenção fora das atuais tendências mais teóricas. Trabalhos seminais foram realizados por Paul Chinton; ver, por exemplo, a compilação do autor sobre a linguagem do debate sobre armas nucleares (Chilton, 1985), assim como o trabalho posterior sobre o *nukespeak* contemporâneo – linguagem utilizada no discurso sobre a tecnologia nuclear (Chilton, 1988) e sobre metáfora (Chilton, 1996; Chilton e Lakoff, 1995).

Embora os estudos sobre o discurso político em inglês sejam internacionalmente mais conhecidos por causa da hegemonia do idioma, vários trabalhos já foram anteriormente realizados em espanhol, alemão e francês, muitos dos quais mais sistemáticos e explícitos do que os trabalhos em inglês. A vasta extensão desses trabalhos permite apenas nomear aqui alguns poucos estudos influentes.

A Alemanha possui uma longa tradição em análise do discurso político, tanto na (então) Alemanha Ocidental (por exemplo, o trabalho acerca dos políticos de Bonn, realizado por Zimmermann, 1969) quanto na antiga Alemanha Oriental (por exemplo, a teoria semiótico-materialista de Klaus, 1971; ver também a introdução de Bache, 1979). Essa tradição na Alemanha foi testemunha de um estudo sobre a linguagem da guerra e da paz (Pasierbsky, 1983) e dos atos de fala no discurso político (Holly, 1990). Também existe uma forte tradição no estudo da linguagem e do discurso fascistas – por exemplo, o léxico, a propaganda, a mídia e a política linguística (Ehlich, 1989).

Na França, o estudo sobre a linguagem política possui uma respeitável tradição na linguística e na análise do discurso, também devido ao fato de a fronteira entre a teoria linguística (predominantemente estruturalista) e a análise do texto nunca ter sido bem demarcada. Os estudos do discurso são muitas vezes baseados em *corpus* e tem ocorrido uma forte tendência em favor da análise formal, quantitativa e automática (de conteúdo) de extensos conjuntos de dados, frequentemente combinados com a análise ideológica crítica (Pêcheux, 1969, 1982; Guespin, 1976). A ênfase na análise automática normalmente implica um enfoque sobre a (facilmente quantificável) análise lexical.

Os estudos críticos sobre o discurso político na Espanha e especialmente também na América Latina têm sido bastante produtivos. Um famoso trabalho é o primeiro estudo crítico semiótico (anticolonialista) sobre o Pato Donald, realizado por Dorfman e Mattelart (1972) no Chile. Lavandera et al. (1986, 1987), na Argentina, adotaram um influente enfoque sociolinguístico acerca do discurso político, por exemplo, em sua tipologia sobre o discurso autoritário. Os trabalhos desse grupo têm sido prolongados e organizados em um perspectiva mais explícita de ACD, especialmente por Pardo, (ver, por exemplo, o trabalho da autora sobre o discurso jurídico: Pardo 1996). No México, uma detalhada análise etnográfica do discurso acerca da autoridade local e da tomada de decisões foi desenvolvida por Sierra (1992). Entre os muitos outros estudos críticos na América Latina, podemos mencionar o extenso trabalho de Teresa Carbó sobre o discurso parlamentar no México, enfocando principalmente o modo como os delegados falam sobre os indígenas (Carbó, 1995), e um outro trabalho em inglês sobre as interrupções nos debates parlamentares (Carbó, 1992).

Etnocentrismo, antissemitismo, nacionalismo e racismo

O estudo sobre o papel do discurso no estabelecimento e reprodução da desigualdade étnica e "racial" tem lentamente surgido na ACD. Tradicionalmente, esse trabalho concentrava-se nas representações etnocêntricas e racistas nos meios de comunicação de massa, na literatura e no cinema (Dines e Humez, 1995; Unesco 1977; Wilson e Gutierrez, 1985; Hartman e Husband, 1974; van Dijk, 1991). Essas representações perpetuam as imagens centenárias de dominação do Outro nos discursos dos viajantes, exploradores, comerciantes, soldados, filósofos e historiadores europeus, entre outras formas de discurso da elite (Barker, 1978; Lauren,

1988). Oscilando entre a ênfase na diferença exótica, por um lado, e a depreciação supremacista, salientando a inferioridade intelectual, moral e biológica do Outro, por outro lado, esses discursos também influenciaram a opinião pública e deram origem a representações sociais amplamente compartilhadas. É a continuidade dessa tradição sociocultural de imagens negativas sobre o Outro que também parcialmente explica a persistência dos padrões dominantes de representação no discurso contemporâneo, na mídia e no cinema (Shohat e Stam, 1994).

Os estudos do discurso posteriores ultrapassaram o enfoque analítico mais tradicional da análise de conteúdo acerca das "imagens" dos Outros e investigaram mais profundamente as propriedades linguísticas, semióticas e discursivas da escrita e da fala sobre as minorias, os imigrantes e as Outras pessoas (para maiores detalhes, ver Wodak e Reisigl, 2001). Além dos meios de comunicação de massa, da publicidade, do cinema e dos livros didáticos – que eram (e ainda são) os gêneros mais comumente estudados –, esses trabalhos recentes concentram-se no discurso político, no discurso acadêmico, nas conversações diárias, nas interações durante a prestação de serviços, nos *talk shows* e numa série de outros gêneros.

Muitos estudos sobre a desigualdade étnica e racial revelam uma notável semelhança entre os estereótipos, preconceitos e outras formas de depreciação verbal, atravessando diferentes tipos de discurso, a mídia e as fronteiras nacionais. Por exemplo, em um extenso programa de pesquisa desenvolvido na Universidade de Amsterdã desde o início dos anos 1980, examinamos o modo como os surinameses, os turcos e os marroquinos, bem como as relações étnicas em geral, são representados na conversação, nas histórias cotidianas, nas reportagens jornalísticas, nos livros didáticos, nos debates parlamentares, no discurso empresarial e na fala e na escrita acadêmica (van Dijk, 1984a, 1987a, 1987d, 1991, 1993). Além dos tópicos estereotipados, como a diferença, o desvio e a ameaça, foram estudadas as estruturas narrativas, as características da conversação (tais como hesitações e correções ao mencionar os Outros), os movimentos semânticos como mitigações ("Não temos nada contra os negros, mas..."), as descrições lexicais dos Outros e uma série de outras características discursivas. O objetivo desses projetos era mostrar como o discurso expressa e reproduz representações sociais subjacentes dos Outros no contexto social e político. Ter Wal (1997) aplica esse enquadre teórico em um detalhado estudo sobre as formas como o discurso político e midiático italiano gradualmente se modificou, deixando de mostrar um compromisso antirracista e uma representação benigna dos "*extracommunitari*" (não europeus) para adotar um retrato mais estereotipado e negativo dos imigrantes, em termos de crime, desvio e ameaça.

A principal tese do nosso trabalho é a de que o racismo (incluindo o antissemitismo, a xenofobia e outras formas relacionadas de ressentimento contra os "racial" ou etnicamente definidos como os Outros) é um complexo sistema de desigualdade social e política, que também é reproduzido pelo discurso em geral e pelos discursos da elite em particular (ver referências adicionais em Wodak e Reisigl, 2001).

Em vez de elaborar mais amplamente os complexos detalhes das relações teóricas entre discurso e racismo, preferimos fazer referência a um livro que pode ser considerado como um protótipo do discurso conservador da elite acerca da "raça" na atualidade, qual seja, *The end of racism* ("O fim do racismo"), de Dinesh D'Souza (1995). Esse texto incorpora muitas das ideologias dominantes nos Estados Unidos, especialmente da direita, e se direciona em particular a um grupo minoritário nos EUA: os afro-americanos. Por questões de espaço, não é possível oferecer uma análise detalhada das 700 páginas desse livro (ver, para tanto, van Dijk, 1998a). Aqui podemos tão somente resumir como a ACD do livro de D'Souza mostram que tipos de estruturas, estratégias e movimentos discursivos são organizados no exercício do poder pelo grupo dominante (homem, branco, ocidental) e como os leitores são manipulados para formar ou confirmar as representações sociais que são compatíveis com uma ideologia conservadora e supremacista.

A estratégia geral de D'Souza no livro *The end of racism* é a implementação combinada, em todos os níveis do texto, da apresentação positiva dos membros que pertencem ao grupo e da apresentação negativa dos que estão fora do grupo. Na obra de D'Souza, os principais meios retóricos são a hipérbole e a metáfora, como por exemplo a representação exagerada dos problemas sociais em termos de doenças ("patologias", "vírus") e a ênfase no contraste entre os civilizados e os bárbaros. Semântica e lexicalmente, os Outros são então associados não apenas com a diferença, mas também com o desvio ("ilegitimidade") e a ameaça (violência, ataques). Afirmações argumentativas acerca da depravação da cultura negra são combinadas com negações das deficiências dos brancos (racismo), com a mitigação retórica e a eufemização de seus crimes (colonialismo, escravidão) e com a inversão semântica da culpa (culpar a vítima). O conflito social é assim cognitivamente representado e destacado pela polarização, e discursivamente sustentado e reproduzido pela depreciação, demonização e exclusão dos Outros da comunidade que pertence a Nós, os civilizados.

Da dominação do grupo ao poder profissional e institucional

Nesta seção, examinamos os estudos críticos acerca do papel do discurso na (re)produção da desigualdade. Esses estudos exemplificam de forma muito característica o ponto de vista que a Análise Crítica do Discurso possui sobre o abuso de poder e a dominação por parte de grupos sociais específicos.[5] Muitos outros estudos – realizados sob a égide da ACD ou não – também examinam criticamente vários gêneros do discurso institucional e profissional, como por exemplo a escrita e a fala em tribunais (ver Shuy, 2001; Danet, 1984; O'Barr et. al., 1978; Bradac et. al., 1981; Ng and Bradac, 1993; Lakoff, 1990; Wodak, 1984a; Pardo, 1996; Shuy, 1992), o discurso burocrático (Burton e Carlen, 1979; Radtke, 1981), o discurso médico (ver Ainsworth-Vaughn e Fleischman, 2001; Davis, 1988; Fisher, 1995; Fisher e Todd, 1986; Mishler, 1984; West, 1984; Wodak, 1996), o discurso educacional e acadêmico (Aronowitz, 1988; Apple, 1979; Bourdieu, 1984, 1989; Bernstein, 1975, 1990; Bourdieu et. al., 1994; Giroux, 1981; Willis, 1977; Atkinson et. al., 1995; Coulthard, 1994; Duszak, 1997; Fisher e Todd, 1986; Mercer, 1995; Wodak, 1996; Bergvall e Remlinger, 1996; Ferree e Hall, 1996; Jaworski, 1983; Leimdorfer, 1992; Osler, 1994; Said, 1979; Smith, 1991; van Dijk, 1987a, 1993), e o discurso empresarial (ver Linde, 2001; Mumby, 1988; Boden, 1994; Drew e Heritage, 1992; Ehlich, 1995; Mumby 1993; Mumby e Clair, 1997), entre muitos outros conjuntos de *gêneros*. Em todos esses casos, o poder e a dominação estão associados a domínios sociais específicos (política, mídia, direito, educação, ciência etc.), a suas elites e instituições profissionais e a regras e rotinas que formam a base da reprodução discursiva cotidiana do poder nesses domínios e instituições. As vítimas ou os alvos desse poder são normalmente o público ou os cidadãos em geral, as "massas", os clientes, os sujeitos, a audiência, os estudantes e outros grupos que são dependentes do poder institucional e organizacional.

Conclusões

Neste capítulo, observamos que análises críticas de discurso abordam a relação entre discurso e poder. Também esboçamos o complexo enquadre teórico necessário para analisar o discurso e o poder, e apresentamos uma breve visão dos muitos modos através dos quais o poder e a dominação são reproduzidos na escrita e na fala.

No entanto, restam diversas lacunas metodológicas e teóricas. Em primeiro lugar, a interface cognitiva entre as estruturas do discurso e as do contexto social local e global raramente é explicitada e surge normalmente apenas em termos das noções de conhecimento e ideologia (van Dijk, 1998a). Dessa maneira, apesar do grande número de estudos empíricos sobre discurso e poder, os detalhes da *teoria* multidisciplinar da ACD – os quais devem relacionar discurso e ação com cognição e sociedade – ainda estão em pauta. Em segundo lugar, ainda existe uma lacuna entre os estudos mais linguisticamente orientados da escrita e da fala e as várias abordagens baseadas no social. Aqueles frequentemente ignoram conceitos e teorias da sociologia e da ciência política acerca do abuso de poder e da desigualdade, enquanto estes raramente desenvolvem em detalhes uma análise do discurso. Desse modo, a integração de várias abordagens é muito importante para chegarmos a uma forma satisfatória de ACD multidisciplinar.

(Tradução: Leonardo Mozdzenski)

Notas

[1] Estou em dívida com Ruth Wodak por seus comentários a uma versão anterior deste capítulo e com Laura Pardo pelas informações adicionais acerca da pesquisa em ACD na América Latina.

[2] Não é surpresa alguma, então, que a investigação em ACD frequentemente faça referência aos principais filósofos sociais e cientistas sociais do nosso tempo ao teorizar sobre essas noções e outros conceitos fundamentais. Dessa forma, evidentemente, torna-se comum na análise crítica a referência aos principais estudiosos da Escola de Frankfurt e ao trabalho contemporâneo de Habermas (por exemplo, acerca da legitimação e de sua última abordagem "discursiva" sobre normas e democracia). De modo semelhante, muitos estudos críticos farão referência a Foucault ao lidar com noções como "poder", "dominação" e "disciplina", ou com a noção mais filosófica de "ordens do discurso". Mais recentemente, os vários estudos sobre linguagem, cultura e sociedade de Bourdieu vêm se tornando cada vez mais influentes, como, por exemplo, sua noção de "*habitus*". De outra perspectiva sociológica, a teoria da estruturação de Giddens é hoje ocasionalmente citada. No entanto, deve-se ter em mente que, apesar de vários desses sociólogos e filósofos sociais fazerem uso extensivo das noções de linguagem e discurso, eles raramente se dedicam a realizar uma análise do discurso explícita e sistemática. Na verdade, a última coisa que os pesquisadores em análise crítica devem fazer é adotar acriticamente ideias filosóficas ou sociológicas sobre linguagem e discurso, as quais se encontram obviamente superadas pelos avanços da linguística e da análise do discurso contemporâneas. Antes, os trabalhos aqui referidos são principalmente relevantes para o uso de conceitos fundamentais acerca da ordem social e, consequentemente, para a metateoria da ACD.

[3] As limitações de espaço impedem a discussão de uma terceira questão: como os grupos dominados discursivamente desafiam ou resistem ao controle dos grupos poderosos.

[4] Note que o "controle da mente" é apenas uma expressão prática para sintetizar um processo bastante complexo. As investigações em psicologia cognitiva e em comunicação de massa evidenciaram que a influência sobre a mente não é um processo direto como as ideias simplistas sobre o controle mental podem sugerir (Britton e Graesser, 1996; Glasser e Salmon, 1995; Klapper, 1960; van Dijk e Kintsch, 1983). Os receptores podem fazer distinções quanto a suas interpretações e aos usos da fala e do texto, também em função da classe, do gênero ou da cultura (Liebes e Katz, 1990). Do mesmo modo, poucas vezes os receptores aceitam passivamente as pretensas opiniões de discursos específicos. Contudo, não podemos esquecer que grande parte de nossas crenças sobre o mundo é construída por meio do discurso.

[5] Para analisar os complexos processos envolvidos no modo como o discurso pode controlar as mentes das pessoas, necessitamos explicar detalhadamente as representações mentais e as operações cognitivas estudadas pela ciência cognitiva. Como até mesmo um resumo adequado desse assunto está além do escopo deste capítulo, iremos apenas mencionar brevemente algumas poucas noções que são necessárias à compreensão dos processos de controle mental discursivo (para maiores detalhes, ver, por exemplo, Graesser e Bower, 1990; van Dijk e Kintsch, 1983; van Oostendorp e Zwaan, 1994; Weaver et. at., 1995).

[6] Note que o quadro aqui esboçado é bastante esquemático e geral. As relações entre o poder social de grupos e instituições, por um lado, e o discurso, por outro, assim como entre o discurso e a cognição, e a cognição e a sociedade, são imensamente mais complexas. Existem várias contradições. Nem sempre há uma imagem clara de um grupo dominante (ou classe ou instituição) oprimindo outro grupo, controlando todo discurso público, e esse discurso controlando diretamente a mente dos dominados. Existem muitas formas de conivência, consenso, legitimação e até mesmo de uma "produção conjunta" de formas de desigualdade. Membros dos grupos dominantes podem se tornar dissidentes e se alinharem aos grupos dominados, e vice-versa. Os discursos do oponente podem ser adotados pelos grupos dominantes, seja para estrategicamente neutralizá-los, seja simplesmente porque o poder e as ideologias dominantes podem ter mudado, tal como é o caso evidente da ideologia e do discurso ecológicos.

Discurso e racismo

Para a maioria das pessoas, e provavelmente também para muitos dos leitores, a noção de racismo não é de antemão associada à de discurso. Associações mais óbvias seriam discriminação, preconceito, escravidão ou *apartheid*, entre muitos outros conceitos relacionados à dominação e às desigualdades étnicas ou "raciais" tratadas ao longo deste livro.*

No entanto, ainda que o discurso possa parecer apenas "palavras" (*and therefore cannot break your bones, as do sticks and stones*),** a escrita e a fala desempenham um papel vital na reprodução do racismo contemporâneo.

Isso é especialmente verdade para as formas mais danosas do racismo contemporâneo, a saber, as das elites. Elites políticas, burocráticas, corporativas, jornalísticas, educacionais e acadêmicas controlam as mais cruciais dimensões e decisões da vida cotidiana de imigrantes e minorias: entrada, residência, trabalho, moradia, bem-estar, saúde, conhecimento, informação e cultura. As elites exercem esse controle em grande parte falando ou escrevendo, por exemplo, em reuniões de gabinete e debates parlamentares, em entrevistas de emprego, em notícias jornalísticas, na publicidade, em aulas, em livros didáticos, em artigos acadêmicos, em filmes ou *talk shows*, entre muitas outras formas de discurso da elite.

* N.T.: O autor faz referência ao livro em que este artigo foi originalmente publicado: David Goldberber e John Solomons (eds.), *The Blackwell Companion to Racial and Ethnic Studies*, Oxford, Blackwell, 2001.

** N.T.: O texto entre parênteses é uma paráfrase de um ditado popular em inglês: *Sticks and stones may break my bones, but names can never hurt me* [Paus e pedras podem quebrar meus ossos, mas nomes nunca podem me ferir].

Isto é, tal como é também verdade para outras práticas sociais dirigidas contra minorias, o discurso pode ser, antes de tudo, uma forma de discriminação verbal. Desse modo, o discurso da elite pode constituir uma importante forma de racismo da elite. De maneira semelhante, a (re)produção dos preconceitos étnicos que fundamentam tanto essas práticas verbais como outras práticas sociais ocorre em grande parte através da escrita, da fala e da comunicação.

Em resumo, especialmente nas sociedades contemporâneas da informação, o discurso reside no coração do racismo. Este capítulo explica como e por que isso é assim.

Racismo

Para compreendermos com certo detalhe o modo como o discurso pode contribuir para o racismo, primeiramente necessitamos resumir nossa teoria de racismo. Ainda que o racismo seja frequentemente reduzido à ideologia racista, ele é aqui entendido como um complexo sistema social de dominação, fundamentado étnica ou "racialmente", e sua consequente desigualdade (para maiores detalhes, ver van Dijk, 1993a).

O sistema de racismo é composto por um subsistema social e um cognitivo. O subsistema social é constituído por práticas sociais de discriminação no (micro) nível local, e por relações de abuso de poder por grupos, organizações e instituições dominantes em um (macro) nível de análise (a maioria das análises clássicas sobre o racismo concentra-se neste nível de análise; ver, por exemplo, Dovidio e Gaertner, 1986; Essed, 1991; Katz e Taylor, 1988; Wellman, 1993; Omi e Winant, 1994).

Como anteriormente sugerido, o discurso pode ser um influente tipo de prática discriminatória. E as elites simbólicas, isto é, aquelas elites que literalmente têm tudo "a dizer" na sociedade, assim como suas instituições e organizações, é um exemplo de grupos envolvidos com o abuso de poder e a dominação.

O segundo subsistema de racismo é cognitivo. Mesmo que as práticas discriminatórias dos membros de grupos e instituições dominantes constituam as manifestações visíveis e tangíveis do racismo cotidiano, essas práticas também possuem uma base mental que consiste em modelos tendenciosos de interações e eventos étnicos, que por sua vez encontram-se enraizados em preconceitos e ideologias racistas (van Dijk, 1984a, 1987a, 1998a). Isso não significa que as práticas discriminatórias são sempre intencionais, mas tão somente que elas pressupõem representações mentais socialmente compartilhadas e negativamente orientadas acerca de Nós sobre Eles. A maioria dos estudos psicológicos sobre "preconceito" aborda esse aspecto do racismo ainda que raramente nesses termos, isto é, em termos do seu papel no sistema *social* do racismo. O preconceito é principalmente estudado como uma característica de indivíduos (Brown, 1995; Dovidio e Gaertner, 1986; Sniderman et al., 1993; Zanna e Olson, 1994).

O discurso também desempenha um papel fundamental para essa dimensão cognitiva do racismo. As ideologias e os preconceitos étnicos não são inatos e não se desenvolvem espontaneamente na interação étnica. Eles são adquiridos e aprendidos, e isso normalmente ocorre através da comunicação, ou seja, através da escrita e da fala. E vice-versa: essas representações mentais do racismo são tipicamente expressas, formuladas, defendidas e legitimadas no discurso e podem assim ser reproduzidas e compartilhadas dentro do grupo dominante. Esse é essencialmente o modo como o racismo é "aprendido" na sociedade.

Discurso

Definição

Sem o conhecimento acerca do racismo, não sabemos como o discurso encontra-se envolvido em sua reprodução diária. Isso é igualmente verdade para o nosso conhecimento acerca do discurso. Essa noção tornou-se tão popular que perdeu muito de sua especificidade. "Discurso" é aqui entendido para significar somente um evento comunicativo específico, em geral, e uma forma oral ou escrita de interação verbal ou uso da língua, em particular. Às vezes, "discurso" é usado em um sentido mais genérico para denotar um tipo de discurso, uma coleção de discursos ou uma classe de gêneros do discurso, como por exemplo, quando falamos em "discurso médico", em "discurso político" ou, de fato, em "discurso racista" (para uma introdução à análise do discurso contemporâneo, ver van Dijk, 1997b).

Ainda que seja utilizado com frequência desse modo, *não* compreendemos por discurso uma filosofia, uma ideologia, um movimento social ou um sistema social, tal como nas expressões "o discurso do liberalismo" ou "o discurso da modernidade", a menos que estejamos realmente nos referindo a coleções de fala ou escrita.

No sentido "semiótico" mais amplo, os discursos podem também apresentar expressões não verbais, tais como desenhos, imagens, gestos, expressões faciais e assim por diante. No entanto, em função da brevidade, esses elementos serão aqui ignorados, embora seja óbvio que mensagens racistas também possam ser veiculadas por meio de fotos, filmes, gestos depreciativos ou outros atos não verbais.

Análise estrutural

Os discursos possuem estruturas bastante diferentes, que também podem ser analisadas de formas muito diferentes dependendo das perspectivas gerais adotadas (linguística, pragmática, semiótica, retórica, interacional etc.) ou dos tipos de gêneros analisados, tais como a conversação, as notícias jornalísticas, a poesia ou os anúncios publicitários. Será assumido aqui que tanto o texto escrito/impresso quanto a fala oral podem assim ser analisados em vários níveis ou através de diversas dimensões. Cada elemento desses pode estar envolvido direta ou indiretamente em uma interação discriminatória contra os membros de um grupo minoritário ou em um discurso preconceituoso acerca deles, por exemplo, das seguintes maneiras:

- *Estruturas não verbais*: uma imagem racista, um gesto depreciativo, uma manchete jornalística ou um *layout* de página que enfatize sentidos negativos sobre "Eles".
- *Sons*: uma entonação insolente, levantar (bastante) a voz.
- *Sintaxe*: (des)enfatizar a responsabilidade pela ação, como por exemplo, através de orações na voz ativa *versus* passiva.
- *Léxico*: seleção de palavras que podem ser mais ou menos negativas sobre Eles ou positivas sobre Nós (por exemplo, "terroristas" *versus* soldados da libertação).
- *Significado local (de uma oração)*: por exemplo, sendo vago ou indireto sobre Nosso racismo, e detalhado e preciso sobre os crimes ou condutas impróprias Deles.

- *Significado global do discurso (tópicos)*: selecionar ou enfatizar tópicos positivos para Nós (tais como ajuda e tolerância), e negativos para Eles (tais como crime, desvio comportamental ou violência).
- *Esquemas (formas convencionais de organização global do discurso)*: presença ou ausência de categorias esquemáticas padronizadas – tais como uma resolução em um esquema narrativo ou uma conclusão em um esquema argumentativo –, com o propósito de enfatizar as Nossas boas coisas e as coisas más Deles.
- *Dispositivos retóricos*: metáfora, metonímia, hipérbole, eufemismo, ironia etc. – mais uma vez, para centralizar a atenção na informação positiva/negativa sobre Nós/Eles.
- *Atos de fala*: por exemplo, acusações para depreciar os Outros ou defesas para legitimar Nossa discriminação.
- *Interação*: interromper os turnos conversacionais dos Outros, encerrar reuniões antes que os Outros possam falar, discordar dos Outros ou deixar de responder a certas questões, entre muitas outras formas de discriminação interacional direta.

Ainda que não muito detalhada nem muito sofisticada, essa breve lista de níveis e algumas estruturas do discurso fornece uma primeira impressão do modo como o discurso e suas várias estruturas podem se relacionar com alguns aspectos do racismo. Note também que os exemplos dados mostram o tipo de polarização grupal que também conhecemos a partir de preconceitos subjacentes, qual seja, a tendência global do favoritismo intragrupal ou da autoapresentação positiva, por um lado, e da depreciação extragrupal ou da apresentação negativa do Outro, por outro lado.

Em outras palavras, com as muitas estruturas sutis de sentidos, forma e ação, o discurso racista geralmente enfatiza as Nossas coisas boas e as coisas más Deles, e desenfatiza (atenua, oculta) Nossas coisas más e as coisas boas Deles. Esse quadrado "ideológico" aplica-se não apenas à dominação racista, mas também, em geral, à polarização intragrupal-extragrupal em práticas sociais, discursos e pensamentos.

A interface cognitiva

Uma teoria adequada sobre o racismo é não redutora no sentido de que não limita o racismo apenas à ideologia ou apenas a formas "visíveis" de práticas discriminatórias. Isso também é verdade para o modo como o discurso está envolto em racismo. Esse é especificamente o caso para os "sentidos" do discurso e, portanto, também para as crenças, isto é, para a cognição. Os discursos não só são formas de práticas interacionais ou sociais, mas também expressam e transmitem sentidos, e podem assim influenciar nossas crenças sobre imigrantes ou minorias.

Dessa maneira, o objetivo da análise das estruturas discursivas é não apenas examinar as características detalhadas de um tipo de prática social discriminatória, mas também, em especial, obter uma compreensão mais profunda do modo como os discursos expressam e manejam nossas mentes. É especialmente essa interface discurso-cognição que explica como as ideologias e os preconceitos étnicos são expressos, transmitidos, compartilhados e reproduzidos na sociedade. Por exemplo, uma oração na voz passiva pode obscurecer o agente responsável nos modelos mentais que formamos acerca de um evento racista; um tipo especial de metáfora (tal como "uma invasão de refugiados") pode acentuar a opinião negativa que temos acerca dos Outros; e um eufemismo (como "ressentimento popular") pode atenuar a autoimagem negativa que uma expressão como "racismo" poderia sugerir. Através dessa e de muitas outras maneiras, portanto, as estruturas do discurso mencionadas anteriormente podem influenciar os modelos mentais específicos que possuímos acerca de eventos étnicos ou as representações sociais mais gerais (atitudes, ideologias) que temos sobre Nós mesmos e sobre os Outros. E uma vez que essas representações mentais têm sido influenciadas tal como intencionado pelo discurso racista, elas também podem ser usadas para se engajar em outras práticas racistas. É desse modo que o círculo do racismo e de sua reprodução é fechado.

O CONTEXTO SOCIAL: AS ELITES

Pesquisas sugerem que a reprodução discursiva do racismo na sociedade não está distribuída uniformemente entre todos os membros da maioria dominante. Além de analisar suas estruturas e fundamentos cognitivos, é essencial examinar, por conseguinte, algumas propriedades do contexto social do discurso, tais como quem são seus falantes e escritores. Temos repetidamente sugerido neste capítulo que as elites desempenham um papel especial nesse processo de reprodução (para detalhes, ver van Dijk, 1993a). Isso ocorre não porque as elites são geralmente mais racistas do que as não elites, mas principalmente por causa do seu acesso especial às formas mais influentes do discurso público – a saber, dos meios de comunicação de massa, da política, da educação, da pesquisa e das burocracias – e do seu controle sobre elas. Nossa definição acerca dessas elites não se dá, portanto, em termos de suas posições sociais de liderança, mas sim em termos dos recursos simbólicos que definem o "capital" simbólico e, em particular, seu acesso preferencial ao discurso público. As elites, assim definidas, são literalmente o(s) grupo(s) na sociedade que mais têm "algo a dizer" e que, portanto, também têm "acesso preferencial às mentes" do grande público. Como líderes ideológicos da sociedade, estabelecem valores, objetivos e interesses comuns, formulam o senso comum, assim como o consenso, tanto como indivíduos quanto como líderes das instituições dominantes da sociedade.

Isso também é verdade para o exercício do poder "étnico" – no qual a maioria dominante necessita de orientação em suas relações com as minorias ou os imigrantes. Dada nossa análise do papel das elites "simbólicas" na sociedade contemporânea, concluímos que elas também possuem um papel especial na reprodução do sistema de racismo que mantém o grupo dominante branco no poder. Isso significa que uma análise do discurso das elites oferece uma perspectiva particularmente relevante acerca do modo como o racismo é reproduzido na sociedade.

Ao mesmo tempo, contudo, uma análise sociológica e política mais profunda é necessária para examinar em maiores detalhes a forma como as elites simbólicas se relacionam com a população em geral, incluindo a incorporação e a tradução da confusão ou do ressentimento popular para as formas de discurso dominante que consideram mais relevantes para manter seu próprio poder e *status*. Por exemplo, a crítica contra as elites (políticas) no que diz respeito ao desemprego e à decadência urbana pode assim ser desviada colocando-se a culpa nos imigrantes. Formas mais extremistas do racismo popular, organizadas ou não em partidos políticos, podem então ser denunciadas publicamente de modo a proteger sua própria imagem não racista e propagar formas mais "moderadas" de racismo em partidos dominantes. Não é surpresa, por conseguinte, que partidos racistas são "idiotas úteis" e, com referência a valores democráticos, raramente são proibidos. Os vários processos sociais e políticos podem facilmente ser detectados em uma análise dos discursos das elites nas sociedades contemporâneas.

É claro que essa perspectiva especial acerca do papel das elites na reprodução do racismo, baseada no simples argumento de que elas controlam o discurso público, também explica o papel de pequenos grupos de elites nas formas não dominantes de *antirracismo*. Se for geralmente verdade que os líderes são responsáveis e precisam dar um bom exemplo, essa conclusão também implica que as políticas e a mudança antirracistas não deveriam se concentrar tanto na população em geral, mas sim naqueles que afirmam terem menos necessidades: as elites. Se as formas mais influentes de racismo vêm de cima, é também por lá que as mudanças devem começar.

O PAPEL DO CONTEXTO

A atual análise do discurso enfatiza o papel fundamental do contexto para a compreensão da função da escrita e da fala na sociedade. Como será diversas vezes mencionado a seguir, os discursos dominantes não exercem sua influência meramente fora do contexto. Ao definirmos discurso como eventos comunicativos, também precisamos considerar, por exemplo, os domínios sociais gerais em que são usados (político, jornalístico, educacional); as ações sociais globais por eles realizadas (legislação, educação); as ações locais que produzem; o cenário atual de tempo, lugar e circunstâncias; os participantes envolvidos, assim como seus muitos papéis sociais e comunicativos e o pertencimento a grupos (étnicos, por exemplo); e, não menos importante, as crenças e objetivos desses participantes. Essas e outras propriedades da situação social do evento comunicativo influenciarão praticamente todas as propriedades da escrita e da fala, especialmente aquelas propriedades que podem variar, tais como seu estilo: *como* as coisas são ditas. Isto é, preconceitos semelhantes podem ser formulados de maneiras bastante diferentes dependendo dessas e de outras estruturas do contexto – por exemplo, no discurso do governo ou nos debates parlamentares, em grandes cartazes ou em tabloides, para a esquerda ou para a direita e assim por diante. Em outras palavras, a enorme variedade de discursos racistas na sociedade não apenas reflete as várias representações sociais subjacentes, mas também, em especial, adapta-se a diferentes contextos de produção: quem disse o que, onde, quando e com que objetivos. A teoria do contexto também explica em parte por que, apesar do consenso étnico dominante, nem todas as falas acerca das minorias serão as mesmas.

Conversação

Após a introdução mais teórica sobre o modo como o discurso é envolto em racismo e em sua reprodução, apresentamos agora alguns exemplos dos vários gêneros cujo papel no que diz respeito ao racismo foram estudados.

Um gênero é um *tipo* de prática social discursiva, normalmente definido por estruturas discursivas específicas e estruturas contextuais, tal como explicado anteriormente. Por exemplo, um debate parlamentar é um gênero do discurso definido por um estilo específico, por formas específicas de interação verbal (fala), sob certas restrições contextuais de tempo e alternância controlada do falante, no domínio político, na instituição do Congresso Nacional, como parte do ato geral de legislar, realizado por falantes que são parlamentares, representantes dos seus estados, assim como membros de seus partidos políticos, com o propósito (por exemplo) de aprovar ou rejeitar impostos, com estilos formais de tratamento e com estruturas argumentativas apoiando um ponto de vista político etc. E isso é meramente um breve resumo dessa definição de um gênero, que normalmente necessita de especificações tanto textuais quanto contextuais.

Do mesmo modo, a conversação cotidiana é um gênero, provavelmente o mais elementar e amplamente difundido gênero da interação e do discurso humanos, tipicamente definido pela ausência das várias restrições institucionais mencionadas anteriormente relativas aos debates parlamentares. De fato, virtualmente todos nós temos acesso a conversações, enquanto apenas deputados e senadores têm acesso aos debates parlamentares. Muito do que aprendemos sobre o mundo é derivado dessas conversas cotidianas com os membros da família, os amigos e os colegas. Isso também é verdade para os preconceitos e as ideologias étnicas.

O estudo das conversações entre pessoas brancas na Holanda e na Califórnia acerca dos imigrantes (van Dijk, 1984a, 1987a) apresenta uma série de características interessantes. Casualmente questionados sobre sua vizinhança, muitos falantes espontaneamente começaram a fazer comentários sobre "aqueles estrangeiros", frequentemente de forma negativa (ver também os seguintes estudos acerca de conversações racistas: Jager, 1992; Wetherell e Potter, 1992; Wodak et al., 1990).

Enquanto as conversações cotidianas versam normalmente sobre outras pessoas e tudo pode ser introduzido nessas conversas, os *tópicos* sobre minorias ou imigrantes são geralmente limitados a alguns poucos tipos, a saber, as classes de tópico cada vez mais negativas da diferença, do desvio e da ameaça. Assim, os exogrupos (*outgroups*) étnicos são referidos, em primeiro lugar, em termos do quão diferente de nós eles agem e se parecem – diferentes hábitos, língua, religião ou valores. Essa conversa pode, todavia, ser neutra no sentido de que tais diferenças não precisam ser negativamente avaliadas; na verdade, as diferenças podem ser discutidas de maneira positiva como sendo interessantes, exóticas e culturalmente enriquecedoras. Frequentemente, contudo, as características diferentes serão negativamente enquadradas quando comparadas àquelas do endogrupo (*ingroup*). Em seguida, os Outros podem ser referidos ainda mais negativamente em termos de desvio, isto é, de violação a nossas normas e valores, tal como ocorre na Europa, onde tipicamente são feitos comentários negativos sobre o Islã ou a maneira como os homens árabes tratam as mulheres. Finalmente, imigrantes e minorias podem ser referidos ainda mais negativamente, em termos de uma ameaça, como por exemplo, em histórias sobre agressão ou crime, ou também apresentados como roubando nossos empregos, nossa moradia ou nosso espaço, ou ainda (especialmente no discurso das elites) quando vistos como ameaçando "nossa" cultura dominante.

Enquanto os tópicos são sentidos que caracterizam as conversações como um todo ou grandes partes delas, uma análise semântica mais local das conversas cotidianas sobre minorias e imigrantes revela outras características interessantes. Uma das mais conhecidas são as *ressalvas* (*disclaimers*), isto é, movimentos semânticos com uma parte positiva sobre Nós e uma parte negativa sobre Eles, por exemplo:

- *Negação aparente*: Nós não temos nada contra negros, mas...
- *Concessão aparente*: Alguns deles são inteligentes, mas em geral...
- *Empatia aparente*: É claro que os refugiados tiveram problemas, mas...
- *Ignorância aparente*: Eu não sei, mas...
- *Desculpa aparente*: Desculpe-me, mas...
- *Inversão (culpar a vítima)*: Não eles, mas nós é que somos as reais vítimas...
- *Transferência*: Eu não me importo, mas meus clientes...

Observamos que esses movimentos locais materializam dentro de uma oração as estratégias totais (globais) de autoapresentação positiva (favoritismo intragrupal) e de outro-apresentação negativa (depreciação dos exogrupos). Note que alguns desses dispositivos são aqui chamados de "aparentes", porque a primeira parte positiva parece funcionar como uma forma de preservação da face e manejo das impressões; o resto do texto ou fragmento se concentrará nas características negativas dos Outros, contradizendo assim a primeira parte "positiva".

Do mesmo modo, podemos examinar outras várias dimensões da conversa cotidiana sobre as minorias. Percebemos dessa maneira que em *estruturas narrativas* de histórias cotidianas negativas acerca dos imigrantes, frequentemente a categoria "resolução" está ausente. Isso pode ser interpretado como um dispositivo estrutural que enfatiza precisamente os aspectos negativos da categoria "complicação" da história: histórias que possuem resoluções (positivas) dos problemas ou conflitos são menos eficientes como histórias de queixa contra os Outros.

De forma semelhante, as histórias também têm frequentemente o papel de premissas que apresentam os "fatos" inegáveis da experiência pessoal em *argumentações* que conduzem a conclusões negativas sobre as minorias. Não é necessário salientar que tais argumentações são repletas de falácias. Assim, as declarações negativas sobre os Outros serão tipicamente fundamentadas pelo movimento da autoridade, o qual argumenta que as pessoas "viram isso na TV". Do mesmo modo que os preconceitos são representações sociais negativas estereotipadas, os argumentos em si podem ser estereotipados e convencionais. Então, os refugiados tipicamente serão descritos como um "fardo financeiro" para a Nossa sociedade, que seriam mais bem cuidados "em sua própria região" ou dissuadidos de vir, uma vez que aqui podem "sofrer do ressentimento popular", ou ainda recomendados para que permaneçam em seu próprio país com o propósito de "ajudar a construí-lo".

Finalmente, mesmo nos níveis superficiais do manejo real das conversas, por exemplo, nas tomadas de turno, na fluência etc., podemos testemunhar que os falantes brancos parecem demonstrar insegurança ou inquietude, por exemplo, pelo uso exacerbado de hesitações, pausas e retificações quando têm que nomear ou identificar as minorias.

Como enfatizamos anteriormente, essas e outras propriedades do discurso acerca dos Outros possuem condições, funções e consequências tanto sociointeracionais quanto cognitivas. Assim, a depreciação do exogrupo é em si mesma uma prática social discriminatória, a qual pode, por sua vez, contribuir para a formação ou confirmação desses preconceitos com os ouvintes.

Notícias jornalísticas

As conversações do dia a dia são a manifestação natural do racismo popular cotidiano. Uma vez que não têm controle ativo sobre o discurso público da elite, as pessoas comuns frequentemente não têm mais para "dizer" ou "fazer" contra os Outros do que falar negativamente para Eles e sobre Eles. É claro que, desse modo, os estereótipos e preconceitos étnicos, bem como os boatos, podem se espalhar rapidamente.

Como sugerido, contudo, muito da fala cotidiana sobre as minorias é inspirada pela mídia. Falantes, rotineiramente, referem-se à televisão ou aos jornais como suas fontes de conhecimento (e de autoridade) e opiniões sobre as minorias étnicas. Isso é especialmente o caso para aqueles tópicos que não podem ser observados diretamente na interação cotidiana, mesmo em países ou cidades etnicamente mistos. A imigração é um exemplo proeminente em que a maioria dos cidadãos depende da mídia, que por sua vez depende dos políticos, dos burocratas, da polícia ou de agências do Estado. Nas cidades, nas regiões ou nos países com poucas minorias, é claro, praticamente todas as crenças sobre os Outros vêm do discurso da mídia, da literatura, dos livros didáticos, dos estudos ou de outras formas de discurso da elite. Em outras palavras, não somente para os cidadãos comuns, mas também para as próprias elites, a mídia é hoje a principal fonte de conhecimento e opinião étnicos na sociedade.

Não é surpreendente, então, que a representação das minorias na televisão, nos jornais e nos filmes tem sido extensivamente investigada (Dates e Barlow, 1990; Jager e Link, 1993; Hartmann e Husband, 1974; van Dijk, 1991). Muito dos trabalhos já realizados são em análise do conteúdo, isto é, pesquisas quantitativas sobre os elementos observáveis da escrita ou da fala, tais como a frequência em que os membros de um grupo étnico específico são retratados nas notícias ou na publicidade e em que papéis. Esses estudos oferecem uma ideia geral, mas não nos dizem em detalhe *como* exatamente a mídia retrata as minorias ou as relações étnicas. Uma análise de discurso sofisticada é capaz de fornecer esse estudo detalhado, e também é capaz de explicar por que os discursos da mídia têm as estruturas que têm, e como essas estruturas afetam as mentes dos receptores. É somente desse modo que chegamos a ter uma melhor ideia do papel fundamental da mídia na reprodução do racismo.

Se focarmos mais especificamente no gênero da mídia que está na base de muitas das crenças sobre as minorias, a saber, as notícias, podemos proceder de maneira semelhante àquela apresentada anteriormente para as conversações. Isto é, examinamos cada um dos níveis identificados anteriormente, e procuramos as estruturas ou estratégias que parecem ser típicas para os retratos dos Outros na mídia.

As notícias na imprensa, por exemplo, têm uma estrutura esquemática convencional, consistindo de categorias como sumário (título + *lead*), eventos principais, *background* (eventos prévios, contexto, história), comentários e avaliação. Assim, podemos focar nos *títulos* e ver se esses sumários típicos das notícias são diferentes para as minorias quando comparados com as notícias que tratam membros de grupos dominantes. Seguindo o quadrado ideológico geral, podemos, por exemplo, assumir que os títulos das noticias tendem a enfatizar as características negativas das minorias. Muitas pesquisas mostraram que isso de fato ocorre. Em um estudo holandês, por exemplo, descobrimos que de 1.500 títulos sobre questões étnicas, sequer uma única foi positiva quando envolveu minorias como agentes ativos e responsáveis; enquanto isso é mais comum quando um Deles é o agente semântico em um título. A sintaxe dos títulos também pode ser tendenciosa a favor do in-dogrupo (*ingroup*), por exemplo, quando as construções passivas diminuem sua responsabilidade para as ações negativas.

Os títulos sumarizam as informações mais importantes de uma notícia e, portanto, também expressam seu tópico principal. Uma análise dos significados gerais de discurso confirma o que já encontramos nas conversas cotidianas, que aparentemente parecem seguir a mídia a esse respeito (e vice-versa, a mídia num sentido também reflete as crenças de senso comum), ou seja, os *tópicos* tratam da diferença, da divergência e da ameaça. Se listarmos os tópicos mais importantes nas notícias "étnicas" em países ocidentais diferentes, ou em países onde os europeus são dominantes, sempre conseguimos uma lista padrão de tópicos preferidos, tais como:

- A imigração e a recepção de novos imigrantes;
- Questões socioeconômicas, (des)emprego;

- Diferenças culturais;
- Crime, violência, drogas e desvios de comportamento;
- Relações étnicas, discriminação.

Em outras palavras, dos muitos tópicos possíveis, mais uma vez achamos uma lista curta e estereotipada em que as categorias são normalmente caracterizadas de forma negativa. Assim, a imigração é sempre definida como um problema fundamental, e nunca como um desafio, muito menos como um benefício para o país, frequentemente é associada a um fardo financeiro. O mesmo é verdadeiro para os outros tópicos principais. O crime, ou os tópicos relacionados ao crime, tais como as drogas, são quase sempre entre os primeiros cinco retratos das minorias – inclusive focando no que é tido como crimes étnicos "típicos", tais quais tráfico e venda de drogas, mas também o definido como "terrorismo" político (por exemplo, sobre os árabes). As diferenças culturais tendem a ser superenfatizadas e as semelhanças culturais, ignoradas. Até a discriminação e o racismo, que podiam fornecer uma visão mais equilibrada dos aspectos "negativos" de uma sociedade, raramente são tratados em notícias sobre a predominância da discriminação e do racismo na sociedade. Quando ocorrem tratam apenas de ressentimentos populares (raramente ou nunca sobre o racismo da elite) sobre casos individuais de discriminação, por exemplo, no trabalho, ou sobre partidos racistas extremistas. Em outras palavras, discriminação e racismo, quando discutidos nos discursos da elite, estão sempre *em outro lugar*.

Enquanto os tópicos são, sem dúvida, o aspecto mais importante, como também os aspectos mais lembrados das notícias, eles nos dizem, apenas, *o que* a mídia relata sobre as questões étnicas, mas não dizem *como* ela o faz. Embora tenhamos uma ideia menos detalhada sobre os aspectos locais do significado, do estilo e da retórica das noticias sobre "raça", há alguns poucos dados que parecem ser relativamente confiáveis.

Já observamos na elaboração dos títulos que a agência responsável pode ser destacada ou posta em segundo plano por sentenças ativas ou passivas. Da mesma maneira, a agência em segundo plano também pode ocorrer a partir de nominalizações ou da ordem das palavras na sentença. De novo, a (em grande parte não intencional) estratégia que governa essas estruturas locais é a tendência polarizada combinada da autoapresentação positiva e a outro-apresentação negativa. Assim, podemos encontrar referências a "ressentimento" ou "discriminação" no país, mas não está sempre explícito *quem* ressente ou discrimina *quem*, como se a discriminação ou o racismo fossem fenômenos da natureza em vez de práticas dos membros do grupo dominante.

Além dos aspectos das formas discursivas (sintaxe) de superfície, é especialmente rico o sistema de *significado* que incorpora as muitas crenças subjacentes representadas nos modelos mentais dos eventos étnicos, ou as mais gerais e compartilhadas representações sociais dos grupos étnicos ou das relações étnicas. Seguindo o quadrado ideológico, podemos, assim, esperar, e de fato encontrar, que, em geral, as informações positivas sobre Nós ou negativas sobre Eles serão destacadas, e vice-versa. Semanticamente, isso significa que tais informações tenderão a ser explícitas antes que implícitas, precisas antes que vagas, específicas antes que gerais, declaradas antes que pressupostas, detalhadas em vez de serem tratadas por abstrações. Assim, nossa intolerância, nosso racismo cotidiano ou nossa discriminação raramente serão reportados em muitos detalhes concretos, mas seus crimes, sua violência e seus desvios comportamentais o serão.

Tomando em conta a interface cognitiva discutida anteriormente, supomos que essas estruturas de significado são uma função das representações mentais subjacentes que simplesmente retratam eventos étnicos e grupos étnicos daquela maneira. Essas representações podem ser modelos mentais pessoais *ad hoc* com opiniões pessoais, mas também podem ser estereótipos, preconceitos e ideologias amplamente compartilhados. E quanto menos essas representações são conscientes (como é frequentemente o caso para as formas mais sutis de racismo) quanto mais o consenso está interligado com as ideologias étnicas dominantes. De fato, a análise detalhada das notícias sobre eventos étnicos fornece uma rica fonte para o estudo da cognição social contemporânea.

Note, contudo, que o que as pessoas dizem e significam no discurso não é somente uma função direta de suas crenças étnicas, mas também uma função do *contexto*, tal como a situação, o gênero, os falantes/escritores, a audiência, e assim por diante. Desse modo, as notícias sobre questões étnicas nos jornais sérios e nos tabloides são muito diferentes devido a razões contextuais, mesmo se os modelos mentais subjacentes dos jornalistas sobre os eventos étnicos sejam mais ou menos os mesmos. Essas diferenças contextuais em especial se manifestam nas estruturas variáveis da superfície do estilo (*layout*, sintaxe, lexicalização, mecanismos retóricos).

Notícias também têm uma importante dimensão intertextual. A elaboração das notícias é em grande parte baseada no processamento de um grande número de textos-fontes, tais como outras notícias, entrevistas coletivas, entrevistas, estudos acadêmicos etc. Essa intertextualidade nas notícias se manifesta em formas de citação e referências a outros discursos. Assim, não é surpreendente que os jornais tomam, em geral, textos-fontes da elite (branca) (por exemplo, do governo, dos estudiosos ou da polícia) como mais críveis e de mais valor que textos fontes de membros de grupos minoritários. De fato, os grupos minoritários têm pouco acesso direto à mídia. Se forem citados, eles são sempre acompanhados por declarações de membros de grupos majoritários críveis. Declarações sobre discriminação e racismo, com frequência, são degradadas ao *status* dúbio de alegações.

Enquanto esses e muitos outros aspectos das notícias sobre raça claramente expressam e reproduzam atitudes e ideologias étnicas dominantes, e assim crucialmente influenciam o racismo, deve ser finalmente enfatizado que a problematização e a marginalização se aplicam não apenas às minorias nas notícias, mas também à redação dos jornais. Especialmente na Europa Ocidental, os principais repórteres são quase sempre europeus brancos. Não é de admirar que esses repórteres procurem fontes e acreditem em opiniões que são compatíveis com as suas e as dos outros membros de seu grupo, e pouco compatíveis com as opiniões dos grupos minoritários. Assim, até agora, os jornalistas que advêm das minorias tiveram muito menos acesso à mídia, especialmente em posições de chefia. Como já discutimos, as elites, especialmente na Europa, são quase sempre brancas, e elas também controlam os conteúdos, as formas, o estilo e os objetivos das notícias e da produção das notícias. Portanto, não é surpreendente que a mídia, e especialmente a imprensa tabloide da direita, é antes parte do problema de racismo que parte de sua solução.

Livros didáticos

Podemos argumentar que após a mídia, o discurso educacional é o mais influente na sociedade, especialmente quando se refere à comunicação de crenças que não são normalmente transmitidas nas conversas cotidianas ou na mídia. Crianças, adolescentes e jovens adultos enfrentam, diariamente, por muitas horas, aulas e livros didáticos – os únicos livros que são leituras obrigatórias em nossa cultura. Isto é, não há instituição ou discurso comparável que é tão massivamente inculcado como o da escola.

A má notícia é que isso é também verdadeiro para as aulas sobre Eles – imigrantes, refugiados, minorias e pessoas do Terceiro Mundo – e que tais discursos são frequentemente muito estereotipados e às vezes claramente preconceituosos. A boa notícia é que não há domínio ou instituição na sociedade em que discursos alternativos têm mais possibilidades de se desenvolver do que na escola.

Muitos estudos foram feitos sobre como as minorias e as pessoas do Terceiro Mundo são retratadas nos livros didáticos. Mesmo as simples análises de conteúdo têm repetidamente mostrado que esse retrato, pelo menos até muito recentemente, tende a ser preconceituoso, estereotipado e eurocêntrico, e, em alguns livros anteriores, até explicitamente racista (Blondin, 1990; Klein, 1985; Preiswerk, 1980; van Dijk, 1993a).

Como sugerido, muito já mudou nos livros didáticos contemporâneos. Onde antes as minorias eram praticamente ignoradas ou marginalizadas, pelo menos até o fim dos anos 1980 e apesar de sua presença proeminente no país e até na sala de aula, os livros didáticos correntes nas ciências sociais, assim como em outras áreas, parecem finalmente ter descoberto que há também minorias sobre as quais podem escrever. E, enquanto informações sobre Nós que podem ser negativas (tal como o colonialismo) antes eram ignoradas ou mitigadas, há agora uma tendência a se querer ensinar as crianças também sobre os aspectos menos gloriosos de "nossa" história ou sociedade.

Mesmo assim, isso é apenas uma tendência e ainda está longe de ser a regra. Muitos livros didáticos contemporâneos em vários países ocidentais continuam a ser, basicamente, eurocêntricos: não somente nossa economia ou tecnologia, mas também nossos valores, nossas visões, nossas sociedades e nossas políticas são invariavelmente superiores. Eles continuam a repetir os estereótipos sobre minorias e sobre outros povos não europeus. Países do Terceiro Mundo tendem a ser tratados de maneira homogênea, apesar de grandes diferenças entre eles. Como no caso da imprensa, os Outros são invariavelmente associados a problemas para o qual, contudo, Nós tendemos a oferecer uma solução. Tudo isso é também verdadeiro para minorias *no* país, que são tratadas, em grande parte, em termos de diferenças culturais e de desvios comportamentais, mas raramente em termos de sua vida cotidiana, seu trabalho e suas contribuições à cultura e economia do país. Finalmente, os exercícios escolares propostos nos livros didáticos frequentemente ignoram a presença de crianças das minorias na sala de aula, e se não as ignoram elas podem ser tratadas como Eles, e não tratadas como fazendo parte de Nós.

Essas e muitas outras propriedades dos livros didáticos obviamente não são a preparação ideal para a aquisição de crenças étnicas que preparam as crianças adequadamente para as sociedades contemporâneas e cada vez mais diversas e multiculturais da Europa Ocidental, da América do Norte e dos outros lugares em que os europeus dominam os não europeus. Como no caso da mídia e da população adulta, os livros didáticos e os ensinos neles baseados formam o crisol discursivo para a reprodução cotidiana das crenças étnicas preconceituosas e, frequentemente, as práticas discriminatórias nelas baseadas. Afirmamos que o racismo é aprendido, e não natural ou inato. Esse processo de aprendizagem já começa na escola.

Discurso político: os debates parlamentares

Finalmente, entre as elites simbólicas influentes da sociedade, isto é, aquelas que têm acesso especial ao discurso público e têm o controle sobre ele, devemos mencionar os políticos. De fato, às vezes mesmo antes da mídia, líderes políticos já têm pré-formulada a definição da situação étnica. Instituições estatais, tais como o serviço de imigração e a polícia, como também as burocracias que as sustentam, são frequentemente os primeiros a "falar" para os imigrantes novos, como também os primeiros a falar sobre eles. Tal discurso se tornará oficial rapidamente, quanto ao significado, conteúdo e estilo, e será rotineiramente adotado pela mídia que dá cobertura a essas agências e instituições, espalhando, dessa forma, as definições dominantes da situação étnica entre a população em geral. Também, dependendo dos partidos políticos e dos contextos, tais discursos podem ser estereotipados, preconceituosos ou até racistas, ou, de fato, podem assumir uma posição dissidente, antirracista, baseada nos direitos humanos, no multiculturalismo e na diversidade (ver, por exemplo, Hargreavs e Leaman, 1995; Hurwitz e Peffley, 1998; Solomos, 1993).

Historicamente, o discurso político sobre os Outros, se minorias dentro do país ou não europeus em países do Terceiro Mundo ou nas colônias, tem sido uma das formas mais explicitamente racista do discurso da elite (Lauren, 1988). Até pelo menos a Segunda Guerra Mundial, políticos importantes trataram abertamente de forma derrogatória pessoas de origem asiática ou africana e reclamaram para si a superioridade branca e ocidental. Mas, devido ao holocausto e à Segunda Guerra Mundial, e como um resultado da perda de credibilidade das crenças racistas devido ao seu uso pelos nazistas, o discurso político pós-guerra tornou-se menos explícito pela direita e mais antirracista pela esquerda. Esse fato, contudo, não deveria ser visto como uma forma de progresso contínuo, porque nos anos 1990 a problematização e a estigmatização do discurso sobre refugiados e imigrantes reapareceram mais abertamente, mesmo nos partidos principais.

A análise dos debates parlamentares sobre as minorias, a imigração, os refugiados e as questões étnicas em geral mostra traços que são consistentes com os de outros discursos da elite que examinamos anteriormente (van Dijk, 1998a). Específicas desse gênero do discurso são, é claro, suas características contextuais: o domínio político, a instituição do Parlamento, o ato sociopolítico geral de legislação, os participantes em muitos diferentes papéis (políticos, membros dos partidos, membros de Parlamento, representantes, membros da oposição etc.) e os atos locais envolvidos, tais como opondo ou defendendo um projeto de lei, proferindo um discurso, criticando o governo, atacando os oponentes, e assim por diante.

Grande parte dos debates parlamentares sobre imigração e questões étnicas é organizada como uma função dessas dimensões contextuais. Assim, estratégias populistas da fala, em que a vontade do povo é invocada, por exemplo, para restringir a imigração, é, obviamente, uma função da posição dos membros do Parlamento que precisam de votos para se manter no cargo, ou da necessidade de apoiar a posição do partido. As posições sobre as políticas étnicas tomadas e defendidas no Parlamento, portanto, não são principalmente opiniões pessoais, mas antes expressões de atitudes compartilhadas pelo partido político. E os tópicos são selecionados em função do que está sendo tratado pela legislação em discussão, tais como lidar com um projeto de lei sobre imigração ou com a chegada de refugiados da Bósnia ou do Kosovo.

De modo semelhante, o contexto político define o nacionalismo que transpira nos debates sobre imigração e minorias. Da mesma maneira que encontramos ressalvas na fala cotidiana, os discursos parlamentares podem começar com longas seções de autoapresentação positiva na forma da glorificação nacionalista de "longas tradições de tolerância" ou "hospitalidade para os oprimidos". Mas, é claro, "não podemos deixar todos entrarem", "não temos o dinheiro" e etc. Isto é, o resto de tais debates será frequentemente bastante negativo quanto à caracterização dos Outros ou à legitimação de mais restrições sobre a imigração. Isso pelo menos é a voz dominante – porque ocasionalmente, também, encontramos vozes mais tolerantes, antirracistas e dissidentes que fazem apelos aos direitos humanos e aos princípios universais.

Estruturalmente falando, os debates parlamentares são sequências organizadas de discursos pelos falantes do governo e da oposição, respectivamente. Dada as posições e os papéis políticos respectivos, cada falante falará a respeito de uma questão específica, tal como um evento étnico recente ou um projeto de lei, e argumentará a favor ou contra um número de posições, por exemplo, sobre aspectos da política étnica ou da imigração. Isso significa que tais debates e seus discursos serão em grande parte argumentativos e retóricos.

Além da bem conhecida retórica do nacionalismo, do populismo ou dos direitos humanos mencionada anteriormente, o que é talvez mais fascinante nos debates parlamentares sobre a imigração são os *movimentos argumentativos*, por exemplo, os que são usados para legitimar as restrições impostas à imigração. Muitos desses movimentos se tornaram argumentos padrões ou *topoi*, tais como as referências ao nosso ("do homem branco") fardo financeiro; a infeliz referência ao "ressentimento" no país; a sugestão do recebimento de refugiados no seu próprio país; a necessidade de ouvir a vontade do povo etc. Semelhantemente, tais argumentações são repletas de *falácias* de vários tipos. A credibilidade – e não a verdade – é tratada quando se refere às fontes autorizadas ou aos formadores de opinião, tais como os acadêmicos ou a Igreja. São selecionados exemplos emocionalmente efetivos de fraudes na imigração ou de tortura por regimes estrangeiros para argumentar contra ou a favor de leis de imigração liberais para os refugiados, em ambos os casos cedendo à falácia de generalizar a partir de casos únicos.

De novo, a estratégia geral na seleção de movimentos argumentativos é a autoapresentação positiva e a outro-apresentação negativa. Os Outros, em casos deste tipo, podem ser não somente os imigrantes, mas também os membros de partidos políticos (opostos) que defendem seus direitos, ou vice-versa, os que são vistos como infringindo tais direitos.

Os debates parlamentares são públicos, oficiais. Isso significa que ambos, conteúdo e estilo, são estritamente controlados, especialmente nos discursos escritos. Há menos formalidade no debate espontâneo, com grande variação de acordo com os países: na França tais debates podem ser acalorados, com muitas interrupções e muitos estilos retóricos, diferentemente da Holanda e da Espanha, onde os debates parlamentares são formais e polidos. Isso também se aplica aos significados e ao estilo de debates sobre as minorias e a imigração.

O autocontrole e a exposição pública proíbem, por exemplo, formas explícitas de derrogação ou da seleção lexical que são obviamente prejudiciais. Isso significa que tal discurso oficial raramente terá uma aparência muito racista. Pelo contrário, a tolerância e a compreensão podem ser extensivamente topicalizadas. Mas vimos que isso também pode ser um movimento, uma ressalva que introduz tópicos mais negativos. E para legitimar as restrições imigratórias, os falantes precisam explicitar por que os imigrantes ou a imigração é ruim para Nós, e esse tipo de declaração geral só pode ser transmitido pela estratégia geral, aplicada em todos os níveis de discurso, da outro-apresentação negativa. Assim, no Parlamento, haverá referências à fraude, às drogas ou aos crimes dos imigrantes, como também às diferenças e aos conflitos culturais e ao impacto desastroso no mercado de trabalho.

Conclusões

Em suma, vemos que os discursos públicos influentes, a saber, aqueles das elites e das instituições elitistas, mostram um grande número de características relacionadas. Essas não somente refletem modelos mentais subjacentes semelhantes e representações sociais compartilhadas pelas elites, mas também maneiras semelhantes de interação social, comunicação, persuasão, formação de opinião pública. As diferenças são em grande parte contextuais, isto é, dependem dos propósitos, das funções ou dos participantes neles envolvidos. Uma vez tendo metas semelhantes, como o manejo da opinião pública, a legitimação e a tomada de decisões, podemos assumir que estruturas e estratégias muito similares estão funcionando em tais tipos de discurso. Encontraremos tópicos estereotipados, *topoi* convencionais, ressalvas que preservam as faces e, dessa forma, gerenciam a formação de impressões; todos estão relacionados a falácias argumentativas semelhantes, fazem seleções lexicais semelhantes quando falando sobre Eles ou usam as mesmas metáforas para enfatizar algumas de suas (ruins) características. Todas essas estruturas, em níveis diferentes e de diferentes gêneros da elite, contribuem para a estratégia global de autoapresentação positiva e outro-apresentação negativa. Vimos que são precisamente tais estruturas que podem ser derivadas de estruturas mentais semelhantes e direcionadas para a construção dessas estruturas mentais, isto é, atitudes negativas e ideologias sobre minorias e imigrantes. E, uma vez entre as elites, como também entre a população em geral, tais cognições dominantes de grupo irão inspirar, mais uma vez, discursos e práticas sociais negativos, e podemos começar a compreender como o discurso, e especialmente os discursos públicos da elite, é crucialmente envolvido na reprodução do racismo.

(Tradução: Leonardo Mozdzenski e Judith Hoffnagel)

O discurso e a negação do racismo

Discurso e racismo

Uma das características centrais do racismo contemporâneo é a sua negação, ilustrada de modo típico nas conhecidas ressalvas do tipo "não tenho nada contra negros, mas...". Este capítulo examina as estratégias discursivas, bem como as funções cognitivas e sociais, dessa e de outras formas de negação em diferentes gêneros orais e escritos a respeito de questões étnicas e raciais.

Este estudo está inserido, na Universidade de Amsterdã, em um programa de pesquisa interdisciplinar que trata da reprodução do racismo por meio do discurso e da comunicação. Neste programa de pesquisa, têm sido desenvolvidos diversos projetos que analisam conversações espontâneas, livros didáticos, notícias jornalísticas, discursos parlamentares e outras formas de comunicação pública e organizacional (van Dijk, 1984a, 1987a, 1987b, 1991).

A ideia orientadora subjacente a esta pesquisa é a de que os preconceitos étnicos e raciais são predominantemente adquiridos e partilhados dentro do grupo branco dominante, através da conversação cotidiana e da escrita e da fala institucional. Tal discurso serve para expressar, transmitir, legitimar ou, na realidade, ocultar ou negar essas atitudes étnicas negativas. Portanto, uma abordagem analítica do discurso, sistemática e sutil, deveria ser capaz de reconstruir essas cognições sociais acerca de outros grupos.

Assume-se ainda nesse programa de pesquisa que a fala e a escrita sobre minorias, imigrantes, refugiados ou, mais genericamente, sobre pessoas de cor ou povos e nações do Terceiro Mundo também exercem funções sociais, políticas e culturais mais amplas. Além da autoapresentação positiva e da outro-apresentação negativa, tal discurso sinaliza pertença ao grupo, lealdade a grupos brancos e, de modo mais geral, variadas condições para a reprodução e predominância do grupo branco em praticamente todos os domínios sociais, políticos e culturais.

O aparato teórico que organiza este programa de pesquisa é complexo e multidisciplinar. Descrições sistemáticas da escrita e da fala exigem uma teoria explícita do discurso. Estabelecer relações entre estruturas discursivas e representações mentais, tais como modelos, atitudes e ideologias sobre eventos étnicos, grupos e organização étnica da sociedade e da cultura, pressupõe uma sofisticada psicologia da cognição social. E um estudo das funções do discurso na reprodução da dominação de grupos brancos deve realizar-se dentro da perspectiva mais ampla de uma teoria social e cultural do racismo e do etnicismo.

Essa abordagem multidisciplinar sobre o papel do discurso e da comunicação na reprodução do racismo opera primeiramente no micronível das interações, do discurso e das cognições sociais situadas no cotidiano dos membros individuais de cada grupo. Em segundo lugar, esse micronível da "realidade" do racismo "implementa" as estruturas e os processos globais de dominação e desigualdade no meso e macronível dos grupos, formações sociais, bairros, instituições, empresas e até mesmo de nações e regiões inteiras do mundo. Ao mesmo tempo, o estudo da interdependência entre micro e macroestrutura do racismo também exige uma análise das relações entre cognição e ação, isto é, no micronível, a relação entre os modelos mentais e as práticas dos membros dos grupos e, no macronível, entre as atitudes e ideologias sociais dos grupos, por um lado, e as estruturas sociais, por outro.

Outra hipótese importante que emerge da pesquisa anterior é que as elites políticas, midiáticas, acadêmicas, corporativas e outras desempenham um papel importante na reprodução do racismo. São elas que possuem ou controlam o acesso a vários tipos de discurso público, têm o maior interesse em perpetuar o domínio do grupo branco e geralmente são também mais eficientes em formular de forma convincente suas opiniões étnicas. Embora haja naturalmente uma interação contínua entre as formas de racismo populares e da elite, uma análise de diversas formas de discurso sugere que as elites, em muitos aspectos, "pré-formulam" os tipos de crenças étnicas que às vezes se tornam mais óbvias em algumas versões correntes entre as pessoas. De fato, muitas formas mais "sutis", "modernas", "cotidianas" ou "novas" de racismo cultural ou etnicismo, examinadas a seguir, são retiradas do discurso da elite (para mais detalhes, ver van Dijk, 1987g, 1992b). Essa hipótese não elimina a possibilidade de que grupos de elite (menores, de oposição) também desempenhem um papel relevante na pré-formulação de ideologias antirracistas.

Dentro desse complexo aparato teórico, nossas pesquisas anteriores sobre a escrita e a fala investigaram, entre outras estruturas, tópicos dominantes do discurso, esquemas textuais (por exemplo, os relacionados com a narração de histórias e a argumentação), bem como os movimentos semânticos localizados (como as ressalvas mencionadas anteriormente), estilo, retórica e propriedades específicas da interação conversacional.

Sugerimos anteriormente que um dos resultados das pesquisas anteriores foi que, na fala e escrita sobre minorias étnicas ou raciais, muitas pessoas brancas adotam uma dupla estratégia: por um lado, uma estratégia de autoapresentação positiva e, por outro, formas sutis, indiretas e às vezes bastante explícitas da outro-apresentação negativa. De fato, a depreciação de quem não faz parte do grupo raramente acontece desacompanhada de expressões de favorecimento aos membros do grupo ou de preservação social das faces, especialmente no discurso público.

A NEGAÇÃO DO RACISMO

A negação do racismo é uma das atitudes incluídas na estratégia de apresentação positiva dos membros do grupo. As normas e valores gerais, se não a própria lei, proíbem formas (explícitas) de preconceito e discriminação étnica, e a maioria dos membros do grupo branco tanto estão conscientes das restrições sociais como, até certo ponto, compartilham e reconhecem essas restrições (Billig, 1988). Consequentemente, até mesmo o discurso racista mais explícito encontrado em nossos dados, costumeiramente, apresenta negações ou pelo menos mitigações do racismo. De modo interessante, descobrimos que exatamente o discurso mais racista tende a incluir ressalvas e outras formas de negação. Isso sugere que os usuários da língua que proferem coisas negativas sobre as minorias estão bem conscientes do fato de que podem ser interpretados como infratores da norma social de tolerância e aceitação.

As negações do racismo e formas semelhantes de autoapresentação positiva apresentam tanto uma dimensão *individual* como *social*. A maioria dos falantes brancos não somente se sentem ofendidos por serem individualmente percebidos como racistas, mas também, e de forma mais importante, tais estratégias podem ao mesmo tempo visar a defesa do grupo como um todo: "Não somos racistas"; "Não somos uma sociedade racista".

Enquanto a primeira forma de negação, a individual, é característica das conversações informais do dia a dia, a segunda é típica do discurso público, por exemplo, da política, da mídia, da educação, das empresas e de outras organizações. Uma vez que o discurso público potencialmente alcança uma grande audiência, é essa forma social de negação que se torna mais influente e, por consequência, também mais perniciosa: é o discurso social da negação que persuasivamente contribui para a construção do consenso branco dominante. Poucos membros do grupo branco teriam motivo ou interesse de duvidar ou, muito menos, de se opor a tal alegação.

A preservação de faces e a autoapresentação positiva são fenômenos bastante conhecidos na pesquisa em psicologia social, sociologia e comunicação, e fazem parte de uma estratégia global de gerenciamento da imagem (Brewer, 1988; Brown e Levinson, 1987; Goffman, 1959; Schlenker, 1980; Tedeschi, 1981). Na interação, as pessoas tentam agir e, consequentemente, falar de tal modo que seus interlocutores construam a "imagem" mais positiva possível a respeito delas, ou pelo menos tentam evitar uma imagem negativa (Arkin, 1981).

Teoricamente, impressões são representações de pessoas, ou seja, esquemas mentais que delineiam um conjunto organizado de categorias pelas quais se é julgado, normalmente com referência a várias dimensões e diversas normas, interesses ou critérios sociais. Esses julgamentos podem ser locais ou situacionais e podem pertencer a ações ou cognições correntes, mas também podem dizer respeito às características mais permanentes da "personalidade" de um indivíduo, independentemente de contexto.

Pode-se presumir que, embora desejem evitar uma imagem negativa em toda e qualquer situação, as pessoas provavelmente estão mais ansiosas em evitar uma avaliação negativa geral sobre sua personalidade do que evitar um julgamento negativo sobre um determinado ato, em uma determinada situação. Ser categorizado como "racista" ou mesmo como "intolerante" pressupõe uma característica pessoal mais duradoura, tratando-se, portanto, de um julgamento particularmente mais ameaçador das faces. Daí que, quando os falantes enfatizam que "não têm nada contra negros" (ou outros grupos minoritários), tais ressalvas concentram-se em uma atitude mais permanente, e não em uma opinião (negativa) específica que esteja sendo expressa a respeito de um determinado membro de outro grupo ou sobre alguma ação ou evento étnico ou racial específico.

Assim, o que tais ressalvas procuram fazer é bloquear inferências dessa instância específica para uma imagem mais geral. Afinal, uma opinião negativa específica sobre um determinado membro de um grupo étnico ou sobre um determinado ato pode muito bem ser considerada justificável, ao passo que uma opinião negativa mais geral sobre minorias étnicas pode ser vista como constitutiva de uma atitude racista.

Nesse último caso, uma atitude negativa seria considerada aceitável somente quando dissesse respeito a uma característica específica do grupo, por exemplo, quando se supõe que os refugiados muitas vezes entram no país ilegalmente, ou quando os negros são vistos como "pouco motivados" para obter uma boa educação ou para conseguir um emprego. Nesse caso, o julgamento pode ser fundamentado pela referência a (alegadas) ações ou atitudes negativas do grupo em questão. Consequentemente, quando tais avaliações negativas são qualificadas como "racistas", não surpreende que o racismo seja enfaticamente negado.

Vemos a seguir que em tais casos a acusação frequentemente é revertida: a pessoa que acusa o outro de racista é, por sua vez, acusada de racismo às avessas contra os brancos, de ser excessivamente sensível ou exagerada, intolerante, e de estar "vendo racismo onde ele não existe", como os jornais britânicos de direita costumam dizer (van Dijk, 1991). As acusações de racismo, então, logo tendem a ser encaradas como infrações sociais mais sérias do que as próprias ações ou atitudes racistas, por exemplo, porque perturbam a solidariedade do grupo e seus encontros. A sensação é que essas acusações prejudicam o "clima" das interações e situações. Além disso, considera-se que tais acusações impõem tabus, restringem a liberdade de expressão e uma avaliação "verdadeira" ou "honesta" da situação étnica. Em outras palavras, as negações do racismo costumeiramente se transformam em contra-acusações de antirracismo intolerante e intolerável.

Percebemos que as negações assumem muitas formas, cada uma com suas funções cognitivas, emocionais, sociais, políticas e culturais. Há negações situacionais e gerais, pessoais e grupais. Embora as pessoas que falam sobre outros grupos geralmente o façam como membros dos grupos dominantes, pode muito bem haver tensões entre as opiniões individuais e as opiniões partilhadas pelo grupo. Quem nega ser racista geralmente deixa implícito que concorda com a norma geral e oficial do grupo (que proíbe o racismo) e que, portanto, é um cidadão decente. Tais ressalvas individuais normalmente pressupõem que o grupo como um todo não é racista.

Por outro lado, pode haver situações em que indivíduos neguem opiniões ou práticas racistas, embora reconheçam que o grupo como um todo, ou pelo menos uma parte dos seus membros, pode não compartilhar essa tolerância. Contudo, essa combinação de negações/admissões é rara, já que criticar o próprio grupo pode ser uma estratégia característica de antirracistas (Taguieff, 1988), enquanto as negações de racismo são mais típicas de opiniões racistas. De outro modo, negações individuais de racismo podem ser feitas estrategicamente pela comparação com "outros", por exemplo, com vizinhos ou clientes, assumindo a forma de uma atitude de *transferência*: "Não tenho nada contra eles, mas você sabe que meus clientes não gostam de tratar com empregados negros...".

Dessa forma, o próprio ato de negação se apresenta em diferentes disfarces. Geralmente, a negação faz parte de uma estratégia de *defesa* e pressupõe acusações explícitas ou implícitas. Nesse caso, as pessoas podem negar ter participado de ações condenáveis, ter infringido a lei ou alguma norma social, ou possuir alguma característica negativa de personalidade, acusações essas que *de fato* estão sendo feitas por um dado interlocutor. Por outro lado, as negações também podem ser preventivas, como nos casos de autoapresentação positiva ou preservação de faces, ou seja, podem se concentrar em *possíveis* inferências do interlocutor.

Teoricamente, analisa-se a ação como uma combinação de cognição (intenção) e atividade. Alguém pode admitir a participação em uma ação que pode ser interpretada como negativa, mas ao mesmo tempo não admitir sua contrapartida cognitiva: "eu não queria dizer isso". Isto é, em estratégias de defesa, a condição central da responsabilidade pelo ato negativo reside nas intenções: as boas intenções são vistas como implementações de boas atitudes e, consequentemente, como características da boa cidadania.

Essa distinção entre intenção e atividade também permeia muitos aspectos do código penal e faz distinção, por exemplo, entre assassinato e homicídio culposo. A intenção e, especialmente, a participação premeditada e deliberada em violações criminais constituem uma condição no mínimo agravante do crime. Por outro lado, acidentes, incidentes, atos praticados "no calor do momento" ou emocionalmente induzidos e ações semelhantes, não planejadas, são parcialmente escusáveis e, consequentemente, tidas como menos graves. Por definição, isso acontece de modo especial na interação espontânea do dia a dia.

Observe que as negações de intenção, como podemos chamá-las, são estrategicamente muito eficazes, uma vez que o acusador não tem muito como provar intenções negativas. É o que acontece particularmente em julgamentos sobre discriminação, em que se torna muito difícil provar que a ação negativa não foi cometida por motivos outros, mais aceitáveis. Por exemplo, um jornal pode publicar, repetidamente e com grande destaque, matérias sobre crimes cometidos por minorias, mas ao mesmo tempo defender essa prática através da alegação de que está publicando "a verdade". Dessa forma, nega que tenha opiniões preconceituosas sobre crimes cometidos por minorias e que esteja, assim, disseminando tais preconceitos com a intenção de desacreditar as minorias e incitar o ódio racial. Esse é um dos casos mais clássicos de racismo da mídia (van Dijk, 1991).

Por outro lado, embora os crimes cometidos intencionalmente, em geral, sejam avaliados como mais graves, presume-se que as pessoas tenham controle sobre suas ações e, consequentemente, sobre suas intenções. Isso pode significar, por exemplo, que as pessoas são responsáveis pelas *possíveis* consequências de suas ações, ainda que tais consequências não correspondam aos reais propósitos dessas ações. Quer dizer, se puder ser demonstrado que as pessoas tinham como saber que seus atos teriam consequências negativas, então elas serão pelo menos parcialmente responsáveis por tais consequências, especialmente nos casos em que estas não ocorreriam sem suas ações. Por exemplo, um político que dá uma entrevista criticando o mau uso de recursos públicos por minorias sabe que tais alegações serão publicadas e que essa publicação pode reforçar juízos negativos por parte da audiência da mídia. Esse político pode negar a intenção ou propósito discriminatório e alegar que só pretendia "dizer a verdade".

Em outras palavras, temos até agora os seguintes tipos de negação:

1. negação do ato ("Eu não fiz/não disse isso de jeito nenhum").
2. negação do controle ("Eu não fiz/não disse aquilo de propósito"; "Foi um acidente").
3. negação da intenção ("Eu não quis dizer isso"; "Você entendeu errado").
4. negação do propósito ("Eu não fiz/não disse isso para...").

Nesse último caso, também há uma negação da responsabilidade: se houve consequências negativas, eu não tive controle sobre elas. Já sugerimos que a mídia, em especial, rotineiramente nega responsabilidade pelo que a audiência pode fazer com os conteúdos transmitidos. Teórica, legal e moralmente, essas são as dimensões mais difíceis da negação do racismo. Na maioria dos casos, serão necessários repetidos atos/textos da mesma espécie, em diferentes situações, além da eventual manifestação de planos, intenções ou objetivos, para que se possa "provar" seu caráter negativo. Não surpreende, portanto, que também em ações contra a discriminação as intenções sejam às vezes declaradas irrelevantes, e que as pessoas sejam julgadas apenas pelas consequências (estatísticas) diretas ou mesmo indiretas de suas ações.

Outra forma de negação diz respeito aos tipos de atos que podem ser categorizados como *mitigações*, tais como amenizar, minimizar ou empregar eufemismos ao descrever as próprias ações negativas: "Eu não o ameacei, apenas fiz uma advertência amigável"; "Eu não a insultei, apenas dei a minha opinião sincera" etc. Estratégias de mitigação são particularmente importantes em situações sociais nas quais as normas relevantes são mais fortes. Desse modo, podemos presumir que quanto mais rígidas forem as normas contra a discriminação e o racismo mais pessoas tenderão a recorrer a negações e também a mitigações.

De fato, a própria noção de "racismo" pode tornar-se um tabu em contextos acusatórios, em virtude de suas fortes conotações negativas. Se vier a ser utilizada no discurso público, na mídia, por exemplo, essa noção será tipicamente posta entre aspas ou precedida de marcadores de dúvida ou de distância, tais como "suposto", sinalizando tratar-se possivelmente de uma acusação sem garantias, ou mesmo tola, feita pelas próprias minorias ou por (outros) antirracistas. Atos em que o racismo é inegável tendem a ser descritos como "discriminação", "preconceito", "estereótipo", "viés" ou "motivação racial", mas não como "racismo". Geralmente, os conceitos de "racismo" e "racista", no discurso público europeu ou norte-americano, são reservados para os *outros*, como os extremistas, direitistas, grupos marginais e partidos fora do consenso, por exemplo. A ideia de "racismo" também pode ser usada para referir-se a práticas racistas que ainda ocorrem em outros países ou como ocorreu no passado, como o *apartheid* na África do Sul ou a escravidão, reconstrução e segregação nos Estados Unidos. Como um conceito genérico que denota um sistema completo de desigualdade, exclusão ou opressão racial e étnica nas sociedades ocidentais, o racismo é usado fundamentalmente por grupos minoritários ou outros antirracistas. Em outras palavras, o uso de eufemismos pressupõe a negação do racismo sistêmico no interior do grupo ou na sociedade dominante. Isso também acontece em grande parte do discurso acadêmico sobre relações étnicas (Essed, 1987).

Note que essa negação do racismo pode ser atribuída parcialmente ao fato de que o conceito de racismo (ainda) é amplamente entendido no sentido clássico e ideológico que vê os outros grupos étnicos ou raciais como inferiores ou como práticas oficiais e institucionais explícitas, como no caso do *apartheid* (Miles, 1989). As formas mais "modernas", sutis e indiretas de desigualdade étnica ou racial, e especialmente o "racismo", ou melhor, o "etnicismo" baseado em construções das diferenças e em incompatibilidades culturais, raramente são classificadas como "racismo", e sim como xenofobia ou, mais frequentemente, como legítima autodefesa cultural (Barker, 1981; Dovidio e Gaertner, 1986).

Além da negação propriamente dita, existe ainda uma série de estratégias cognitivas e sociais que de uma forma ou de outra estão relacionadas às negações. A primeira estratégia é a *justificativa*, como já vimos no caso do jornal, que explica a atenção especial dada aos crimes cometidos por minorias, apelando para a verdade ou para o direito que os leitores têm de serem informados. De modo semelhante, na conversação cotidiana, as pessoas podem justificar o ato ou o discurso negativo referente a um membro de grupo minoritário caracterizando-o como um ato de legítima defesa, ou explicando que a outra pessoa realmente era culpada e, portanto, merecia uma reação negativa. Em outras palavras, nesse caso, o ato não é negado, mas nega-se seu caráter preconceituoso e afirma-se explicitamente que ele foi justificado (para detalhes, ver Antaki, 1988; Scott e Lyman, 1968; Tedeschi e Reiss, 1981).

Semelhantemente, atos negativos podem ser reconhecidos como tais, mas ao mesmo tempo *escusados* (Cody e McLaughlin, 1988). Neste caso, pelo menos parte da culpa pode ser posta, em circunstâncias especiais ou preferencialmente, em terceiros. Proprietários de clubes podem admitir discriminação contra negros ao impedir sua entrada, mas podem alegar que naquela circunstância já havia muitos outros negros no clube. É o que acontece rotineiramente nos debates sobre imigração em um nível político mais elevado: não permitimos a entrada de mais imigrantes ou refugiados porque queremos evitar o agravamento das tensões étnicas nas *inner cities.* * O último caso pode realmente ser apresentado como uma justificativa, e não como uma desculpa, pois o ato de recusar a entrada não é admitido como ato negativo, mas como privilégio constitucional do Estado.

Estratégias mais fortes de escusa consistem em alegar *provocação* e *culpa da vítima*. Desse modo, a polícia pode se sentir justificada por agir com rigor contra jovens negros, como acontece em muitas cidades europeias e americanas, em virtude de supostas provocações, consumo de drogas ou outras ações negativas estereotipicamente atribuídas a jovens negros. As políticas de governo, tanto na Europa como nos EUA, normalmente justificam ou toleram medidas rigorosas contra minorias alegando que a culpa é das próprias minorias: falta de integração, não aprendizagem da língua, falta de motivação para encontrar emprego e desvio cultural estão entre as culpas alegadas. O desemprego, o fracasso escolar, as condições miseráveis de habitação e a dependência dos programas sociais, entre outros fatores, são costumeiramente atribuídos a características negativas das próprias vítimas. Observe que essas estratégias mais fortes geralmente implicam a negação do fracasso das próprias políticas públicas.

---

* N.T.: *Inner cities* designa o centro da cidade, mais antigo, onde se concentram as populações de baixa renda, minorias etc.

Finalmente, a forma mais radical de negação é a *reversão*: *nós* não somos culpados de nenhum ato negativo, *eles* é que são. Ou: *nós* não somos racistas, eles é que são os *verdadeiros* racistas. Esse tipo de reversão é a carta na manga da direita radical, embora versões menos extremas também ocorram no anti-antirracismo mais moderado (Murray, 1986). É assim que os tabloides ingleses, como veremos adiante, tendem a acusar os antirracistas de intrometidos intolerantes e os verdadeiros racistas. Similarmente, a Frente Nacional Francesa tipicamente acusa de envolvimento em racismo antifrancês quem não é contrário à imigração de não europeus. De modo mais generalizado, os antirracistas tendem a ser representados como os verdadeiros intolerantes, já que levianamente acusam de racismo cidadãos inocentes e de bem (isto é, nós). Percebemos que as reversões não são mais formas de defesa social, e sim parte de uma estratégia de (contra)ataque.

Funções políticas e socioculturais

Embora se manifeste normalmente no micronível da organização social, na conversação cotidiana e na comunicação interpessoal, a negação do racismo não tem apenas funções individuais. Temos visto que as pessoas negam, mitigam, justificam ou escusam atos negativos contra minorias, a fim de enfatizar sua concordância com a lei e as normas e de acentuar seu papel como cidadãs competentes e decentes. Ou seja, mesmo em situações interpessoais, a dimensão moral da negação detém pressupostos sociais. Não faria sentido negar atos racistas como transgressão moral ou legal se o grupo ou a sociedade como um todo concordasse conosco, como é/foi o caso durante a política oficial de *apartheid* na África do Sul, ou durante o período de reconstrução e segregação na história dos Estados Unidos. De fato, de maneira mais genérica, pode-se dizer que quanto mais o racismo, etnicismo ou etnocentrismo forem abertamente defendidos ou legitimados pelas elites e pelas principais instituições sociais menos negações e desculpas por atos ou discursos racistas serão encontradas.

Contudo, nas sociedades europeia e norte-americana atuais, em que a discriminação e o racismo foram oficialmente banidos, e onde foram desenvolvidas normas que não toleram expressões explícitas de ódio a grupos marginalizados, a negação assume um papel bem mais proeminente no discurso sobre questões étnicas. Já sugerimos que isso não diz respeito apenas ao nível pessoal. Também grupos, instituições ou entidades como um todo, nos meso e macroníveis de organização social, podem se envolver com essas estratégias de negação. Nesse caso, as negações assumem a forma de uma opinião compartilhada, como um consenso sobre a situação étnica. Por exemplo, já que a discriminação e o racismo estão legal e moralmente proibidos, a maioria dos países ocidentais partilha a crença oficial de que *consequentemente* essas atitudes não existem mais como característica estrutural da sociedade ou do Estado. E se ainda existem, a discriminação e o preconceito são tratados como incidentes ou desvios, algo que deveria ser atribuído a indivíduos e punido no nível individual. Em outras palavras, o racismo institucional ou sistêmico é negado.

Portanto, a autoapresentação positiva e a preservação de faces não se limitam a indivíduos, mas também caracterizam, e talvez ainda mais fortemente, o discurso mais público das instituições e organizações. As universidades norte-americanas costumeiramente afirmam em suas logomarcas que são empregadoras favoráveis a "oportunidades iguais" não só porque tais práticas empregatícias são determinadas pela lei, mas também porque é uma boa política de relações públicas. As organizações, assim como os indivíduos, não desejam ser conhecidas como racistas pelos seus empregados, entre seus clientes ou diante do público em geral. Além do mais, a tolerância étnica e racial, e até mesmo a ação afirmativa, são símbolos de progresso social e de modernidade que, por associação, podem ser relacionados com a qualidade dos produtos ou serviços de uma organização. Obviamente, isso é mais literalmente verdadeiro quando as organizações empregam membros altamente talentosos de grupos minoritários, os quais podem melhorar a qualidade de produtos e especialmente de serviços para uma clientela crescente de minorias. Nesse caso, o interesse próprio pode muito bem ser coerente com as ideologias de política social.

Contudo, as políticas sociais podem entrar em conflito com interesses e ideologias organizacionais ou empresariais, a exemplo das formas mais importantes de ação afirmativa como as cotas. Nesse caso, outros valores, tais como a livre iniciativa e especialmente a competitividade econômica, se colocam contra os valores subjacentes à política social. A oposição às quotas, consequentemente, é negada de forma mais enfática como expressão de discriminação ou racismo porque se considera que contribuem para diminuir em vez de aumentar a qualidade, além de ser uma forma inaceitável de favorecimento de grupos. Assim, finalmente, também em organizações estatais ou empresariais, a aceitação de ações afirmativas que se movem dentro de fronteiras estritas, definidas pelos interesses e pelo poder das elites (brancas) que as controlam.

As funções sociais da negação institucional do racismo são óbvias. Se as democracias liberais da Europa e dos Estados Unidos cada vez mais têm adotado leis e normas que pressupõem e garantem igualdade e liberdade, se não fraternidade para todos; as desigualdades étnicas ou raciais implicadas pela discriminação ou pelo racismo seriam inconsistentes com as ideologias oficiais. Em vez de reconhecer essa "imperfeição", é mais vantajoso negar tal inconsistência fundamental, ou pelo menos explicá-la como incidental e individual, culpar as vítimas ou caracterizá-la como um fenômeno temporário de transição, por exemplo, no que diz respeito a novos imigrantes.

Se entendermos o racismo como um sistema de dominação racial ou étnica, é provável que a sua negação também tenha um papel proeminente na sua própria reprodução. De fato, é isso o que acontece. A dominação e a desigualdade suscitam resistência. Entretanto, quando o consenso dominante é o de que não existe racismo, os grupos minoritários, com seus protestos e outras formas de resistência, encontram uma grande dificuldade de serem levados a sério (Essed, 1991). Em sistemas de *apartheid* e de segregação oficialmente sancionadas, tudo é tão evidente e a diferença de poder é tão gritante que o inimigo se torna muito bem definido e a resistência é muito bem focalizada.

Contudo, nas sociedades modernas, cada vez mais pluralistas, que possuem leis e até normas correntes contra o preconceito, a discriminação e o racismo (explícitos), as coisas não são bem assim. Se a tolerância é promovida como um mito nacional, como no caso da Holanda, desafiar as desigualdades remanescentes, agir de forma unificada e ganhar credibilidade e apoio do grupo dominante (branco) se torna muito mais difícil para os grupos minoritários. Na realidade, as minorias provavelmente serão tidas como demasiadamente sensíveis, exageradas ou exigentes. Quanto mais flexível for o sistema de desigualdade mais difícil será lutar contra ele.

Portanto, o consenso branco que nega a existência do racismo constitui um elemento bastante poderoso para a sua reprodução, especialmente porque uma resistência bem sucedida requer atenção pública, cobertura da mídia e pelo menos um reconhecimento parcial das reivindicações. Se as lideranças políticas e a mídia se recusarem a reconhecer a existência de um problema grave, não haverá um debate amplo nem mudança da opinião pública e, consequentemente, nenhuma modificação no sistema de relações de poder. Em casos dessa natureza, as mudanças só entrarão na ordem do dia pela criação ativa de certos "problemas" públicos que não possam mais ser negligenciados, tais como manifestações ou mesmo "tumultos". Outros problemas sérios, como os elevados índices de desemprego ou o "baixo nível" educacional das minorias, podem até ser reconhecidos pelas elites, mas é costume negar que isso tenha qualquer coisa a ver com racismo. A "discriminação ocasional e involuntária" será considerada apenas um elemento marginal em tais problemas sociais.

Podemos perceber que as funções sociais da negação do racismo estão intimamente relacionadas com as funções políticas. O processo de tomada de decisão, estabelecimento de agenda e gerenciamento da opinião pública, tanto em âmbito nacional como local, favorece uma definição da situação étnica ou racial em que o elemento do "racismo" é cuidadosamente eliminado, simplesmente porque isso implica que o verdadeiro problema somos *nós*, e não *eles*. Assim, imigração, emprego, educação e políticas sociais precisam estar fundamentadas em uma ideologia que combine habilmente valores humanitários com interesses particulares.

Ao ser atribuído seletivamente à direita radical, o racismo é negado como característica do grupo dos cidadãos brancos moderados e ao mesmo tempo apresentado como algo que pode ser administrado, por exemplo, pela punição ocasional aos racistas mais radicais da ala direita. Reconhecer a existência de muitas formas sutis de racismo disseminadas no cotidiano social significaria dar apoio a uma forma de análise sociopolítica que não se sustenta mais: se isso é verdade, como se pode mudar a situação? Afinal de contas, já temos leis contra a discriminação e, se elas não funcionam adequadamente, o que mais podemos fazer para mudar a "mentalidade" do povo? O resultado dessas complexas estruturas subjacentes à tomada de decisões políticas é a combinação da negação generalizada com reconhecimentos ocasionais de "exceções" à regra, mais gritantes.

Vemos que a negação do racismo é não só uma parte da estratégia de gerenciamento da imagem pessoal, institucional ou social e da autodefesa ideológica, mas também uma forma de gerenciamento sociopolítico. A negação ajuda a controlar a resistência e, ao mesmo tempo, permite que os problemas políticos de uma sociedade étnica e racialmente pluralista sejam mais administráveis. Em suma, a negação é uma estratégia central de gerenciamento.

Finalmente, podemos indagar se a negação do racismo também possui funções culturais mais específicas. Obviamente, uma vez que diferentes grupos e suas respectivas culturas estão envolvidos, e uma vez que o racismo também requer definição em termos de hegemonia cultural, sua negação igualmente deveria apresentar dimensões culturais. Uma dessas dimensões é a combinação entre negação do racismo ou etnocentrismo com a autoafirmação de tolerância, que é um dos traços da cultura "ocidental" contemporânea. Da mesma forma que a democracia, a tecnologia, o cristianismo e os valores ocidentais, pelo menos implicitamente, são apresentados em livros didáticos, no discurso político e na mídia como superiores a outras culturas, também a "tolerância" ocidental é contrastada, por exemplo, com culturas intolerantes; como o fundamentalismo muçulmano (Said, 1981), especialmente na atualidade.

O discurso ocidental durante o caso Rushdie é um exemplo muito claro. O debate político no decorrer da polêmica não se concentrou somente na liberdade de expressão e das artes, mas ao mesmo tempo em estereótipos a respeito dos elementos fundamentalistas ou até "fanáticos" da cultura islâmica. Foi enfaticamente negado que o racismo antiárabe tenha cumprido um papel de destaque no debate, por exemplo, pela alegação da universalidade dos valores ocidentais. Em outras palavras, da mesma forma que pessoas brancas podem negar o racismo e ao mesmo tempo se apresentar como cidadãos tolerantes, a cultura ocidental como um todo também pode negar o racismo ou o etnocentrismo e enfatizar a tolerância.

Que tais alegações culturais estejam intimamente ligadas ao gerenciamento das políticas mundiais, como se viu também durante a Guerra do Golfo, não precisaria nem ser dito. É o que acontece também, de forma mais genérica, no gerenciamento das relações entre Norte e Sul, por exemplo, por meio de estratégias de negação do neocolonialismo ou do imperialismo, por interesse próprio nas ações de ajuda internacional e pela afirmação do papel de "liderança" do mundo ocidental. Em resumo, a negação ocidental do racismo e do etnocentrismo, com suas implicações sociais, políticas e culturais, desempenha um papel que abrange desde o nível das relações interpessoais até o nível global das relações interculturais e internacionais. Em todos os níveis, essa negação funciona essencialmente para administrar a resistência, a dissidência e a oposição, servindo dessa forma como uma estratégia de reprodução da hegemonia (Lauren, 1988).

A CONVERSAÇÃO

A conversação cotidiana está no âmago da vida social. Quer seja em situações informais, com membros da família ou amigos, ou no trabalho com colegas e clientes, ou dentro de uma infinidade de instituições, a conversa informal constitui um modo importante de interação social. Ao mesmo tempo, a conversação é um dos grandes canais sociais de "processamento de informações" e fornece o contexto para a expressão e transmissão persuasiva de crenças e conhecimentos compartilhados.

Em sociedades etnicamente mistas, os grupos minoritários e as relações étnicas constituem um tema central da conversação diária. Quer seja pela experiência pessoal direta, quer indiretamente pela mídia, as pessoas brancas da Europa e dos Estados Unidos aprendem sobre minorias e imigrantes, formulam suas próprias opiniões e, desse modo, informalmente reproduzem – ou desafiam, eventualmente – o consenso dominante a respeito de questões étnicas por meio das conversas informais do dia a dia.

Nossa extensa pesquisa em análise do discurso sobre a natureza da conversação cotidiana a respeito de temas étnicos, baseada em cerca de 170 entrevistas realizadas na Holanda e na Califórnia, mostra que essa conversação apresenta um certo número de propriedades bastante consistentes (van Dijk, 1984a, 1987a):

1. Os temas são selecionados entre um pequeno leque de assuntos e se concentram em diferenças, desvios e competições socioculturais. A maior parte dos temas diz respeito, explícita ou implicitamente, a "ameaças" interpessoais, sociais, culturais ou econômicas contra o grupo branco, sociedade ou cultura dominante.
2. Os assuntos não se concentram, como seria de costume, em variedades, mas se realizam dentro de um enquadre argumentativo. Os casos em foco servem como fortes (porque baseados em experiência pessoal)

premissas para uma conclusão geralmente negativa: "Não temos esse costume por aqui"; "eles deveriam aprender nossa língua"; "o governo devia fazer alguma coisa sobre isso".

3. O estilo, a retórica e a interação conversacional, em geral, denotam uma distância crítica, quando não atitudes negativas em relação às minorias ou à imigração. Contudo, as normas correntes de tolerância controlam as expressões de avaliação de tal forma que o discurso com estrangeiros (como entrevistadores) geralmente será amenizado. A agressão verbal explícita tende a ser evitada.
4. No geral, os falantes adotam uma dupla estratégia de autoapresentação positiva e de outro-apresentação negativa.

Também é dentro dessa última estratégia que ressalvas como "não tenho nada contra árabes, *mas...*" exercem suas funções específicas (Scott e Lyman, 1968). Tal negação pode ser classificada como "aparente", pois não é apoiada por evidências de que o falante realmente não tem nada contra "eles". Pelo contrário, a negação muitas vezes serve como um movimento de preservação de faces para introduzir uma asserção geralmente negativa, seguida do invariável *mas*, às vezes acentuado, como no exemplo abaixo, de uma mulher holandesa:

(1) É... como eles são etc., está tudo bem, as pessoas têm sua própria religião, têm seu próprio jeito de viver, e eu não tenho *absolutamente* nada contra isso, *mas* a verdade é que se a maneira deles viverem começa a ser *tão* diferente da minha...

Falando sobre o tópico central da diferença cultural, a negação enfatiza a tolerância relativa para tais diferenças, a qual, entretanto, é claramente restrita. As diferenças não deveriam ser tão grandes. Assim, por um lado, a mulher segue a norma da tolerância, mas por outro lado, ela se considera justificada por rejeitar aqueles que vão "longe demais". Em outras palavras, a negação pressupõe uma forma de aceitação social limitada.

Falantes mais conscientes da discriminação e do racismo, como no caso da Califórnia, chegam a ser mais explícitos a respeito das possíveis inferências de suas falas:

(2) Isso parece preconceituoso, mas eu penso que se os estudantes usassem somente o inglês...

O uso do inglês, um tema de destaque nas conversações "étnicas" nos Estados Unidos, pode ser exigido por muitas razões práticas, porém o falante percebe que, independentemente da qualidade dos argumentos que ele ou ela possa usar, ainda assim pode soar como uma forma de preconceito contra imigrantes. Naturalmente, o uso de "parece" implica que o falante não se considera realmente preconceituoso.

Uma das principais formas de negação na conversação diária é a negação da discriminação. Na realidade, da mesma forma como acontece na mídia de direita (ver a seguir), também aqui encontramos a reversão: nós é que somos as verdadeiras vítimas da imigração e das minorias. Eis algumas maneiras como as pessoas em Amsterdã formulam suas negações:

(3) É, eles têm sido explorados, pelo menos é o que eles dizem, sabe, mas... bem, eu não acredito nisso...

(4) Carrões, eles estão melhores do que nós. Se alguém está sendo discriminado, são nossos filhos. É isso que eu penso.

(5) E a única coisa que ela disse foi "estou sendo discriminada e todos os holandeses têm ótimas casas", bem isso é uma grande mentira, não é verdade.

(6) E eles dizem que estão sendo discriminados. Não é verdade.

(7) Olhe, sempre dizem que os estrangeiros estão sendo discriminados. Não, *nós* é que estamos sendo discriminados. É exatamente o contrário.

Em todas essas situações, os falantes mencionam o que eles consideram como ameaças ou mentiras da parte dos imigrantes: exploração, em (3); mentiras sobre a prosperidade, em (4); um programa de rádio em que uma mulher negra diz estar sendo discriminada, em (5); e serviços do bairro em (6) e (7). Na conversação, tais reversões podem ser ouvidas com mais frequência nos bairros operários, onde o crime é atribuído às minorias, ou onde se reclama de um pretenso favoritismo (por exemplo, na habitação). Os brancos pobres, então, se sentem vítimas de políticas sociais e urbanas inadequadas, mas, ao invés de culpar as autoridades ou os políticos, tendem a culpar os recém-chegados, os quais, aos seus olhos, estão diretamente ligados à mudança, isto é, a deterioração das condições de vida na cidade.

Portanto, se *eles* são definidos como responsáveis pela situação, esse papel é incoerente com a alegação de que *eles* sofrem discriminação (Phizacklea e Miles, 1979).

Observe que este consenso não é universal. Pode-se notar um comportamento negativo, mas sem generalização e com diferenças relevantes, quando se trata de jovens holandeses:

> (8) E isso também foi, bom, sinto muito, mas eles eram estrangeiros, aparentemente foram marroquinos que fizeram isso. Mas, pelo amor de Deus, todo jovem é agressivo, quer sejam turcos, holandeses ou surinameses, todos são agressivos. Especialmente por causa da discriminação... é... que temos aqui.

Aqui, a discriminação é revertida, e os jovens imigrantes são representados como vítimas da discriminação, que é usada para explicar e, por conseguinte, para justificar seus atos agressivos. Entretanto, tal fala é totalmente excepcional.

A IMPRENSA

Muitos eventos étnicos que as pessoas comentam na vida diária são conhecidos apenas pela mídia, e não pela experiência pessoal. Pelo menos até recentemente, em muitos lugares da Europa Ocidental, e até em algumas regiões da América do Norte, a maioria das pessoas brancas tinha poucos encontros face a face com membros de grupos minoritários. Portanto, as discussões do dia a dia podem enfocar crimes ou diferenças culturais sobre os quais eles leram na imprensa, e tais matérias são tomadas como prova para as atitudes negativas que os falantes têm sobre as minorias.

Nossa análise de milhares de notícias na imprensa britânica e holandesa (van Dijk, 1991) confirma amplamente as interpretações do senso comum dos leitores: uma análise de tópicos mostra que o crime, as diferenças culturais, a violência ("tumultos"), o bem-estar social e a problemática da imigração estão entre os temas mais recorrentes nas matérias sobre questões étnicas. Em outras palavras, existem paralelos claros entre os tópicos da conversação e os tópicos da mídia.

Globalmente, com algumas mudanças nas últimas décadas, o quadro dominante das minorias e dos imigrantes é um quadro de *problemas* (Hartmann e Husband, 1974). Desse modo, a imprensa conservadora e de direita tende a se concentrar nos problemas que, segundo se acredita, as minorias e os imigrantes criam (habitação, educação, desemprego, crime etc.), enquanto a imprensa mais liberal (também) se concentra nos problemas que as minorias enfrentam (pobreza, discriminação), mas em relação aos quais *nós* (liberais brancos) temos feito alguma coisa. Por outro lado, muitos temas rotineiros na cobertura a grupos, instituições e pessoas brancas tendem a ser ignorados, tais como sua contribuição para a economia, a organização política, a cultura e os tópicos que em geral caracterizam a vida diária das minorias e sua própria contribuição ativa para a sociedade como um todo. Assim, em muitos aspectos, exceto quando se envolvem em conflitos ou problemas, as minorias tendem a ser negadas pela imprensa (Boskin, 1980).

As práticas de coleta de notícias, bem como os padrões de citação, também mostram que as minorias e suas instituições têm literalmente pouco a dizer na imprensa. Na Europa, em especial, praticamente inexistem jornalistas entre as minorias, de modo que a perspectiva, o conhecimento interno, a experiência, as atitudes prevalecentes e fontes necessárias para os jornalistas tendem a ser inteiramente brancas, assim como as agências governamentais, a polícia e outras instituições que constituem as principais fontes de notícias na imprensa (van Dijk, 1987c, 1987b). Mesmo em eventos étnicos, os porta-vozes das minorias são menos citados, citados com menos credibilidade e, se forem citados, suas opiniões serão contrabalançadas com os comentários mais neutros dos porta-vozes brancos. Especialmente no que diz respeito a temas delicados, tais como a discriminação, o preconceito e o racismo, os representantes ou especialistas das minorias raramente são ouvidos de modo crível e autorizado. Se afinal forem ouvidos, tais citações serão apresentadas frequentemente como acusações sem fundamento ou até ridículas.

É nesse ponto que a estratégia global de negação encontra uma de suas manifestações discursivas nas reportagens da imprensa. Naturalmente, como se poderia esperar, há diferenças entre jornais liberais, conservadores e direitistas, nesse aspecto. Observe, entretanto, a quase inexistência de jornais explicitamente antirracistas na Europa e na América do Norte. A norma oficial, mesmo para a direita, é que todos somos contra o racismo, e, portanto, a mensagem global é que acusações graves de racismo são apenas delírios da imaginação.

Os jornais liberais, contudo, realmente dão atenção a relatos de discriminação explícita, por exemplo, no trabalho (ainda que *raramente* em suas próprias salas de redação ou reportagens); já no extremismo de direita essa questão é tratada criticamente, embora tal cobertura possa se concentrar em incidentes violentos ou de alguma forma dignos de atenção, e não propriamente em atitudes racistas. Dessa maneira, a desigualdade étnica ou racial é redefinida como marginal, isto é, individualizada ou fora do consenso. Assim, a imprensa liberal holandesa relata amplamente casos (acusações) de discriminação, e o mesmo acontece nos Estados Unidos. Na imprensa de direita, a discriminação também recebe cobertura, mas de uma perspectiva diferente. Aí, a discriminação geralmente é tratada como uma acusação absurda, preferencialmente contra pessoas comuns, ou dissimulada em explicações ou desculpas (o ato foi provocado).

Se a discriminação consegue uma ampla divulgação na imprensa, o mesmo não acontece com o racismo. De fato, a discriminação dificilmente é qualificada como manifestação de racismo. Um dos motivos é que o racismo ainda é frequentemente compreendido como uma ideologia de supremacia branca ou como um tipo de prática da extrema direita. Uma vez que a maior parte da imprensa não se identifica com a extrema direita, toda qualificação de práticas discriminatórias cotidianas como "racistas" é absolutamente rejeitada.

Para grande parte da imprensa, apenas os antirracistas veem esse racismo do dia a dia como racismo, o que resulta na marginalização dos antirracistas como um grupo radical ou maluco. Para boa parte da imprensa, pelo menos na Inglaterra, os verdadeiros inimigos são, portanto, os antirracistas: eles são intolerantes, antibritânicos, intrometidos e veem racismo em todo lugar, até em inocentes livros infantis e na imprensa.

Não surpreende, portanto, que reportagens sobre aspectos gerais do racismo na própria sociedade ou no próprio grupo tendem a ser raras, inclusive na imprensa liberal. Escritores, pesquisadores e grupos de ação antirracistas têm pouco acesso à mídia, e suas atividades ou opiniões tendem a ser mais ou menos cruelmente desprezadas, se não ridicularizadas. Além do mais, para a imprensa de direita, eles são a verdadeira causa dos problemas atribuídos a uma sociedade multicultural, pois não só atacam instituições respeitáveis (como a polícia, o governo ou o empresariado), mas também apresentam uma definição alternativa da situação étnica, completamente incompatível. É essa competição simbólica pela definição da situação e a batalha intelectual sobre a definição da moral social que coloca a imprensa direitista contra intelectuais, professores, escritores e grupos de ação esquerdistas.

Examinemos com mais detalhes de que modo exatamente a imprensa se engaja nessa negação do racismo. A maioria dos nossos exemplos foi retirada da imprensa britânica, mas não seria difícil encontrar exemplos parecidos na imprensa holandesa, alemã ou francesa. Em virtude de sua longa história de escravidão e segregação, a noção de racismo branco é mais amplamente aceita nos Estados Unidos, ainda que a ideologia prevalecente hoje em dia seja a de que o racismo é praticamente uma coisa do passado, agora que as minorias já têm direitos iguais.

Racismo e imprensa

É óbvio que a negação do racismo na e pela imprensa é mais veemente quando a própria imprensa se torna o alvo das acusações. Refletindo reações semelhantes por parte de outros editores de jornais holandeses em relação a nossa pesquisa sobre racismo na imprensa, o editor-chefe de um grande semanário de elite, o *Intermediair*, respondendo especialmente aos anseios dos cientistas sociais e da comunidade empresarial, escreveu o seguinte em uma carta:

> (9) Particularmente, o que você coloca sobre a cobertura de minorias não tem nenhuma prova e é uma caricatura inaceitável da realidade. Sua tese de que a tendência da maioria das reportagens é que as minorias causam problemas para nós é, em minha opinião, não só improvável, mas simplesmente incorreta (traduzido do holandês).

A reação foi inspirada por um breve sumário de pesquisa essencialmente internacional sobre a representação das minorias na imprensa. A negação do editor não se baseia em (outra) pesquisa, mas é simplesmente colocada como um fato. Não surpreende que o artigo, sobre pesquisas recentes a respeito da mídia, não tenha sido publicado, apesar de que inicialmente eu tivesse sido convidado a escrevê-lo.

Outros editores adotam uma postura ainda mais raivosa, desafiando as próprias credenciais acadêmicas do pesquisador e da universidade, como foi o caso do editor do maior jornal popular conservador da Holanda,

De Telegraaf, bastante conhecido por suas reportagens tendenciosas sobre minorias, imigrantes e refugiados:

(10) Sua pesquisa pretensamente científica de modo algum prova suas insinuações injuriosas a respeito do conteúdo de nosso jornal, é completamente irrelevante e levanta dúvidas sobre as normas correntes da pesquisa científica e sobre a prudência social da Universidade de Amsterdã (traduzido do holandês).

Vemos que, independentemente da "prova" que seja apresentada numa análise cuidadosa das notícias, a reação é de completa negação e de contra-ataque pela tentativa de desacreditar o pesquisador. Exemplos como esses podem ser multiplicados aleatoriamente. Nenhum jornal, incluindo (ou especialmente) os mais liberais, aceitará sequer uma leve acusação de que esteja sendo tendencioso. Alegações de racismo, por sua vez, serão rejeitadas violentamente. Lembre-se de que esses jornais, especialmente na Europa, normalmente não empregam nenhum jornalista oriundo de minorias, ou emprega apenas um ou dois deles.

Com essa atitude editorial em relação ao racismo, há uma relutância geral em identificar acontecimentos racistas como tais na sociedade em geral. Examinemos os principais modos de negação na imprensa. Os exemplos serão retirados da cobertura da imprensa britânica a questões étnicas em 1985 (para a análise de outros aspectos desses exemplos, veja van Dijk, 1991). Breves sumários do contexto de cada fragmento de discurso noticioso serão dados entre parênteses.

Autoapresentação positiva

A base semântica da negação é a verdade como vista pelo escritor. Portanto, a negação do racismo na imprensa pressupõe que o jornalista ou colunista creia na natureza essencialmente tolerante de seu próprio grupo ou país em relação às minorias ou imigrantes. Assim, a autoapresentação positiva é um importante movimento no discurso jornalístico, e deve ser vista como a negação argumentativa das acusações de antirracistas:

(11) [Handsworth] Contrariamente a muitas ideias, e reconhecendo-se um certo extremismo facista e malicioso, esta é uma sociedade admi-

ravelmente tolerante. Porém a tolerância deveria ser estendida caso se percebesse que a imposição da lei adotou o princípio da reversão da discriminação (Editorial do *Daily Telegraph*, 11 de setembro).

(12) [Ataques raciais e ação policial] Se quisermos respeitar o habitual gosto britânico pela decência e tolerância, será necessária uma ação positiva e inequívoca (Editorial do *Daily Telegraph*, 13 de agosto).

(13) [Ataques raciais contra asiáticos] ...a tradição britânica de absorver pessoas de diferentes origens, pacificamente e com tolerância, é inigualável. Os descendentes de imigrantes irlandeses e judeus são testemunhas desse fato. Seria uma tragédia ver essa esplêndida reputação ser maculada agora (Editorial do *Sun*, 14 de agosto).

(14) [Imigração] Nossas tradições de justiça e tolerância estão sendo exploradas por qualquer terrorista, bandido, desajustado ou mendigo que deseja viver às nossas custas... Então, há criminosos que se infiltram como refugiados políticos ou como membros da família que vêm visitar um parente distante (*Mail*, 28 de novembro).

(15) Nós também temos racismo – e é isso que está por trás dos bastidores. Não se trata de racismo branco. É racismo negro... mas quem vai proteger a maioria branca? ...Nossa tolerância é nossa força, e não permitiremos que ninguém a transforme em nossa fraqueza (*Sun*, 24 de outubro).

Esses exemplos não só confirmam ou pressupõem a tolerância branca britânica, mas ao mesmo tempo define seus limites. A tolerância pode ser interpretada como uma posição de fraqueza e, portanto, não deve ser estendida demais, do contrário todo terrorista, criminoso e outros imigrantes tirarão vantagem dela. Desse modo, uma ação afirmativa ou leis de imigração liberais só podem ser vistas como uma forma de discriminação invertida e, consequentemente, como uma forma de autodestruição da Inglaterra branca. Portanto, esses exemplos se tornam ironicamente autodestrutivos em virtude de suas contradições internas. Eles não visam a tolerância em si, e sim as limitações na prevenção de excessos. Observe que no exemplo (15) a autoapresentação positiva aparece simultaneamente combinada com o bem conhecido movimento de reversão. “Eles é que são os verdadeiros racistas", "nós somos as verdadeiras vítimas". Voltaremos a esses movimentos de reversão depois.

Negação e contra-ataque

Tendo construído uma autoimagem positiva dos britânicos brancos, a imprensa conservadora e de tabloides se empenha de modo especial no ataque àqueles que defendem uma visão diferente, defendendo, ao mesmo tempo, aqueles que concordam com sua posição, como se deu durante o notório caso Honeyford (Honeyford foi o diretor de uma escola em Bradford que foi suspenso, depois reinstalado no cargo e finalmente dispensado com um belo aperto de mãos, após ter escrito artigos sobre a educação multicultural que a maioria dos pais de seus alunos, a maior parte asiáticos, considerou racistas). Os ataques contra os antirracistas frequentemente envolvem negações de racismo:

(16) [Reação do "*lobby* racial" contra Honeyford] Por que motivo esse lobby resolveu perseguir este homem... não é porque ele seja racista; é exatamente por ele não ser racista, mas ter ousado desafiar as atitudes, o comportamento e a abordagem dos profissionais da minoria étnica (*Daily Telegraph*, 6 de setembro).

(17) [Honeyford e outros casos] Ninguém é menos capaz de encarar a verdade do que a histérica brigada "antirracista". Sua intolerância é tamanha que eles tentam silenciar ou eliminar qualquer um que não se alinhe com sua ideologia (Coluna de John Vincent, *The Sun*, 23 de outubro).

(18) [Honeyford] Ele foi difamado por falar o que todo mundo pensa; por ser corajoso, foi condenado, por não se deixar derrotar, seus inimigos não conseguem esquecê-lo... eu o entrevistei e estou totalmente convencido de que não há um só traço de racismo na sua pessoa (Coluna de Lynda Lee-Potter, *Daily Mail*, 18 de setembro).

(19) [A saída de Honeyford] Agora nós sabemos quem são os verdadeiros racistas (Editorial do *The Sun*, 30 de novembro).

Esses exemplos ilustram vários movimentos estratégicos na campanha da imprensa contra os antirracistas. Primeiro, como vimos, a negação é intimamente relacionada com a pressuposição da "verdade": Honeyford é apresentado como um defensor da "verdade", qual seja, sobre o fracasso e a natureza antibritânica do multiculturalismo. Segundo, as consequentes negações muitas vezes levam ao movimento estratégico da reversão: *eles* é que são os verdadeiros racistas, e não *nós*. Terceiro, essa reversão também implica uma inversão das acusações: Honeyford e os seus simpatizantes são as verdadeiras vítimas, e não os seus alunos asiáticos e as respectivas famílias. Consequentemente, o inimigo são os antirracistas: *são eles* que estão perseguindo cidadãos britânicos comuns e inocentes. *Eles* é que são intolerantes. Portanto, as vítimas que resistem aos seus perseguidores podem ser referidas como heróis populares que "ousaram" desafiar a "brigada antirracista".

Note, também, no exemplo (17), que a "verdade", como os partidários de Honeyford a concebem, é autoevidente e baseada no senso comum. Verdade e senso comum são ideias intimamente relacionadas nesses contra-ataques, e refletem o poder do consenso, bem como a mobilização do apoio popular dos cidadãos britânicos (brancos) "comuns". Além de marginalizar os pais asiáticos e outros antirracistas, localizando-os fora do consenso e da comunidade de pessoas comuns como "nós", esses apelos ao senso comum também têm poderosas implicações ideológicas: a verdade autoevidente é vista como "natural" e, consequentemente, a posição dos demais será vista como "antinatural" ou mesmo "louca". Dessa forma, a esquerda antirracista muitas vezes será chamada de "louca" ou "maluca" pela imprensa britânica de direita.

Chantagem moral

Um elemento que se destacou bastante no caso Honeyford, assim como em casos semelhantes, foi a simulação de censura: os antirracistas não só desconhecem a "verdade" sobre a sociedade multicultural, mas também impedem os outros (nós) de dizer a verdade. Assim, jornalistas e colunistas repetidamente argumentam que esse "tabu" e sua "censura" devem ser quebrados para que se possa dizer a "verdade", como aconteceu após os distúrbios em Tottenham:

(20) [Tottenham] Chegou a hora de dizer a verdade sem rodeios e sem hipocrisia... força para encarar os fatos sem ser silenciado pelo medo de ser tachado de racista (Coluna de Lynda Lee-Potter, *Daily Mail*, 9 de outubro).

Os exemplos mostram que os autores se sentem moralmente chantageados, ao mesmo tempo em que reconhecem que "dizer a verdade", isto é, "falar coisas negativas a respeito de minorias", pode muito bem ser contra as normas vigentes de tolerância e compreensão. Dessa forma, o clamor pela "verdade" expressa um dilema, ainda que seja um dilema aparente: o dilema aparente é uma estratégia retórica para acusar o oponente de censura ou chantagem, e não o resultado de uma introspecção moral ou uma decisão difícil. Afinal de contas, os mesmos jornais *divulgam* amplamente coisas negativas a respeito de jovens negros, e jamais hesitam escrever o que consideram ser a "verdade". Ninguém os silencia, o tabu é meramente imaginário. Pelo contrário, a imprensa direitista britânica atinge milhões de leitores.

Assim, esse jogo estratégico de negação e reversão simultaneamente envolve a construção de papéis sociais no mundo dos conflitos étnicos, tais como aliados e inimigos, vítimas, heróis e opressores. Em muitos aspectos, esse discurso imita o discurso antirracista com a simples inversão dos papéis centrais: as vítimas se tornam opressores, os detentores do poder se transformam em vítimas.

Negações sutis

As negações nem sempre são explícitas. Há muitas maneiras de se expressar dúvida, distância ou não aceitação de afirmações ou acusações. Quando a Comissão (oficial) para a Igualdade Racial (CIR) publicou em 1985 um relatório sobre a discriminação no Reino Unido, dificilmente se podia crer na absoluta negação dos fatos. Outros recursos discursivos, como aspas ou palavras do tipo "dizem" ou "alegam", pressupondo a dúvida por parte do escritor, podem ser empregados ao relatar os fatos, como acontece no seguinte editorial do *Daily Telegraph*:

(21) Em seu relatório, que se segue a uma detalhada revisão da operação do Ato de Relações Raciais de 1976, a Comissão alega que as minorias étnicas continuam a sofrer altos níveis de discriminação e desvantagem (*Daily Telegraph*, 01 de agosto).

Esses truques linguísticos não passam despercebidos, como podemos ver pela seguinte reação a esse texto numa carta de Peter Newsam, então diretor da CIR:

(22) Vocês dizem sobre a Comissão que ela "alega que as minorias étnicas continuam a sofrer altos níveis de discriminação e desvantagem". É como dizer que alguém "alega" que julho é chuvoso. Realmente é. Também é um fato apoiado pelo peso da evidência de pesquisa independente que a discriminação por motivos raciais no emprego, na habitação e nos serviços continua em um nível desconcertantemente elevado (*Daily Telegraph,* 07 de agosto).

Portanto, as negações podem ser sutilmente manifestas expressando-se dúvida ou distanciamento. Assim, a própria noção de "racismo" geralmente aparece entre aspas, especialmente nas manchetes. Essas aspas de alerta não são um simples mecanismo jornalístico para reportar opiniões ou pontos de vistas controversos. Se fosse assim, também as opiniões com as quais o jornal concorda seriam postas entre aspas, o que nem sempre acontece. Pelo contrário, além de sinalizar a dúvida ou o distanciamento do jornalista, as aspas também conotam uma acusação sem fundamento. O uso de aspas em torno da noção de "racismo" se tornou tão rotineiro que, mesmo nos casos em que a própria polícia ou os tribunais concluem que houve racismo em uma determinada situação, a imprensa conservadora ainda pode manter as aspas por pura força do hábito.

Mitigação

Nossa análise conceitual da negação já demonstrou que ela também pode estar implícita em variadas formas de mitigação, tais como a amenização, o uso de eufemismos e outras circunlocuções que minimizam o ato em si ou a responsabilidade do acusado. No mesmo editorial do *Daily Telegraph* citado anteriormente, encontramos a seguinte afirmação:

(23) [Relatório da CIR] Ninguém negaria a fragilidade das relações raciais na Inglaterra de hoje, ou que haja incompreensão e desconfiança entre partes da comunidade (Editorial do *Daily Telegraph*, 01 de agosto).

Portanto, em vez de se reconhecer a desigualdade ou o racismo, assume-se que as relações raciais são "frágeis", ao mesmo tempo em que "incompreensão e desconfiança" são características dessas relações. Interessante é que essa passagem também nega explicitamente a existência de negações e, consequentemente, pode ser lida como uma concessão: *existem* problemas.

Contudo, o modo como essa concessão é retoricamente apresentada por meio de várias formas de mitigação sugere, no contexto do restante do editorial, que a concessão é aparente. Essas concessões aparentes são outra forma destacada de ressalvas no discurso sobre relações étnicas, como também encontramos em afirmações como: "Existem negros inteligentes também, mas...", ou "Eu sei que às vezes as minorias enfrentam problemas, mas...". Observe também que no exemplo do *Daily Telegraph* a mitigação não só aparece na forma de eufemismos, mas também como *redistribuição de responsabilidade* e, consequentemente, como negação de culpa. Não somos nós (brancos) os principais responsáveis pelas tensões entre as comunidades, e sim todas as pessoas, como sugere a expressão existencial impessoal: "*Existe* incompreensão...". Aparentemente, um movimento efetivo de negação é disputar ou ocultar uma agência responsável.

Defesa e ataque

Por outro lado, em seus ataques contra os antirracistas, a imprensa de direita nem sempre é sutil. Pelo contrário, ela pode se envolver exatamente nas "diatribes" que dirige contra seus oponentes:

(24) [Manifestação antifascista] A noite combinou recordações emocionais do surgimento do nazismo com diatribes contra a discriminação e o preconceito racial hoje (*Daily Telegraph*, 01 de outubro).

(25) [Partidos negros] Nas seções mais limitadas ideologicamente de seu (de Kinnock) partido... parece que eles têm prazer em identificar todas as dificuldades experimentadas pelos grupos de imigrantes, particularmente os afro-caribenhos, como resultado de racismo... (Editorial do *Daily Telegraph*, 14 de setembro).

(26) [Trabalhador acusado de racismo] ...A coisa realmente alarmante é que alguns desses hitlers de bolso do governo local estão entrando na política nacional. É hora de começarmos a expor a palhaçada deles enquanto podemos. Quem avisa amigo é (Editorial do *Daily Mail*, 26 de outubro).

Adicionalmente, esses exemplos ilustram que a negação da discriminação, preconceito e racismo não é uma mera forma de autodefesa ou de autoapresentação positiva. Antes, trata-se ao mesmo tempo de um elemento de ataque contra o que eles definem como oponentes "ideologicamente limitados", como vimos também no movimento de reversão nos exemplos anteriores. O antirracismo é associado à "esquerda maluca" e, consequentemente, atacá-lo também tem importantes implicações ideológicas e políticas, e não só implicações morais.

As "dificuldades" da comunidade afro-caribenha podem ser pressupostas, embora não expressas efetivamente em detalhe, porém tais pressuposições preferencialmente assumem a forma de uma concessão aparente. Quer dizer, seja qual for a causa dessas "dificuldades", como são eufemisticamente chamadas, não pode ser resultado de racismo. Implicitamente, ao atribuir prazer a quem explica a situação dos negros, o jornal também sugere que a esquerda tem interesse em tais explicações e, consequentemente, teria o racismo como bem-vindo. Essa estratégia é familiar em muitos ataques contra os antirracistas: "Se não houvesse racismo, eles o inventariam". Não é necessário dizer que esse tipo de afirmativa implica a negação do racismo.

O amálgama de comparações e metáforas utilizadas nesses ataques é bastante interessante. Quer dizer, em um exemplo, se faz uma referência irônica às "recordações emocionais" do nazismo, e em outro esses mesmos oponentes do nazismo são qualificados como "hitlers de bolso". Porém essa aparente contradição na rotulação sociopolítica tem uma função bem precisa. Ao se referir aos seus oponentes como "hitlers de bolso", os jornais obviamente se distanciam das opiniões e práticas fascistas que muitas vezes caracterizam as acusações mais radicais contra a direita. Ao mesmo tempo, por meio da costumeira reversão, categorizam seus oponentes precisamente nos termos de suas próprias acusações, e dessa forma os colocam numa situação que esses oponentes claramente execrariam.

Desse modo, a esquerda antirracista é associada a práticas fascistas, estreiteza ideológica e anacronismo. Todavia, à parte seus pontos de vista antirracistas, é a sua (modesta) influência política que particularmente irrita a imprensa de direita – embora virtualmente sem poder no âmbito nacional e mesmo dentro de seu próprio partido (trabalhista), alguns antirracistas têm conseguido entrar nas câmaras municipais e, desse modo, controlar (algum) recurso, financiamento e outras formas de influência política. Quer dizer, eles pelo menos conseguiram algum contra-poder, e é esse poder e sua ideologia subjacente que são desafiados por uma imprensa que controla a oferta de notícias para milhões de leitores. Portanto, a negação do racismo e os concomitantes ataques contra os antirracistas na educação e na política têm a ver com a luta em torno da definição da situação étnica. Assim, seus oponentes ideológicos e políticos são vistos como competidores simbólicos no âmbito da influência moral. Quer se trate de ataques a um diretor de escola ou a outro cidadão britânico branco ou não, o que interessa particularmente à imprensa de direita é a sua própria imagem: atacando os antirracistas, ela na verdade está defendendo a si própria.

O Discurso parlamentar

Em íntima simbiose com a mídia, a política desempenha um papel destacado na definição da situação étnica. Na Europa Ocidental, a tomada de decisões pela administração e pela burocracia e os debates parlamentares nos anos de 1980 e 1990 tratam, de forma crescente, de questões étnicas, imigração e refugiados. As persistentes desigualdades sociais, o desemprego, a ação afirmativa, o "déficit" educacional, a insatisfação popular contra a imigração e a chegada de "ondas" de novos refugiados do Sul estão entre os principais temas da agenda política.

Portanto, a nossa análise do discurso da elite também precisa prestar atenção ao discurso parlamentar, até porque diferentes ideologias, opiniões e interesses podem se chocar nesse ponto, especialmente no que diz respeito a temas delicados como as minorias e a imigração. Por isso, examinamos alguns grandes debates sobre esses temas nos parlamentos do Reino Unido, da Holanda, da França e da Alemanha, bem como no congresso dos Estados Unidos.

Observe-se que esse discurso, talvez mais do que qualquer outro discurso, sempre é registrado. Todos os discursos e mesmo as interrupções espontâneas são gravados e publicados, embora alguns países permitam uma editoração posterior. Portanto, os discursos raramente são espontâneos, e normalmente declarações cuidadosamente preparadas e escritas são lidas em voz alta. No que diz respeito a temas delicados como as questões étnicas, podemos esperar que esse discurso seja fortemente monitorado, tanto política como moralmente. Com exceção de alguns partidos de extrema direita, como a Frente Nacional na França, por exemplo, o discurso abertamente racista é muito raro nos Parlamentos ocidentais de nosso tempo.

Entretanto, como vimos, existem maneiras mais indiretas e sutis de manifestar opiniões e atitudes subjacentes, quer sejam mais liberais ou mais conservadoras. Apesar das diferenças de estilo e função, descobrimos que o discurso parlamentar apresenta algumas semelhanças marcantes com outras formas de falar sobre minorias étnicas, como a autoapresentação positiva, a negação de racismo e a outro-apresentação negativa. Portanto, examinemos os padrões específicos que a negação do racismo assume nos parlamentos ocidentais.

Autoexaltação nacionalista

O parlamento é o fórum principal da retórica nacionalista. Isso acontece especialmente quando se trata de normas e valores internacionais como democracia, igualdade de direitos e tolerância. Em tal contexto, acusações de racismo podem facilmente ser compreendidas como um indiciamento moral de toda a nação e, portanto, são admitidas, com fortes reservas, apenas em debates partidários nos quais um partido acusa o outro de racismo. Afinal, o racismo está sempre *em outro lugar*, e sempre diz respeito *aos outros*.

Diante dessa situação, pode-se esperar que em qualquer debate sobre questões étnicas, especialmente aqueles em que se põem em discussão os direitos das minorias ou dos imigrantes, a autoapresentação positiva nacionalista seja um importante prelúdio estratégico para asserções que pretendem exatamente limitar esses direitos. Vejamos alguns exemplos de cada um desses parlamentos. Todos os exemplos foram retirados dos registros parlamentares dos respectivos países e de debates realizados entre 1985 e 1990. O contexto da discussão não é dado em detalhes, nem a identificação dos falantes e respectivos partidos. Para os propósitos deste trabalho, apenas identificamos os países envolvidos para demonstrar, por exemplo, a semelhança entre tais falas ao longo das fronteiras nacionais.

(27) Nosso debate de hoje diz respeito não só aos refugiados, mas a toda a sociedade e à responsabilidade da Europa e da Holanda em preservar os direitos humanos fundamentais no mundo. O direito de asilo é o componente nacional de uma política consistente de direitos humanos (Holanda).

(28) Acredito que somos um país admiravelmente justo. Nós seguimos as regras, ao contrário de alguns governos estrangeiros (Reino Unido).

(29) Há muito tempo o nosso país tem estado aberto aos estrangeiros, numa tradição de hospitalidade que vai além da Revolução, remonta ao *Ancien Régime* (França).

(30) França, que mostrou ao mundo o caminho para a democracia e para os direitos humanos, França, terra das boas-vindas e do asilo, França, presente em cinco continentes, não poderia ceder ao ódio racial (França).

(31) Não sei de nenhum outro país na terra que dê mais destaque aos direitos dos estrangeiros residentes do que essa nossa lei (Alemanha).

(32) Esta é uma nação cujos valores e tradições hoje estimulam o mundo, como sabemos. Penso que todos temos um profundo orgulho pelos pontos de vista, ideais, governo e princípios que estimulam milhões de pessoas que lutam por liberdade ao redor do mundo (EUA).

(33) Há tantas coisas gloriosas em nosso país, toda a liberdade que temos, de expressão e de religião, o direito de votar e de escolher nossos líderes e, naturalmente, nossa grandeza reside em nossa mobilidade, a capacidade que cada um de nós tem, independentemente das circunstâncias de nosso nascimento, de crescer na sociedade americana, de perseguir nossos sonhos individuais (EUA).

Embora a retórica nacionalista possa diferir de país para país (normalmente ela é mais vibrante na França e nos Estados Unidos, por exemplo), a estratégia básica de autoapresentação positiva aparece em todos os Parlamentos: somos justos, respeitamos os direitos humanos, temos uma longa tradição de tolerância etc. Não é difícil ouvir, em todos os Parlamentos, que pelo menos alguns representantes concebem o seu próprio país como o mais liberal, amante da liberdade e democrático do mundo, entre outras coisas.

Justo, porém...

Essa autoglorificação, especialmente quando introduz debates sobre minorias ou imigração, desempenha várias funções no discurso parlamentar. Para os grupos ou partidos que se opõem à legislação em favor de minorias ou imigrantes, a autoapresentação positiva frequentemente funciona como uma ressalva, ou seja, como introdução para um "*porém*", seguido de argumentos em prol de restrições especiais, como acontece nos seguintes fragmentos de uma entrevista radiofônica com o primeiro-ministro holandês Ruud Lubbers:

(34) Na prática, devemos falar de oportunidades e possibilidades para eles, mas na prática deveríamos também adotar um tratamento menos delicado. Deveria haver algum limite, tal como: nós também exigimos responsabilidade de sua parte [literalmente: "nós nos dirigimos a eles"].

Noutros exemplos, encontramos uma íntima combinação entre justiça, por um lado, e firmeza, realismo, pragmatismo etc., por outro:

(35) A responsabilidade nacional e internacional por pessoas em situações de emergência, combinada com obrigações resultantes de acordos, define nossos princípios políticos. Isso não deve mudar. Porém, é claro que precisamos adotar medidas, especialmente quando é evidente que estão sendo feitos muitos pedidos inadequados de asilo, aparentemente infundados e destituídos de boa-fé e, em alguns casos, os problemas que as pessoas enfrentam estão sendo explorados para fins comerciais (Holanda).

(36) É justo estabelecer controles de vistos, na medida em que os países envolvidos possuem acordos mútuos sobre isso. Esta é a melhor forma de controlar a imigração de modo justo, de modo que aqueles que estejam adequadamente qualificados para entrar aqui ou para deixar o país e visitar outros possam fazê-lo. Tais controles garantem que as pessoas tenham as qualificações adequadas para viajar (Reino Unido).

(37) Se queremos trabalhar seriamente pela harmonia, não discriminação e igualdade em nossas cidades, isso deve ser acompanhado de um controle firme e justo da imigração (Reino Unido).

(38) O período de expansão de nosso país chegou ao fim há mais de 15 anos, e essa população de estrangeiros vive no meio de uma população francesa profundamente tocada pela recessão e pelo desemprego, um

problema com o qual devemos lidar de forma humana, mas razoável, pois não hesito em dizer que depois do tempo das ilusões segue-se necessariamente o tempo do realismo (França).

(39) O dever de limitar a contínua entrada de estrangeiros faz parte de um justo equilíbrio de interesses, pois toda sociedade tem limites em sua capacidade e prontidão para a integração (Alemanha).

(40) Este substitutivo oferece à Assembleia Legislativa a oportunidade de aprovar uma importante lei de direitos civis, que seja tanto justa como pragmática (EUA).

Essa retórica de justiça notavelmente similar ("justo, mas restrito" etc.) nos diferentes países também procura combinar dois objetivos ideológicos ou políticos opostos, quais sejam, os valores humanitários de tolerância e hospitabilidade, por um lado, e valores do senso comum, tais como o "realismo", por outro lado. Em outras palavras, os propósitos humanitários são reconhecidos, mas ao mesmo tempo são rejeitados por serem muito idealistas e, portanto, impraticáveis na realidade cotidiana dos processos políticos e de tomada de decisões. A referência à justiça também serve como um elemento de "equilíbrio", quer dizer, serve para amenizar as implicações negativas da legislação proposta, tais como a limitação de imigrações futuras, no debate europeu, ou limitações na Carta dos Direitos Civis de 1990 (eventualmente vetada pelo presidente Bush) nos Estados Unidos.

A apresentação positiva de tal legislação e dos partidos ou grupos que apoiam também envolve movimentos estratégicos de argumentação como o aparente altruísmo ("Isso é para o próprio bem deles"), a opção pelo mal menor ("A restrição das imigrações previne conflitos nas cidades") e outras atitudes que enfatizam que o falante ou o partido tem em mente os interesses nacionais, os interesses de sua própria população (branca), bem como os interesses das minorias e dos imigrantes ou refugiados. O "dilema" é resumido pelo secretário de Relações Exteriores holandês van den Broek:

(41) O governo se depara com uma sociedade holandesa que reage de formas diferentes ao crescente número de pedidos de asilo. [Alguns desejam uma política liberal de admissão.] Por outro lado, existem movimentos mais ou menos latentes que consideram o fluxo de estrangeiros como uma ameaça à sociedade holandesa.

O interessante é que os governos tendem a dar ouvidos especialmente aos cidadãos que concordam com as atitudes que esses mesmos governos foram os primeiros a criar, como é o caso da fobia em relação aos refugiados na Holanda durante os últimos anos. Ou seja, realmente não existe dilema algum, mas apenas uma aparência de equilíbrio dos interesses e sentimentos populares. Assim, ao usar esse argumento populista para o controle da imigração, o governo pode legitimar suas próprias políticas alegando um apoio que ele mesmo fabricou. Isso é feito pela criação do pânico em relação a "ondas" de refugiados que estão entrando no país, uma definição da situação amplamente adotada pela imprensa, de modo que acaba atingindo também o grande público (van Dijk, 1988).

Negação do racismo

Em um contexto político de gerenciamento da imagem pública, a negação do racismo desempenha um papel destacado. Seja qual for a orientação política ou o partido em questão, inclusive a direita extremista, todos os parlamentares rejeitam enfaticamente qualquer acusação ou sugestão de preconceito, discriminação ou racismo. Na realidade, quanto mais racistas são as opiniões defendidas, mais insistentes são as negações de racismo, como transparece nas seguintes citações de representantes da Frente Nacional na *Assemblée Nationale* francesa:

(42) Não somos racistas nem xenófobos. Nosso objetivo é apenas, com toda naturalidade, que haja uma hierarquia, pois estamos tratando da França, e a França é o país dos franceses.

(43) Não, os franceses não são racistas, nem antissemitas, nem xenófobos, nem revisionistas. Eles podem estar preocupados em face de uma imigração sem controle, em face de um islã puro e rígido que pode atravessar o Mediterrâneo. Porém os franceses continuam tolerantes.

Observe que em ambos os casos a negação é seguida de um *porém* implícito ou explícito. No primeiro caso, o falante (Jean-Marie Le Pen, líder da Frente Nacional) até alega ser "natural" a existência de uma hierarquia entre seu próprio grupo, os franceses, e os imigrantes. A atribuição do direito "natural" a uma posição de superioridade está no âmago das ideologias racistas. O segundo exemplo é mais indireto e se concentra nas "preocupações" do povo francês em geral, confrontado com uma cultura e uma religião diferentes. Ao lado da estratégia política e discursiva do populismo, que se destaca bastante nesses debates ("O povo vai se sentir prejudicado"; "Devemos prestar atenção no que o povo francês, inglês... diz"), encontramos ainda um toque de eufemismo: não somos racistas, apenas estamos preocupados. Eis um exemplo mais sofisticado dessa estratégia:

> (44) Os franceses não são racistas. Porém, diante do crescimento contínuo da população estrangeira na França, temos visto em certas cidades o desenvolvimento de reações que se aproximam da xenofobia. Aos olhos do francês desempregado, por exemplo, o estrangeiro pode facilmente tornar-se um rival em relação ao qual ameaça aparecer um sentimento de animosidade.

Diferentemente de outras ressalvas, não encontramos, após o costumeiro *porém,* uma declaração negativa sobre os imigrantes, mas uma explicação da reação do "homem comum" (aparentemente, as mulheres não estão incluídas). Note-se que o modo como essa explicação é formulada ("crescimento contínuo", "rival") sugere compreensão, para não dizer escusa, como nos habituais relatos de racismo em termos de competição econômica. Contudo, a negação do racismo é muito complexa. Trata-se de uma negação que apela para os franceses em geral. Ela é seguida de uma concessão parcial, pontualmente limitada por uma forte mitigação e distanciamento ("aproximam-se da xenofobia", "ameaça aparecer um sentimento de animosidade"), bem como uma limitação espacial ("em certas cidades"). Em outras palavras, o preconceito, a discriminação e o racismo são incidentes locais e devem ser vistos ainda como provocados pela contínua imigração, argumentos que também encontramos na imprensa britânica de direita.

Quando se debatem medidas restritivas, aqueles que as apoiam se sentem impelidos a lembrar seus ouvintes e o público em geral de que tais decisões políticas nada têm a ver com preconceito e racismo:

> (45) Espero que as pessoas lá fora, sejam negras ou brancas, e venham de onde for, reconheçam que essas mudanças principais não resultam de preconceito (Reino Unido).

(46) Meu respeitável colega e eu continuaremos a aplicar um sistema de controle estrito, mas justo, não porque sejamos preconceituosos ou desumanos, mas porque acreditamos que o controle é necessário, se quisermos que as pessoas que habitam nossas cidades vivam juntas com tolerância e em harmonia e decência (Reino Unido).

Essas negações precisam de apoio argumentativo. Apenas dizer que as medidas são "justas" pode parecer muito superficial. Em consequência, encontramos os movimentos que descobrimos anteriormente, como a preocupação com as favelas. Note-se que esses argumentos também implicam um movimento de transferência: não somos racistas, mas os pobres das favelas o são, e devemos evitar a exacerbação do ressentimento no meio da população em geral. Esse argumento tipicamente provém do que chamamos de "racismo elitizado", que nega tenazmente o racismo no seu próprio grupo de elite, mas reconhece que outros brancos, especialmente os pobres, podem eventualmente ser intolerantes.

Negação e reprovação

Na análise da imprensa britânica, descobrimos que as negações de racismo facilmente se transformam em ataques contra os antirracistas. Tal estratégia também pode ser vista no discurso parlamentar. Dessa forma, parlamentares conservadores não aceitarão acusações ou mesmo sugestões implícitas de que suas políticas restritivas para imigração ou minorias étnicas sejam categorizadas como racistas por outros políticos. Uma vez que a norma oficial é que "todos nós somos cidadãos tolerantes", essas acusações são consideradas inaceitáveis:

(47) Dirigindo-me ao pessoal da esquerda, mais uma vez eu repito quem somos nós. Nas palavras de vocês, meu Deus!, eu noto termos como racismo e xenofobia, que são usados para julgar quem não concorda com as propostas de vocês. Vocês devem entender de uma vez por todas: nós não somos racistas simplesmente porque combatemos o texto de vocês (França).

(48) Vocês me permitirão dizer que em nenhuma circunstância este debate deveria ser prejulgado pela insinuação de que, nessas bancadas, os únicos antirracistas estão do lado de lá, enquanto nós, por oposição, seríamos os racistas (França).

(49) Bem, nesta tarde, também concordamos que podemos ter diferentes filosofias sobre como alcançar, por meio da lei, os direitos civis e oportunidades iguais para todos sem de alguma forma sermos antidireitos civis, racistas ou coisa do gênero (EUA).

Um caso interessante se encontra no debate alemão sobre a nova lei de estrangeiros. Quando um dos representantes do Partido Verde qualifica os dispositivos da lei como racistas, termo pouco comum no discurso alemão oficial, da mesma forma que na Holanda, os representantes conservadores ficam furiosos. Até o presidente do *Bundestag* [Parlamento alemão] intervém:

(50) Senti um calafrio na espinha quando nosso colega... disse que esta lei seria uma forma de racismo institucionalizado. Considerando que os mais velhos entre nós tiveram que viver doze anos sob o racismo institucionalizado, senhoras e senhores, eu rogo a vocês, especialmente a nossos colegas mais jovens, que mostrem respeito por essas terríveis experiências, e não introduzam tais conceitos em nossas questões políticas atuais.

Em outras palavras, a qualificação em termos de racismo se limita apenas ao tempo do nazismo, está banida do discurso político oficial. No máximo, seria possível usar o termo *Auslanderfeindlichkeit* (literalmente: animosidade contra estrangeiros). Assim, por definição, o termo racismo seria demasiadamente forte, pelo menos porque a presente situação não é para ser comparada com as monstruosidades do nazismo. Na Holanda, existe uma atitude semelhante, em que racismo também é um termo evitado no discurso público (político, midiático), pois é entendido apenas em termos de ideologias extremistas, de direita, sobre a superioridade racial.

Reversão

Embora repreensões moderadas dirigidas contra deputados antirracistas não sejam incomuns, a reversão é realmente excepcional. Entretanto, é uma atitude típica dos representantes de partidos direitistas como a Frente Nacional francesa. Sendo costumeira e explicitamente acusada de racismo, a Frente vai além da mera negação, e reverte as acusações. Para os membros da Frente Nacional, isso significa que os outros, especialmente os socialistas, que supostamente permitem a entrada de tantos imigrantes, assegurando-lhes direitos iguais, são culpados do que a Frente chama de racismo antifrancês:

(51) Existe uma forma de racismo, queridos colegas [interrupções], que se transmite silenciosamente, mas cujas manifestações alcançaram, hoje em dia, um nível e um extensão insuportáveis, que deveriam nos preocupar: o racismo antifrancês.

Outra forma de reverter as acusações é acusar os antirracistas de serem os responsáveis pela própria criação do racismo, no mínimo por não ouvirem o povo e por deixarem entrar tantos imigrantes não europeus no país:

(52) Bem, a França de hoje, de acordo com o que nos dizem as criaturas de todo o mundo que muitas vezes vieram se refugiar em nosso país... a França é o país menos racista que existe no mundo. Não podemos aceitar ouvir alguém dizer que a França é um país racista... Nesse sentido, esta proposta de lei, em função do debate que estamos fazendo neste momento, gera e produz o racismo!

Esses exemplos, colhidos em diversos Parlamentos, mostram que, embora o debate possa ser formulado em termos menos extremistas do que em grande parte da imprensa direitista e de tabloides ou na conversação cotidiana, estratégias e atitudes muito semelhantes são usadas para falar de questões étnicas. A maioria das características desse tipo de discurso político não se limita ao autoelogio nacionalista, mas envolve também o gerenciamento estratégico de imagem: independentemente do que decidirmos, seremos justos. Uma vez que, especialmente na Europa, as minorias étnicas, para não falar dos novos imigrantes e refugiados, não possuem virtualmente nenhum poder, esse "ato de equilíbrio" de apresentar as políticas como "firmes, mas justas" obviamente se reporta essencialmente ao público branco dominante em geral. Assim, quando definidos como humanos, mas não demasiadamente permissivos, o governo e sua base partidária de apoio podem ser aceitos como essencialmente racionais: adotamos medidas enérgicas, mas não somos racistas.

Em outras palavras, além de gerenciar a própria imagem, esse discurso político também gerencia sua própria legitimação, ao construir um consenso sobre as diretrizes étnicas, e ao mesmo tempo gerencia a política de questões étnicas, imigração e relações internacionais.

Conclusões

Quer nas ruas da favela, quer na imprensa ou no Parlamento, os membros do grupo dominante com frequência estão envolvidos no discurso sobre "eles": grupos étnicos minoritários, imigrantes ou refugiados que vieram viver no país. Tais discursos, assim como as cognições sociais subjacentes, são complexos e cheios de contradições. Podem ser inspirados pelas normas gerais de tolerância e aceitação, mas também, e às vezes simultaneamente, por sentimentos de desconfiança, ressentimento ou frustração sobre esses "outros".

Desse modo, os tópicos, histórias e argumentação podem construir um quadro amplamente negativo de minorias e imigrantes em termos de diferenças culturais, desvios ou competição, por exemplo, como um problema e uma ameaça ao "nosso" país, território, espaço, habitação, emprego, educação, normas, valores, hábitos ou língua. Tais falas e textos, portanto, não são uma forma de discurso individual, mas um discurso social, de grupo, e não expressam apenas opiniões individuais, mas especialmente representações sociais compartilhadas.

Entretanto, a fala negativa sobre grupos minoritários pode ser considerada tendenciosa, preconceituosa, racista e incoerente com os valores gerais de tolerância. Isso significa que tal discurso precisa ser amenizado, mitigado, escusado, explicado ou gerenciado de uma forma que não possa se voltar contra o falante ou o escritor. A preservação das faces, a autoapresentação positiva e o gerenciamento da imagem são estratégias comuns a que os usuários da língua recorrem numa situação de possível perda das faces: é necessário garantir que não sejam mal compreendidos e que nenhuma inferência indesejável seja feita do que eles dizem.

Uma das principais maneiras estratégicas pelas quais os falantes e escritores se engajam em tais formas de gerenciamento de imagem é a negação do racismo. Eles podem simplesmente alegar que não disseram nada de errado ou destacar suas intenções: pode ser que tenha soado negativo, mas a intenção não era essa.

Semelhantemente, podem mitigar a caracterização negativa que fizeram dos outros pelo uso de eufemismos, implícitos ou alusões vagas. Podem fazer concessões aparentes, por um lado, e por outro lado apoiar seu discurso negativo por meio de argumentos, histórias e outros "fatos" de apoio.

Os falantes e escritores podem ainda abandonar sua posição de autoapresentação positiva e defesa própria e passar a um contra-ataque mais ativo e agressivo: o verdadeiro problema, se não os verdadeiros racistas, são aqueles que lançaram as acusações de racismo. Eles é que são intolerantes e estão contra o "nosso" próprio povo. Nós somos as vítimas da imigração, e nós estamos sofrendo discriminação.

É interessante observar que, apesar das diferenças de estilo entre os diversos grupos sociais, esse discurso pode ser encontrado em todos os níveis da sociedade e em todos os contextos sociais. Ou seja, tanto os cidadãos brancos comuns como as elites brancas precisam proteger sua autoimagem social e ao mesmo tempo gerenciar a interpretação de suas práticas em um mundo social e cultural crescentemente variegado. Para o grupo dominante, isso significa que as relações de dominação devem ser reproduzidas nos níveis macro e micro, tanto na ação como na mente.

Representações negativas do grupo dominado são essenciais nesse processo de reprodução. Todavia, tais atitudes e ideologias são incongruentes com as normas e ideais democráticos e humanitários dominantes. Isso implica que o grupo dominante precisa se proteger cognitiva e discursivamente contra a perniciosa acusação de intolerância e racismo. O equilíbrio cognitivo só pode ser restaurado sendo ou se tornando realmente antirracista, aceitando as minorias e imigrantes como iguais, ou então negando o racismo. Essa é a opção com que os grupos brancos europeus e norte-americanos estão se deparando. Até o momento, em sua maioria eles têm escolhido a última opção.

(Tradução: Benedito Gomes Bezerra)

Discurso político e cognição política

Relacionando política, cognição e discurso

O objetivo deste capítulo é explorar algumas das relações entre o discurso político e a cognição política. Individualmente, os dois campos interdisciplinares receberam muita atenção recentemente, mas, infelizmente, a conexão entre os dois foi, em grande parte, ignorada: por um lado, a psicologia política não mostra muito interesse no discurso; por outro, a maioria dos estudiosos interessados no discurso político ignoram suas bases cognitivas.

Mesmo assim, as relações envolvidas são tão óbvias quanto interessantes. O estudo da cognição política em grande parte trata das representações mentais que as pessoas compartilham enquanto atores políticos. Nosso conhecimento e opiniões sobre políticos, partidos ou presidentes são adquiridos, mudados ou confirmados pelas várias formas de fala e escrita durante nossa socialização (Merelman, 1986), pela educação formal, pelo uso midiático e pela conversação. Assim, o processamento de informações políticas é frequentemente uma forma de processamento discursivo, também porque boa parte da ação e da participação política é realizada pelo discurso e pela comunicação.

Por outro lado, um estudo do discurso político é teórica e empiricamente relevante apenas quando as estruturas discursivas podem ser relacionadas a propriedades das estruturas e processos políticos. Esse, contudo, normalmente requerem uma explicação no macronível da análise política, enquanto aquelas pertencem a uma abordagem no micronível. Essa bem conhecida lacuna só pode ser adequadamente preenchida com uma teoria sofisticada da cognição política. Tal teoria precisa conectar explicitamente a unicidade individual e a variação do discurso político e a interação com as representações políticas socialmente partilhadas de grupos e instituições políticas. Assim, um texto tendencioso sobre imigrantes pode ter sua fonte em crenças pessoais sobre imigrantes, e essas crenças, por sua vez, podem ser relacionadas às atitudes ou ideologias racistas de um grupo maior.

O enquadre teórico deste capítulo é complexo e multidisciplinar. Relaciona-se a vários níveis e dimensões do domínio político. O nível base consiste de atores políticos individuais, como também de suas crenças, discursos e (outras) interações em situações políticas. O nível intermediário, constituído pelo nível mais baixo, consiste de grupos e instituições políticas, como também de suas representações partilhadas. O nível mais alto, que por sua vez é baseado no nível intermediário, é constituído por sistemas políticos abstratos e suas representações abstratas, ordens de discurso e processos sociopolítico, cultural e histórico.

Esses níveis são relacionados, é claro, de várias maneiras, de modo que os níveis micro e macro parecem se manifestar ao mesmo tempo. Dessa forma, um representante, ao dar um discurso no parlamento, fala como um indivíduo e assim expressa suas crenças políticas e pessoais de uma maneira única e em um contexto único. Ao mesmo tempo, essa pessoa fala como um membro do Parlamento ou Congresso, como um membro de um partido político e como um representante de um eleitorado e, assim, é possível que "faça" oposição a outro partido ou ao governo e expresse as atitudes ou ideologias do próprio grupo. Finalmente, ao fazer isso, ele ou ela está colocando em ação um sistema de democracia parlamentar, reproduzindo a ordem de discurso da democracia e das ideologias democráticas e pressupondo uma *base comum*, historicamente variável, de conhecimentos, normas e valores cultuais, compartilhados por todos os outros grupos da mesma cultura.

Este capítulo focará algumas das relações entre os dois primeiros níveis da análise política, isto é, sobre como a fala e a escrita políticas produzidas pelos indivíduos são relacionadas a representações políticas socialmente compartilhadas e a interações coletivas de grupos e instituições.

Dada a complexidade dessas relações entre os níveis de análise individual e coletivo, este capítulo tem que ser limitado a uns poucos tópicos principais. O primeiro tópico que precisa ser examinado em mais detalhe é o papel do contexto político do discurso e como esse contexto é definido cognitivamente e gerenciado pelos atores políticos na produção e compreensão da fala e escrita políticas. Segundo, mostrarei que as estruturas discursivas políticas (tais como, tópicos, pronomes e metáforas políticas) também requerem descrição e explicação em termos das representações mentais "subjacentes", que, por sua vez, possam ser relacionadas a estruturas e processos políticos.

Em termos dos três níveis distinguidos, isso significa que o discurso e a política podem ser relacionados essencialmente de duas maneiras: (a) em um nível sociopolítico de descrição, processos e estruturas políticas são constituídos por eventos, interações e discursos situados de atores políticos em contextos políticos, e (b) em um nível sociocognitivo de descrição, representações políticas compartilhadas são relacionadas a representações individuais desses discursos, interações e contextos. Em outras palavras, a cognição política serve como a interface teórica indispensável entre as dimensões pessoal e coletiva da política e do discurso político.

Um exemplo

Para ilustrar o argumento teórico deste capítulo, tomemos um exemplo concreto de discurso político: um fragmento do discurso proferido no British House of Commons (Câmara dos Comuns), em 05 de julho de 1989, por sir John Stokes, um membro do Parlamento (MP) (muito) conservador, representando Halesowen e Stourbridge. Seu discurso é uma contribuição a um debate sobre a imigração e o teste de DNA, e apoia mais restrições imigratórias por parte do governo de Thatcher, o que a oposição feita pelo partido Labour (equivalente em português a Partido Trabalhista), através da fala de Roy Hattersley chamou, no começo do mesmo debate, de "racialmente discriminatório". Isto é o que o sir John Stokes disse:

> Nos últimos 25 anos, permitimos que centenas de milhares de imigrantes
> entrassem nesta pequena ilha, assim, agora temos minorias étnicas de
> vários milhões de pessoas e, em alguns casos, como sabemos, sua taxa de
> natalidade excede em muito aquela da população nativa. Isso é um problema
> 5 principalmente para a Inglaterra, pois os outros países do Reino Unido têm
> populações imigrantes bem menores. Por que nós estamos aqui hoje, os
> membros do Parlamento inglês? Eu faço essa pergunta para a oposição,
> também. Nós não somos os curadores dessa amada Inglaterra para a
> posteridade? O que será o futuro de nosso país daqui a 25 anos, mesmo que
> 10 toda a imigração parasse amanhã? Que efeito terá sobre nossa religião,
> nossa moral, nossos costumes, nossos hábitos, e assim por diante? Já houve
> algumas erupções perigosas de grupos da comunidade muçulmana. Tendo
> servido com os muçulmanos durante a guerra, deixe-me dizer que eu admiro
> muitos deles e sua religião. Também gosto muito da carta que meu
> 15 honorável amigo, o ministro do Estado do Home Office, escreveu para os
> líderes muçulmanos e que foi publicada nos jornais de hoje. É imprudente
> negar os problemas e os medos que essas erupções perigosas causam nas
> pessoas comuns, as que deveríamos estar representando. Não devemos
> permitir que nossos sentimentos de culpa sobre nosso tratamento com os
> 20 imigrantes ofusquem nosso julgamento. Nós da Inglaterra somos um povo
> dócil, gentil, tolerante e pacífico. Já temos absorvido grandes números de
> imigrantes novos. Exceto ocasionalmente, não houve os tumultos e
> derramamento de sangue que algumas pessoas profetizaram. O fardo de
> receber e lidar com esses novos imigrantes em nosso meio tem caído não
> 25 sobre os intelectuais, os membros do Partido Labour no Parlamento e outros
> dessa laia, mas sobre o povo inglês comum da classe trabalhadora.
> Certamente, eles merecem ter uma voz aqui. Mudanças vastas têm sido
> feitas nas cidades por causa do grande número de imigrantes morando ali. O
> povo local inglês nunca foi consultado sobre isso. Eles nunca tiveram que
> 30 votar isso. Eles devem ter visões sobre o futuro desse influxo. Eles esperam
> que nós protejamos a sua posição. Todo mundo aqui – imigrante ou não
> imigrante – quer proteger sua posição. Como eu disse, felizmente não temos
> tido muito derramamento de sangue ou tumultos, e as relações em geral são
> boas, mas, na medida em que os números sobre os imigrantes que ainda
> 35 estão chegando são publicados, mais e mais pessoas estão começando a
> dizer: "Isso vai continuar, ou podemos dizer que já basta?" Isso é uma
> pequena tentativa de ter um pouco mais de controle, e muito sábia ela é.
> Deve ser acolhida por todos nesta Casa e fora dela. (Hansard, 5 de julho,
> 1989, colunas 390-391).

Para compreender completamente esse fragmento, alguns comentários são necessários sobre seu contexto político. O discurso foi proferido no verão do ano em que foi proclamado o *fatwah* contra Salman Rushdie pelo Ayatollah Khomeniny, por causa de seu livro *The satanic verses*. Essa sentença de morte religiosa também aumentou as tensões na comunidade muçulmana britânica, da qual alguns membros apoiaram o *fatwah*. Isso até levou à demonstração e à queimada pública do livro de Rushdie. Essas são as "erupções perigosas" a que sir John Stokes se refere (linha 12). Ele também refere-se a uma carta escrita por seu colega conservador, secretário do Home Office, Douglas Hurd, para a comunidade muçulmana, advertindo-a de que o comportamento não democrático não seria tolerado na Grã-Bretanha.

Vamos retornar, agora, ao argumento teórico e usar exemplos desse discurso para ilustrar a discussão.

O ESTUDO DA COGNIÇÃO POLÍTICA

O estudo da cognição política enfoca vários aspectos do "processamento de informações políticas/da informação política". Essencialmente, trata-se da aquisição, dos usos e das estruturas de representações mentais sobre situações, eventos, atores e grupos políticos. Tópicos típicos da pesquisa sobre a cognição política são: a organização das crenças políticas; a percepção dos candidatos políticos; o julgamento político e a tomada de decisões políticas; os estereótipos, preconceitos e outras atitudes sociopolíticas; a identidade dos grupos políticos; a opinião pública; a formação de impressões; e muitos outros tópicos que lidam com as representações da memória e os processos mentais envolvidos na compreensão e interação políticas (para detalhes, ver Hermann, 1986; Iyengar e McGuire, 1993; Lau e Sears, 1986; Lodge e McGraw, 1995).

Uma revisão dessas pesquisas está além do escopo deste capítulo. Meu objetivo é antes construir um novo enquadre teórico que se foque nas relações entre o discurso político e a cognição política. É claro que muitas dimensões de um enquadre deste tipo serão, também, relevantes para uma teoria das relações entre a cognição política e vários outros componentes das estruturas e processos políticos, como já mencionado. (Embora não haja, praticamente, algum trabalho específico que combine uma análise sistemática do discurso político com as pesquisas sobre a cognição política, há trabalhos que relacionam a psicologia política com a análise da comunicação; ver, por exemplo, Crigler, 1996; Kraus, 1990; Kraus e Perloff, 1985; Tetlock, 1981, 1983, 1984, 1985a, 1985b, um dos poucos estudiosos da cognição política que estuda os vários tipos discursivos, embora com métodos da análise de conteúdo, é Tetlock, 1981, 1983, 1984, 1985a, 1985b; para uma revisão dessas pesquisas ver Tetlock, 1993).

Um elemento crucial do meu enquadre que falta às outras pesquisas sobre a cognição política é o dos modelos mentais, que servem como a interface necessária entre as cognições políticas socialmente partilhadas, de um lado, e as crenças pessoais, do outro. Esses modelos também servem como as bases cognitivas do discurso político e da ação política, e também relacionam as macroestruturas políticas das representações partilhadas de grupos e instituições com as microestruturas políticas das atividades dos atores políticos.

Um enquadre conceitual

Para poder reconstruir as relações sistemáticas entre a cognição política e o discurso político, eu farei um breve resumo de algumas das noções psicológicas elementares do enquadre teórico em que essas relações serão analisadas (para uma discussão da relevância de tal tipo de enquadre para o processamento de informações políticas, ver Wyer e Ottati, 1993).

1. Processos cognitivos e representações são definidos em relação a uma estrutura mental abstrata chamada de "memória".
2. Tradicionalmente, faz-se uma distinção entre *short term memory, STM* (também chamada de memória de trabalho) e *long term memorty (LTM)*. O processamento real de informações (como percepção, compreensão e produção discursiva, monitoramento da interação etc.) ocorre em STM, e faz uso da informação (por exemplo, conhecimento) armazenada em LTM.
3. Uma outra distinção é feita dentro da LTM entre a memória episódica e a memória semântica. A memória episódica armazena as experiências pessoais que resultam do processamento (compreensão) em STM, e a memória semântica armazena informações mais gerais, abstratas e socialmente partilhadas, tais como nosso conhecimento da língua ou nosso conhecimento do mundo. Dada a natureza socialmente partilhada da informação na memória semântica, a chamarei de "memória social", em contraste com a informação mais pessoal armazenada na memória episódica.
4. A informação no LTM se organiza em vários tipos de representações mentais, cada um com sua própria estrutura esquemática.

Por exemplo, conhecimentos sociais gerais sobre episódios convencionais (tais como compras num supermercado ou participação no congresso acadêmico) podem ser organizados por "*scripts*", consistindo de um número de categorias fixas, por exemplo, categorias para as situações, eventos, ações e participantes típicos de tais episódios. Parte desse conhecimento social é também o conhecimento político geral que as pessoas têm, por exemplo, sobre políticos, debates parlamentares, eleições, propaganda política ou demonstrações políticas.

5. Conhecimento aqui é definido como a estrutura mental organizada de crenças factuais compartilhadas de um grupo ou cultura, que são ou podem ser "verificadas" pelos critérios de verdade (historicamente variável) daquele grupo ou cultura. Note-se que o que pode ser "conhecimento" para um grupo (período ou cultura) pode ser considerado como mera "crença" ou "opinião" por outros grupos.

6. Além do conhecimento, pessoas também têm outras informações socialmente partilhadas, a saber, atitudes de grupos (incluindo preconceitos), ideologias, normas e valores. Enquanto o conhecimento é culturalmente definido como "factual" ou "objetivo", ou seja, como "crenças verdadeiras" (de um grupo), as atitudes são frequentemente definidas como avaliativas e (inter)subjetivas, porque elas variam essencialmente entre diferentes grupos em sociedade (ver detalhes a seguir).

7. Embora haja pouco conhecimento sobre a organização das crenças avaliativas, é provável que atitudes e ideologias também sejam organizadas por esquemas característicos, por exemplo, sobre o próprio grupo e outros grupos e seus relacionamentos. Assim, as opiniões chauvinistas masculinas sobre mulheres e relações de gênero são, provavelmente, armazenadas em esquemas de grupos inter-relacionados sobre homens e sobre mulheres como grupos.

8. A "arquitetura" geral da memória social ainda é desconhecida. Mesmo assim, vou pressupor que sua base é constituída por uma *base comum* de crenças socioculturais, caracterizada por conhecimentos e opiniões culturais geralmente partilhados (não

disputados) (para uma definição relacionada, mas diferente – mais local e interacional – de *"base comum"*, ver Clark, 1996). É essa *base comum* cultural que define tais noções como "senso comum" e "tomado como dado". Embora fundamental para um dado período ou cultura, até as crenças de *base comum* podem mudar historicamente. Apoiado nessa *base comum* cultural (que permite a compreensão e a comunicação mútua), cada grupo social pode, contudo, desenvolver seu próprio conhecimento e opiniões, que por sua vez são organizados por ideologias subjacentes. Às vezes (fragmentos de) crenças especializadas de um grupo entram na *Base comum* (por exemplo, nosso conhecimento elementar sobre a Terra como um planeta). E vice-versa, as crenças de *base comum* de um período podem se tornar crenças especiais sectárias ou de um grupo num período posterior (como no caso do cristianismo).

9. Além das crenças socialmente partilhadas nos grupos de que fazem parte, as pessoas também podem ter experiências e conhecimentos pessoais, representados na sua memória episódica. Essas experiências pessoais são representadas em modelos mentais, que também têm uma estrutura esquemática consistindo de um número de categorias fixas, por exemplo, para situações, ações e participantes e seus vários papéis.

10. Contrários às crenças socialmente compartilhadas, modelos representam eventos específicos, tais como os eventos discutidos no debate parlamentar que usei como exemplo. Modelos são a interpretação pessoal (conhecimento e opinião) de tal tipo de evento. Em outras palavras, modelos são subjetivos.

11. Modelos formam a base cognitiva de todo discurso e interação individual. Isto é, tanto na produção quanto na compreensão, pessoas constroem um modelo de um evento ou ação como, por exemplo, o evento de que fala o presente texto, ou a ação que as pessoas percebem e de que participam. Modelos também servem como a base referencial de discurso e, dessa forma, ajudam a definir a coerência local e global.

12. Modelos integram novas informações (por exemplo, a compreensão de textos ou a observação de eventos), fragmentos de experiências

prévias (modelos velhos), instanciações de informações pessoais mais gerais (conhecimento pessoal, personalidade, *self*), como também instanciações de informações socialmente partilhadas (por exemplo, crenças de grupo ou *scripts* de conhecimento cultural). Em outras palavras, modelos corporificam tanto informações pessoais como sociais e, dessa forma, servem como o centro da interface entre o social e o individual.

13. Pela mesma razão, quando modelos são compartilhados, generalizados e socialmente normalizados, eles podem constituir a base da aprendizagem social e política experimentada. Isto é, as representações sociais gerais e abstratas da memória social são em primeiro lugar derivadas de nossas experiências pessoais e representadas em nossos modelos episódicos. Os conhecimentos social e político podem, contudo, também ser adquiridos mais diretamente, por exemplo, do discurso geral e abstrato, tais como tratados políticos ou propaganda política.

Esse breve sumário de alguns dos principais elementos da estrutura teórica usado para estudar as relações entre o discurso político e a cognição política deixa de lado muitos detalhes; apenas alguns deles serão explicitados a seguir. Também, enquanto alguns desses elementos são geralmente aceitos na psicologia, outros são menos aceitos ou conhecidos, ou até idiossincráticos na minha abordagem. Por exemplo, enquanto a literatura sobre a cognição política trata conhecimento, atitudes e ideologias, como também sua organização esquemática e seu processamento, ela praticamente ignora a teoria de modelos mentais, que, contudo, é geralmente aceita na psicologia do processamento textual (ver, por exemplo, Garnham, 1987; Johnson-Laird, 1983; Morrow, 1994; Oakhill e Garnham, 1996; van Dijk e Kintsch, 1983; van Dijk, 1985c, 1987h; van Oostendorp e Zwaan, 1994).

Por outro lado, a psicologia do processamento textual integra a teoria de *script* e as teorias de conhecimento, mas praticamente ignora crenças avaliativas (opiniões) e atitudes socialmente partilhadas e ideologias. É aqui que encontramos uma das consequências bastante arbitrárias da divisão de trabalho entre a psicologia cognitiva e a psicologia social. É dentro dessa estrutura geral que agora discutimos um número de questões que definem as relações entre o discurso político e a cognição política.

O PROCESSAMENTO DISCURSIVO

O uso linguístico, em geral, e a produção e compreensão da fala e da escrita políticas em particular, podem ser analisados cognitivamente em termos da estrutura teórica resumida anteriormente (entre os muitos estudos ver, por exemplo, Britton e Graesser, 1996; van Dijk e Kintsch, 1983; van Oosterdorp e Zwaan, 1994; Weaver, Mannes e Fletcher, 1995).

São relevantes para nossa discussão: (a) as relações entre as crenças partilhadas (representações políticas), por um lado, e as crenças pessoais (modelos), por outro; e (b) as relações dessas representações sociais e pessoais com as estruturas discursivas.

Na produção discursiva presumimos que falantes (ou escritores) partirão de seus modelos mentais pessoais de um evento ou de uma situação. Esse modelo organiza as crenças subjetivas do falante sobre tal situação. Assim, no exemplo apresentado, o discurso de sir John é produzido com base no seu modelo da situação étnica e imigratória corrente na Inglaterra, um modelo que é definido avaliativamente em termos de uma macroproposição que ele também expressa: "um problema para a Inglaterra" (linhas 4 e 5). A partir de seu modelo mais amplo sobre a situação étnica corrente na Inglaterra, há modelos mais específicos de eventos particulares, tais como os sobre as "erupções perigosas de grupos da comunidade muçulmana" e sobre a carta mandada pelo secretário Hurd àquela comunidade, ambos não somente destacam a interpretação de sir John sobre essas ações, mas também suas opiniões.

Os modelos de sir John instanciam crenças sociais e políticas compartilhadas, a saber, aquelas de todos os ingleses, em geral, e aquelas dos conservadores, em particular. Por exemplo, é conhecimento comum que várias centenas de milhares de imigrantes têm chegado à Inglaterra, e esse conhecimento geral é aqui integrado ao modelo da situação corrente. Semelhantemente, como ele mesmo alega, não somente ele, mas muitos outros definem essa imigração como um "problema". E como outros, ele especificamente instancia a atitude racista de que (muitos) muçulmanos são "perigosos". Em contraste, ele retrata "nós da Inglaterra" como um povo dócil, gentil, tolerante e pacífico. Assim, esse contraste entre Nós e Eles não somente caracteriza as atitudes e ideologias que ele compartilha com outros (na sua maioria, conservadores) ingleses, mas também polariza o modelo pessoal corrente que ele tem sobre a situação atual na Inglaterra. Esses exemplos mostram algumas das relações entre o conhecimento e as opiniões pessoais e os compartilhados socialmente, isto é, entre representações na memória social e modelos pessoais na memória episódica.

Uma vez que um modelo pessoal de um evento ou situação desse tipo é constituído, falantes podem expressar fragmentos de tais modelos no discurso, usando várias estratégias linguísticas e discursivas detalhadas que não serão analisadas aqui. É, contudo, importante notar que falantes normalmente expressam apenas uma pequena parte de seus modelos, a saber, apenas a informação que é relevante no contexto corrente. Volto a discutir essa restrição contextual mais adiante. Em outras palavras, um texto é normalmente, apenas, o topo do *iceberg* de todas as informações que falantes têm sobre um evento ou situação de que estão falando. Assim, sir John, sem dúvida, sabe mais sobre as "erupções perigosas" da comunidade muçulmana, mas apenas resume o modelo que ele tem desse evento ao expressar a macroproposição avaliativa que o define. O mesmo é verdadeiro para a expressão de seu modelo da carta do secretário Hurd, endereçada à comunidade muçulmana.

O que aqui foi resumido para o processo de produção discursiva também se aplica à compreensão discursiva. Assim, a audiência de sir John, bem como nós enquanto leitores do texto do seu discurso de Hansard, entendemos o que ele diz, primeiro por meio de um complexo processo de decodificação e compreensão de suas palavras e sentenças e, finalmente, pela construção de nossos próprios modelos do que ele diz. É claro, se concordarmos com ele, aceitaríamos seus modelos como essencialmente verdadeiros ou "corretos". Se não concordamos, talvez construamos modelos alternativos da situação, dependendo, de novo, de nosso próprio conhecimento pessoal da situação corrente, bem como das avaliações e do conhecimento de grupo compartilhados. Se os receptores leem ou escutam muitos discursos semelhantes de políticos ou da mídia e não têm informações alternativas concorrentes, tais modelos podem, por sua vez, ser generalizados para representações abstratas e socialmente partilhadas sobre, por exemplo, os muçulmanos, as minorias, o povo inglês e a imigração, os preconceitos étnicos e as ideologias nacionalistas ou racistas.

Essa breve caracterização do processamento discursivo mostra várias relações entre o discurso político e a cognição. Assim, nosso exemplo mostra como atitudes e ideologias conservadoras são usadas na construção de um modelo individual da situação corrente, e como parte dessa informação de modelo é expressa seletivamente num discurso parlamentar. O importante para nosso argumento é que esse enquadre teórico, de fato, oferece os primeiros elementos da interface necessária entre o social e o individual, entre a ação de grupo e a ação individual e o discurso.

Isto é, no nível sociopolítico da análise, testemunhamos como os *tories** aprovam ou defendem a legislação de imigração restritiva, e como esse tipo de ato político de um grupo é, de fato, "realizado" local e contextualmente por um membro (do Parlamento, do Partido Conservador) através de uma forma específica de interação, a saber, um discurso parlamentar. Semelhante e paralelamente à conexão sociopolítica entre o social e o pessoal, no nível cognitivo, encontramos atitudes e ideologias socialmente compartilhadas e descobrimos como elas são relacionadas a opiniões específicas de um ator social nos seus modelos de situação e de eventos correntes.

Esse enquadre, contudo, é ainda muito vago. Ele diz até agora muito pouco sobre as estruturas de representações políticas compartilhadas e sobre os modelos pessoais, como também não explica muitas das propriedades de um discurso parlamentar, como o de sir John. Dessa forma, precisamos introduzir mais instrumentos teóricos para fornecer *insights* mais detalhados sobre as relações entre o discurso político e a cognição política.

Modelos de contexto

Mostramos que os usuários da língua expressam apenas parte dos modelos que têm sobre situações e eventos específicos, modelos que chamaremos daqui em diante simplesmente de "modelos de evento" (mas que antes eram chamados de "modelos de situação", ver van Dijk e Kintsch, 1983). De fato, na maioria das situações comunicativas seria irrelevante expressar tudo o que sabemos sobre um evento, ou seria inapropriado expressar (todas) nossas opiniões. Além do mais, muito do conhecimento que temos já é conhecido por nossos interlocutores, e, em alguns casos, estes até compartilham nossas opiniões.

Em outras palavras, para que os falantes possam saber que informações de seus modelos ou representações sociais devem ser realmente incluídas nos seus

* N.T.: Nome dado ao partido conservador.

discursos, eles precisam saber algo sobre a situação comunicativa corrente de sua fala e de sua escrita – incluindo as crenças presumidas de seus receptores. Eles precisam saber, também, em que ocasião estão falando, para que, assim, possam avaliar se a expressão de suas crenças é apropriada à situação social corrente (cf. Fussell e Krauss, 1992). Certas coisas podem, mas outras não podem ser ditas no Parlamento. De modo semelhante, membros de um partido do governo fariam isso de maneira diferente dos membros da oposição. De fato, enquanto Roy Hattersley fala dos regulamentos "discriminatórios e racistas" na forma proposta pelo governo de Thatcher, sir John fala positivamente sobre eles e os "aceita" explicitamente (linha 38).

Esses exemplos mostram algo que todos nós sabemos sobre o discurso, isto é, que o que dizemos (ou entendemos) depende das restrições estruturais do contexto vigente, incluindo, por exemplo, o cenário, o tipo de evento, o gênero, as metas, as ações correntes, como também depende dos participantes, seus papéis e seus conhecimentos (Duranti e Goodwin, 1992). E, de modo contrário, ao falar como falamos, simultaneamente, constituímos ou definimos esse contexto e afetamos as maneiras como os participantes, por sua vez, nos entendem e nos avaliam como participantes etc. Para essas e outras razões, os usuários da língua assinalam ou "indexam" de forma múltipla a fala e a escrita com elementos do contexto, como sir John fez com sua pergunta: "Por que nós estamos aqui hoje, os membros do Parlamento inglês?" Essa pergunta sozinha indexa o objetivo da sessão corrente do Parlamento, os participantes e seus papéis (MPs), como também a situação (local e tempo).

Essa maneira de formular as relações entre texto e contexto é a forma padrão. Ela tem, porém, uma falha teórica séria porque relaciona dois tipos de entidades que não podem simplesmente ser relacionadas de forma direta, a saber, estruturas de uma situação social (participantes, cenários, ações) e estruturas de discurso. Além do mais, se fosse o caso, todas as pessoas numa determinada situação social falariam da mesma maneira. Isto é, mais uma vez precisamos de uma interface cognitiva.

De fato, não é a situação social que faz com que sir John fale da maneira que fala, antes é a sua interpretação social ou o modelo daquela situação. O que os discursos assinalam ou indexam, então, não é o contexto social em si, mas os modelos mentais subjetivos do contexto como construídos pelos participantes do evento (para detalhes, ver van Dijk, 1997a, 1998b). Isso permite diferenças pessoais entre modelos de contexto de diferentes participantes e (diferentes) opiniões pessoais sobre a situação comunicativa corrente (incluindo nós mesmos e outros na situação). Os modelos de contexto também explicam conflitos entre os participantes por que eles têm (e usam) modelos incompatíveis com a situação comunicativa corrente. E, talvez, o mais importante seja que tais modelos pessoais da situação explicam por que toda fala e escrita, mesmo sobre os mesmos tópicos, é sempre única e diferente, embora baseada em modelos pessoais únicos de ambos, evento e contexto.

Segue, então, que na estrutura geral apresentada anteriormente, um componente crucial ainda faltava entre modelos de evento e discurso, a saber, os modelos de contexto dos participantes num evento comunicativo. É a informação (subjetiva) armazenada nesses modelos que, no fim, controla como falantes e escritores adaptam sua fala e escrita à situação corrente, e como atos de fala e atos de conversação podem ser (mais ou menos) apropriados a essa situação. Finalmente, modelos de contexto também definem a própria noção de relevância (pragmática) (Sperber e Wilson, 1986), ou seja, em termos daquelas estruturas da situação comunicativa que são construídas como contexto pelos participantes em seus modelos de contexto.

Modelos de contexto são estruturados como qualquer outro modelo representado na memória episódica. Mais especificamente, contextos têm tais categorias como o cenário (tempo, localização, circunstâncias, adereços), os eventos, os participantes e seus vários tipos de papéis sociais, profissionais, comunicativos, as ações em que os participantes se envolvem atualmente, como também a cognição (metas, conhecimentos, opiniões, emoções etc.). Num nível relativamente alto, eles podem ter uma definição geral da situação como um todo, que pode ser representada como constitutiva de um domínio social específico. (Para trabalhos anteriores sobre a estrutura de situações sociais e episódios ver, por exemplo, Argyle, Furnham e Graham, 1981).

Assim, para o exemplo em questão, podemos assumir que os MPs presentes no debate parlamentar sobre imigração compartilham informações sobre o domínio corrente (política em vez de, digamos, educação), a definição corrente da situação (sessão de Parlamento), o cenário (Câmara dos Comuns), 5 de julho de 1989), as circunstâncias (um *projeto de lei* apresentado pelo *cabinet*[1]), os vários participantes e seus papéis como MPs, representantes de seus eleitorados, a interação (ou gênero) geral em curso (um debate parlamentar), e um conjunto vasto de conhecimentos partilhados sobre a questão corrente (imigração, minorias, muçulmanos, Inglaterra etc.).

Há também elementos em que os modelos dos participantes diferem de forma mais geral e em momentos específicos do debate em curso, em particular. Assim, obviamente, há diferenças de opinião, por exemplo, entre os Tories e Labour e, possivelmente, entre os MPs *tories* também (sir John é notadamente mais reacionário na sua visão que muitos dos outros conservadores). Do mesmo modo, quando falando, sir John tem papel e meta diferentes dos outros participantes, que têm o papel de ouvintes. Esses, por sua vez, gradualmente confirmarão ou mudarão suas opiniões sobre o que está sendo dito, como também sobre sir John. As mútuas percepções dos participantes, isto é, os modelos mentais que se constroem sobre o outro, são o que é mais crucialmente diferente e o que possivelmente muda durante um discurso (para percepções e representações de políticas, ver Granberg, 1993; Lodge e McGraw, 1995).

De forma semelhante, os participantes dessa situação podem ter diferentes emoções. Sir John pode demonstrar medo da ameaça de sobrepopulação ou da violência muçulmana, enquanto algumas pessoas de sua audiência podem estar furiosas por causa de seus comentários racistas. Geralmente, a emoção é um fator importante nos modelos de contexto político (Roseman, Abelson e Ewing, 1986). Essa propriedade do modelo de contexto controlará propriedades específicas (por exemplo, entoação, acentuação ou lexicalização) do discurso político (Just, Crigler e Neuman, 1996).

O que muda para todos, dinamicamente, é também o que já foi dito em cada momento, isto é, o discurso precedente. Isso confirma a ideia intuitiva de reflexibilidade, isto é, o discurso é claramente parte de seu próprio contexto. Em outras palavras, alguns elementos de um modelo de contexto são compartilhados por todos os participantes, e alguns são diferentes; alguns são estáveis durante todo o evento comunicativo, enquanto outros mudam de forma dinâmica como uma função da interação e do discurso em curso. Dito de outro modo, modelos de contexto, especialmente na interação verbal, são dinâmicos e mudam gradualmente.

Enquanto modelos mentais de eventos podem ser vistos como a base do "conteúdo" ou do significado do discurso, modelos de contexto tipicamente controlam não apenas o que está sendo dito, mas especialmente como é dito. Isto é, podem ser considerados como a base das propriedades pragmáticas e estilísticas do discurso. As estruturas de modelos de contexto definem as condições de apropriabilidade dos atos de fala e das sequências de interação de forma mais geral. Elas servem como a base referencial de expressões dêiticas. Elas controlam que informações "relevantes" de modelos de eventos são incluídas na representação semântica de um texto. E elas regulam como tais significados são variavelmente formulados em estruturas sintáticas, itens lexicais e expressões fonológicas ou gráficas. Em suma, modelos de contexto são vitais para a produção e a compreensão de um grande número de estruturas de discurso e são a prova de quão importante são a situação social e sua interpretação para o discurso e a comunicação.

Modelos de contexto são particularmente relevantes para uma análise explícita de gêneros do discurso político. De fato, poucas propriedades estruturais de gêneros desse tipo de discurso (como veremos com mais detalhe adiante) são exclusivas, mas podem ser compartilhadas com outros tipos de discurso. Contudo, o que é específico são os elementos do contexto da fala e da escrita políticas, a saber, o domínio e a definição geral da situação, do cenário, das circunstâncias, dos papéis, das metas, das opiniões e das emoções dos participantes. Em outras palavras, a definição genérica do discurso político pode ser contextual, e não textual. Com a exceção de umas poucas expressões que explicitamente denotam elementos da situação corrente, muito do que Sir John diz sobre a imigração e as minorias poderia ser dito em outras situações sociais. Por outro lado, outros gêneros, tais como conversações, narrativas, poemas, notícias, propaganda e artigos acadêmicos, são definidos muito mais em termos de suas estruturas específicas, e não tanto pelo seu contexto.

Assim, podemos concluir provisoriamente que os gêneros do discurso político são definidos essencialmente pelas suas funções no processo político representado pelas categorias do modelo de contexto político. Trivialmente: o que quer que seja que um político diga é, por definição, uma forma de discurso político; e o que quer que seja dito por alguém com um objetivo político (por exemplo, para influenciar o processo político através das tomadas de decisões políticas) é também uma forma de discurso político.

Os processos cognitivos envolvidos na construção, ativação, usos ou mudanças de ambos os modelos de evento e modelos de contexto são estratégicos (van Dijk e Kintsch, 1983). Isto é, são operações on-line, objetivamente orientadas e hipotéticas, que processam informações em vários níveis ao mesmo tempo. Essas estratégias são rápidas e eficientes, mas falíveis, e podem precisar de correção em ocasiões posteriores. Usuários da língua podem errar a interpretação de uma situação social – e tais erros podem levar a conflitos comunicativos típicos, por exemplo, quando um receptor interpreta uma promessa como uma ameaça; quando conta muitas coisas que um receptor já sabe; usa um estilo inapropriado; ou usa os marcadores de polidez incorretos. Há vários tipos de reparos "pragmáticos" que podem corrigir tais mal-entendidos da informação contextual.

A eficiência do processamento estratégico pode requer que, muitas vezes, apenas uma parte da informação situacional relevante precise ser processada. Assim, dependendo das metas, tarefas ou requisitos especiais, usuários da língua podem interpretar uma situação comunicativa mais ou menos superficialmente, resultando em modelos de contexto mais ou menos detalhados. Em algumas situações, apenas os mais importantes níveis superiores de modelos de contexto precisam ser construídos, tais como a definição geral da situação, as ações em curso, apenas alguns participantes e seus papéis mais relevantes e um submodelo aproximado do conhecimento e opiniões do(s) receptor(es). No caso de nosso exemplo, receptores mais casuais ou distraídos da fala de sir John podem precisar saber apenas que esse é um discurso dentro de um debate parlamentar e que o falante é um MP conservador. Crenças detalhadas sobre os vários papéis de sir John (por exemplo, o distrito que representa) ou seu conhecimento podem não ser necessárias para chegar a uma compreensão de seu discurso mais ou menos apropriado contextualmente. De fato alguns podem representar sir John em termos de sua idade ou aparência, ou sua "imagem" em vez de suas opiniões políticas (ver Wyer et. al., 1991). Obviamente, aqueles nomeados para criticar ou comentar sua fala podem precisar de um modelo mental mais detalhado dessa situação, incluindo de sir John em si.

A cognição política

Após a discussão do lado pessoal da cognição política, isto é, os modelos construídos pelos atores políticos em sua memória episódica para produzir ou entender ações e discursos políticos, precisamos finalmente dizer algo mais sobre a dimensão socialmente compartilhada da cognição política. Temos assumido que a memória social é constituída por conhecimentos, atitudes, ideologias, valores e normas. Também temos assumido que, pelo menos, algumas dessas representações podem ser organizadas esquematicamente, e o modo como eles são organizados é a arquitetura global da mente social (Kuklinski, Luskin e Bolland, 1991; ver as várias contribuições em Lau e Sears, 1986).

Contudo, para entender as estruturas do discurso político, é preciso também dizer mais sobre as estruturas das representações políticas gerais. Como são, de fato, representadas as atitudes e ideologias políticas, e qual é o papel dos valores e normas políticas em tais representações? Também, podemos querer saber como tais estruturas afetam o conteúdo e as estruturas de ambos os modelos de evento e de contexto e como, finalmente, eles podem aparecer no discurso político. Assim, sir John alega que a taxa de natalidade dos imigrantes excede, em muito, a da população nativa; uma declaração geral que podia ser uma expressão direta de suas atitudes étnicas conservadoras sobre grupos e sua reprodução, embora ele alegue ("como todos sabem") que sua proposição é parte da *base comum* geral. Ao mesmo tempo, ele alega explicitamente que tem uma grande admiração por muitos muçulmanos, mas uma vez que pouca admiração pelos muçulmanos transpira na sua fala, podemos perguntar se suas atitudes subjacentes sobre os muçulmanos realmente são cheias de admiração, ou se essa alegação é essencialmente uma forma estratégica de gerenciamento de impressão e auto-apresentação positiva, usada para negar um possível preconceito ou racismo que sua audiência podia lhe atribuir. Em outras palavras, as relações entre as representações políticas e o discurso não são tão diretas. Assim, examinaremos brevemente alguns dos componentes da memória sociopolítica.

Conhecimento

Diferente da maioria das abordagens filosóficas e psicológicas do conhecimento, eu propus acima a distinção entre dois tipos de conhecimento, a saber, o conhecimento compartilhado por um grupo específico, de um lado, e o conhecimento cultural geral compartilhado entre muitos diferentes grupos na sociedade, por outro.

Este, o conhecimento da *base comum* é o fundamento de toda a interação e comunicação na sociedade e é geralmente pressuposto no discurso. Esse tipo de conhecimento é geralmente não disputado, não controverso e tomado como dado e ensinado na socialização e na escola numa dada sociedade. Essas crenças "factuais" geralmente compartilhadas são aceitas como (e chamadas de) "conhecimento" na sociedade. No discurso de sir John, a maioria de suas palavras é baseada em tal tipo de conhecimento compartilhado. Assim, todos sabem o que são "parlamento", "muçulmanos" ou "imigrantes".

Em segundo lugar, existem crenças factuais que são apenas aceitas como "verdadeiras" por grupos sociais específicos, tais como cientistas, *experts*, profissionais, membros de religiões específicas, membros de um partido, ou qualquer outro tipo de grupo. Os critérios aplicáveis para o conhecimento mencionado anteriormente também se aplicam aqui (esse conhecimento é também rotineiramente não disputado, tomado como dado, visto como senso comum, geralmente pressuposto etc.), mas apenas no nível do grupo. Esse conhecimento de grupo é chamado de "conhecimento" dentro do próprio grupo. Fora do grupo, contudo, tal conhecimento pode não ser chamado de "conhecimento", mas de "crença" ou "opinião", isto é, crenças que não são consideradas verdadeiras de acordo com os critérios de verdade da cultura geral, ou aquelas de outros grupos (o que não significa que, de um ponto de vista abstrato e universal, tais crenças sejam falsas).

Muito do conhecimento político é conhecimento de grupo e será visto frequentemente como "mera opinião política" por grupos oponentes. Tipicamente, o conhecimento de feministas sobre a dominância masculina na sociedade pode ser rejeitado por muitos homens, e o mesmo é verdadeiro para o conhecimento de grupos ambientalistas sobre a poluição, o que pode ser contestado por poluidores. O oposto é igualmente verdadeiro: grupos racistas também têm seu conhecimento de grupo, mesmo que muitas outras pessoas na sociedade disputem tal conhecimento e o tratem como crenças preconceituosas.

No discurso de sir John, há um exemplo típico quando ele declara que "todos sabem" que a taxa de natalidade (dos muçulmanos) excede em muito aquela da população nativa. Podemos assumir que isso é um fato para sir John, enquanto membros de outros grupos (por exemplo, antirracistas) podem qualificar isso como uma opinião preconceituosa, ou pelo menos como um exagero, ou como uma declaração enviesada porque é incompleta, no sentido de que a taxa de natalidade dos imigrantes, mesmo quando mais alta que aquela da população nativa, normalmente adapta-se rapidamente àquela da maioria. O fato de sir John fazer a declaração utilizando a expressão "todos sabem" sugere que isso precisamente não é conhecimento geral; se fosse ele teria o pressuposto, e não o declarado. Ele faz a afirmação porque ele sabe precisamente que outros no Parlamento o veriam como uma opinião ou uma crença enviesada, e sua apresentação desse conhecimento, como geralmente compartilhada, é assim um movimento retórico bem conhecido para persuadir sua audiência da validade geral do "conhecimento" do seu grupo. O mesmo é verdadeiro para seu "conhecimento" sobre os "grandes números" de imigrantes que a Grã-Bretanha tem absorvido, e que o povo inglês comum nunca foi perguntado sobre sua opinião acerca a questão da imigração.

O conhecimento socialmente partilhado de grupos específicos ou de culturas inteiras precisa ser aplicável em muitas situações e, por isso, precisa ser geral e abstrato; pode ser sobre imigrantes em geral, mas não sobre um imigrante específico ou um evento específico. Temos argumentado que esse tipo de conhecimento específico é tipicamente armazenado em modelos (de evento) mentais na memória episódica. Portanto, faz sentido distinguir não somente o conhecimento de grupo do conhecimento cultural, mas também, distinguir entre o conhecimento social e pessoal.

Finalmente, há um tipo de conhecimento que corporifica características tanto do conhecimento específico (baseado em modelos), por um lado, quanto do conhecimento socialmente partilhado, por outro, a saber, o conhecimento histórico. Esse conhecimento pode ser sobre eventos específicos, por exemplo, o Holocausto ou a Guerra Civil na Bósnia, mas ao mesmo tempo pode ser mais ou menos conhecido, e assim até pressuposto (a ser verdadeiro) no discurso e na interação. Grande parte do conhecimento político é desse tipo; o discurso de sir John pressupõe esse tipo de conhecimento histórico e político.

Opiniões e atitudes

As crenças descritas acima como sendo de vários tipos de conhecimento podem ser chamadas de "factuais" porque pessoas, grupos ou culturas inteiras as consideram como verdadeiras de acordo com seus respectivos critérios de verdade. Há, contudo, também, conjuntos de crenças na memória social que não são tratados em termos de critérios de verdade, mas são compartilhados na base de critérios avaliativos (bom vs. ruim etc.), a saber, as opiniões. Como temos visto, contudo, o que pode ser uma crença factual para um grupo pode ser uma crença ou opinião avaliativa para outro.

Da mesma forma que o conhecimento, essas opiniões sociais compartilhadas podem ser organizadas em estruturas maiores, para as quais reservamos o termo tradicional atitude (para outras concepções de atitude, ver Eagly e Chaiken, 1993). Assim, atitudes partilhadas de grupo sobre o aborto ou a imigração normalmente consistem de mais de uma opinião. Note que, em meu enquadre teórico, atitudes são essencialmente sociais e relacionadas aos grupos. Indivíduos podem ter opiniões pessoais, mas somente compartilham as atitudes como membros de tais grupos.

Devido a sua natureza avaliativa, opiniões e atitudes não são tipicamente tomadas como dadas ou contestáveis e, portanto, raramente fazem parte da *base comum* cultural. Mesmo assim, cada cultura pode ter algumas opiniões que não são contestáveis, por isso, ter todas as propriedades de outras crenças da *base comum*.

Em um discurso proferido por um membro (muito) conservador do Parlamento sobre um tópico controverso, como a imigração, pode-se esperar muitas opiniões de grupo. Elas podem ser expressas diretamente na sua forma geral e abstrata, como premissas em argumentos, ou indiretamente, através de suas instanciações em modelos específicos, isto é, aplicadas a um caso especial por um falante individual.

Assim, sir John expressa as seguintes opiniões gerais de grupo:

(1) Isso (imigração em grande escala) é um problema principalmente para a Inglaterra (linhas 4-5)

(2) Nós da Inglaterra somos um povo dócil, gentil, tolerante e pacífico (linhas 20-21)

A maioria das outras opiniões, contudo, é especificada para o "aqui" e "agora" da situação presente e, portanto, incluída nos modelos de eventos correntes:

(3) Já houve algumas erupções perigosas de grupos da comunidade muçulmana (linhas 11-12)

(4) É imprudente negar os problemas e os medos que essas erupções perigosas causam nas pessoas comuns, as que deveríamos estar representando (linhas 16-17)

(5) Não devemos permitir que nossos sentimentos de culpa sobre o tratamento com os imigrantes ofusquem nosso julgamento (linhas 18-19)

(6) Isso é uma pequena tentativa de ter um pouco mais de controle, e muito sábia ela é. Deve ser acolhida por todos nesta Casa e fora dela (linhas 36 e 37)

As crenças avaliativas são baseadas em normas e valores. Assim (3) é uma opinião devido ao uso de "perigosas" como uma descrição avaliativa das "erupções" dos muçulmanos, uma avaliação que pressupõe a violação do valor positivo da segurança. A opinião (4) é uma descrição avaliativa de um ato mental (negar medos...) que viola os valores da democracia. De forma semelhante, (5) é uma declaração normativa baseada no valor da racionalidade. E finalmente em (6) o uso de "sábia" está baseado no valor da sabedoria, e é predicado da noção de "controle", que é também avaliativo, uma vez que "estar sob controle" é um valor positivo na cultura britânica. Todas essas opiniões advêm, é claro, das atitudes políticas socialmente compartilhadas sobre a ameaça que os estrangeiros em geral e os muçulmanos em particular representam, atitudes sobre o que "o povo comum" pensa e, mais amplamente, sobre a imigração.

Finalmente, note que o texto também tem um número de opiniões que são pessoais, tais como a admiração pelos muçulmanos e pela sua religião, e a apreciação da carta de Douglas Hurt para a comunidade muçulmana. Contudo, mesmo essas opiniões pessoais, quando não há mais argumentos a seu favor, devem ser baseadas em pressupostas opiniões gerais. Assim, o comentário positivo sobre os muçulmanos é baseado na opinião e no valor geral de que outras culturas são iguais a nossa, já a apreciação da carta deve ser derivada da atitude do grupo conservador sobre a lei e a ordem e as ações que políticos responsáveis devem tomar para manter a paz. Em outras palavras, as opiniões em modelos mentais pessoais podem ser formadas na base de atitudes sociais partilhadas pelos grupos.

Opiniões pessoais e o discurso que as expressa podem, assim, estar mais ou menos de acordo com as atitudes dos grupos, e mais ou menos coerentes entre si. Pesquisas empíricas sugerem que essa coerência de atitudes é mais pronunciada para os que têm experiência política numa área específica do que para os novatos (Judd e Downing, 1990). Para a discussão deste capítulo, isso também significa que representações políticas extensivas e bem estruturadas facilitam a compreensão de questões políticas (políticos, questões políticas, notícias políticas na mídia etc.) (Fiske, Lau e Smith, 1990).

Ideologias

Finalmente, será assumido que as representações sociais (conhecimentos, atitudes) compartilhadas por um grupo podem ser organizadas por ideologias subjacentes. Ideologias são, por definição, gerais e abstratas, porque precisam se ajustar a muitas atitudes diferentes em domínios sociais diferentes. Assim, uma ideologia racista pode controlar atitudes sobre imigração, mas também sobre habitação, trabalho, educação ou cultura de imigrantes ou minorias (para detalhes, ver van Dijk, 1991, 1998a).

O nível de abstração e o complexo controle da cognição social requerem uma aprendizagem social extensiva da experiência (modelos) – ou uma doutrinação direta. Portanto, as ideologias são adquiridas relativamente tarde no desenvolvimento e não são detalhadas da mesma maneira por todos os membros do grupo. Alguns *experts* do grupo (ideólogos) terão ideologias mais extensivas que os membros "comuns" (ver Judd e Downing, 1990; Powell, 1989; Zaller, 1990).

Contudo, ser membro de um grupo ideológico (e se identificar com tal grupo) requer, provavelmente, que o indivíduo aceite algumas crenças ideológicas centrais. Embora o trabalho clássico sobre ideologias políticas (Converse, 1964), bem como algumas tendências na psicologia social contemporânea (Projeto de Lei, por exemplo, 1991a, 1991b), neguem que as pessoas têm ideologias (estáveis), parece plausível que, para aqueles domínios em que as pessoas têm atitudes sociais, tais como as que organizam suas vidas cotidianas, elas têm ideologias que organizam essas atitudes (Milburn, 1987). Variações ideológicas pessoais expressas em *surveys* e em (outros) discursos podem ser explicadas simplesmente em termos de opiniões pessoais corporificadas pelos modelos de eventos (experiências pessoais) e contexto, e pelo fato de os indivíduos serem membros de diferentes grupos sociais, cada um com suas próprias atitudes e ideologias (Krosnick e Milburn, 1990).

É assumido que as ideologias são organizadas primeiramente pelos autoesquemas de grupo, com categorias tais como: critérios de pertencimento, atividades, propósitos, valores/normas, posição social e recursos. Essas são as categorias em que a informação crucial que autodefine o próprio grupo, bem como sua relação com outros grupos, é representada: quem somos nós, o que fazemos, com que propósitos etc.? Dentro da categoria de posição social, as relações possivelmente conflitantes com outros grupos podem ser representadas.

Em nosso exemplo, o conhecimento de grupo e as opiniões expressas por sir John podem ser organizados em várias ideologias, a saber, as de nacionalismo, etnocentrismo, racismo e democracia. Assim, uma ideologia racista enfatizará o conhecimento (de grupo) sobre o grande número de imigrantes, sobre a taxa de natalidade e sobre a oposição do povo comum ao aumento da imigração ("basta"). Também controla a atitude sobre a criminalidade ou agressividade de minorias em geral, e a representação de muçulmanos em particular. A ideologia nacionalista controla opiniões sociais partilhadas sobre as qualidades positivas do Nós, os ingleses (dóceis, gentis, tolerantes, pacíficos) e sobre a pátria (amada). A ideologia democrática organiza as atitudes gerais sobre a necessidade de as pessoas comuns terem uma voz, terem a oportunidade de votar e de expressar seu ponto de vista sobre suas vidas e experiências cotidianas, incluindo a imigração. Mais especificamente, sir John defende uma versão populista da democracia, que alega escutar a opinião das pessoas comuns (a classe trabalhadora), enquanto ignora a das elites (os intelectuais etc.). Obviamente, as credenciais democráticas de sir John são estrategicamente expostas como uma forma de autoapresentação positiva, tanto dele como de seu partido. Assim, bem tipicamente, ele ignora os direitos democráticos dos imigrantes.

Discurso político

Após ter examinado vários aspectos da cognição política e a maneira como eles controlam as estruturas do discurso político, agora revertemos a direção da análise da relação entre discurso e cognição. Isto é, enfocaremos algumas propriedades prototípicas de muitos gêneros discursivos políticos, e depois tentaremos explicá-los em termos de uma cognição política subjacente e, de forma indireta, em termos de suas funções no contexto político e na política de forma mais geral.

Uma revisão mesmo de uma fração dos estudos anteriores de análise do discurso sobre a fala e a escrita políticas está além do escopo deste capítulo (ver as muitas referências aos estudos de discurso político em Chilton e Schaffner, 1997; van Dijk, 1997c). O mesmo é verdadeiro para a análise mais específica dos debates parlamentares (para debates parlamentares sobre minorias e imigração, ver Carbo, 1992, 1995; Martin Rojo e van Dijk, 1997).

Em vez disso, vou proceder mais teoricamente, e apenas discutir algumas estruturas do discurso político e suas relações com a cognição política e suas funções no processo político. Dada a importância da contextualização para a definição do discurso político, darei atenção especial à análise (cognitiva) do contexto.

Contexto

Antes de tratar das estruturas políticas de discurso *per se*, vamos tratar brevemente do seu contexto. Como sugerido anteriormente, os contextos devem ser definidos em termos dos modelos mentais de eventos comunicativos dos participantes. Isto é, eles são representações subjetivas e avaliativas do *self* e de outros participantes, e das outras categorias da situação comunicativa relevantes para o discurso, tais como, por exemplo, van Dijk (1997a, 1998b):

- domínio como um todo (por exemplo, a política);
- ação societal como um todo (legislação);
- situação corrente (hora, localização);
- circunstâncias correntes (projeto de lei a ser discutido);
- interação corrente (debate político);
- gênero discursivo corrente (discurso);
- os vários tipos de papel dos participantes (falante, MP, membro do Partido Conservador, branco, masculino, idoso etc.);
- as cognições dos participantes (metas, conhecimento, crenças etc.).

Também tem sido sugerido que os muitos gêneros do discurso político (debates parlamentares, leis, propagandas, *slogans*, tratados internacionais, negociações de paz etc.) são largamente definidos antes em termos contextuais que textuais. O discurso político não é principalmente definido pelo tópico ou pelo estilo, mas antes por quem fala com quem, como, em que ocasião e com que objetivos. Em outras palavras, o discurso político é especialmente "político" devido a suas funções no processo político (van Dijk, 1997c).

Assim, o que sir John tem a dizer é um "discurso" no Parlamento apenas quando um número dessas condições contextuais específicas é satisfeito. O presidente da Câmara dos Comuns está parcialmente no controle dos critérios situacionais. Por exemplo, sir John tem a permissão para falar no Parlamento apenas por um período de tempo específico, e durante uma sessão ou debate parlamentar específico, porque ele é um MP, porque ele representa seu partido e porque a ele foi cedida a palavra pelo presidente. E seu discurso é politicamente funcional para o processo político porque ele pretende defender um (Tory) projeto de lei apresentado no Parlamento contra a crítica da oposição (Labour).

O fato de que os falantes são conscientes de tais categorias contextuais é mostrado pelas suas descrições indexicais, às vezes, explícitas dessas categorias. Assim, sir John explicitamente se refere à situação, aos papéis e metas dos participantes, quando ele pergunta (retoricamente): "Porque nós estamos aqui hoje, os membros do Parlamento inglês?" (linhas 6-7). E quando, na próxima sentença, ele explicitamente se endereça à oposição, e mostra assim que o papel social e político do oponente ou da oposição pode ser uma categoria relevante numa situação política (para detalhes, ver, por exemplo, Wilson 1990). Muitas das expressões dêiticas no discurso de sir John pressupõem o conhecimento de outras categorias contextuais relevantes, tais como: a localização ("essa pequena ilha"), o tempo ("agora temos minorias étnicas") e especialmente os participantes em vários papéis ("como todos nós sabemos", "nosso país", "que supostamente representamos", "nós da Inglaterra").

O uso do mais típico pronome político ("nosso") mostra, em especial, com que grupos o falante se identifica. Note, porém, que esse tipo de pertencimento ao grupo não é "objetivo", mas faz parte tanto dos modelos como das representações sociais dos falantes enquanto membros do grupo, e, em um discurso particular, também é socialmente construído para propósitos estratégicos ("nós democratas"), excluindo outros ("nós da Inglaterra', se referindo à pessoa branca, e não à pessoa negra). A polarização discursiva de Nós e Eles, típica do discurso político, não somente reflete as representações mentais de pessoas sobre quem se falou (ingleses vs. muçulmanos), mas também as categorias dos participantes (representados em modelos de contexto) para quem se falou numa situação comunicativa (Nós conservadores vs. Eles da oposição Labour).

Modelos de contexto também regulam o estilo, aspectos como a formalidade das expressões nominais ("população nativa", "influxo" etc.) como uma função da interação formal e institucional no Parlamento, ou o uso de expressões populares ("chega") como uma função da estratégia persuasiva da autoapresentação positiva de um MP populista, que alega assumir a perspectiva do "povo comum". Note que apenas algumas dessas expressões (como o uso de "honroso" ou "amigo", usado para se dirigir a um MP do mesmo partido) são típicas dos debates parlamentares.

Como temos visto, modelos de contexto também regulam as representações semânticas ao controlarem a seleção de informações relevantes dos modelos de evento. Sir John sabe muito mais e tem muito mais opiniões sobre imigração e muçulmanos, mas limitações de tempo, crenças sobre as crenças dos receptores e estratégias de autoapresentação positiva determinarão que algumas informações de modelo sejam selecionadas para expressão e outras informações permaneçam implícitas, pressupostas ou meramente sugeridas. A ideologia conservadora do seu partido será instanciada num modelo de contexto que favorece a seleção de crenças sobre Nossas boas características e as características ruins Deles.

Modelos de contexto regulam a dimensão pragmática do discurso político, por exemplo, o uso de atos de fala tais como as questões "retóricas" expressas no discurso de sir John. Ele sabe que outros sabem, ou não querem saber sua opinião, e assim ele e seus receptores sabem que suas questões não requerem respostas. E, indiretamente, o uso de termos depreciativos como "laia" para a oposição (Labour) implica a realização de uma acusação (de que Labour é flexível com relação à imigração), se detalharmos todas as categorias de contexto relevantes à situação corrente.

Note finalmente que as relações entre contexto, modelos de contexto, discurso e cognição têm várias direções. Assim, modelos de contexto restringem a produção textual, resultando em estruturas de discurso limitadas pelo contexto. Estas, por sua vez, serão interpretadas por receptores como propriedades do modelo de contexto do falante (sua interpretação da situação, da interação corrente, como também suas metas, seu conhecimento e suas opiniões). Isto é, as estruturas de discurso podem, por sua vez, influenciar os modelos de contexto do receptor. Os receptores podem aceitar essas interpretações do contexto e interpretá-las, como sugeridas, em seus próprios modelos de contexto. Por outro lado, eles podem representar e avaliar de modo diferente a interação corrente e, especialmente, o falante. Assim, enquanto sir John, por exemplo, representa o britânico branco, incluindo ele mesmo, como tolerante, os participantes podem rejeitar essa opinião. De modo semelhante, eles podem discordar do problema de imigração sugerido retoricamente pela fala de sir John.

Estruturas do discurso político

Temos visto que muitas estruturas de discurso são uma função dos modelos de contexto. Contudo, o discurso não é somente restrito pelos modelos de contexto, mas também pelos modelos de evento, isto é, pela maneira como o falante interpreta os eventos que são falados, como também pelas representações sociais mais gerais compartilhadas pelos membros do grupo, como mostrado anteriormente. O que importa para a definição do discurso político é que essas estruturas sejam relevantes para as estruturas e os processos políticos. Assim, contextualmente, o discurso de sir John funciona como uma contribuição para as tomadas de decisão parlamentares e para a legislação sobre a imigração, que, por sua vez, tem um papel na reprodução das relações étnicas e do racismo no Reino Unido (Solomos e Back, 1995; Reeves, 1983; van Dijk, 1991, 1993a). Mais localmente, no Parlamento, seu discurso funciona como uma defesa de um Projeto de Lei e como um ataque à oposição Labour.

Agora consideremos brevemente algumas estruturas de discurso e mostraremos como elas são relevantes tanto para o processo político como também para a cognição política. Assumiremos que essas estruturas, em si, são conhecidas e não precisam de uma análise teórica, e focalizaremos especialmente nas suas funções políticas. Veremos que, como um todo, essas estruturas seguirão a estratégia global ideológica ou política de autoapresentação positiva e apresentação negativa do outro (para uma análise teórica e outros exemplos, ver van Dijk, 1987a, 1993a).

Tópicos

Quais informações são definidas e enfatizadas como importantes ou tópicas no discurso (político ou outro), é uma função dos modelos de evento e de contexto dos falantes. Assim, tipicamente as informações negativas sobre Nós, nosso próprio grupo (por exemplo, o racismo na Inglaterra), não serão topicalizadas no discurso de sir John, enquanto as informações negativas sobre Eles, os Outros (por exemplo, sua suposta agressão), tendem a ser topicalizadas. E vice-versa: nossas características positivas serão ignoradas, minimizadas ou mencionadas apenas *en passant*. Assim, os principais tópicos do discurso de sir John expressam seu modelo mental da imigração atual na Inglaterra:

(T1) Imigração em massa é um problema para a Inglaterra.

(T2) Imigrantes são uma ameaça ao nosso país e à nossa cultura.

(T3) As pessoas comuns da Inglaterra não querem mais imigração.

(T4) Podemos exercer mais controle sobre a imigração com esse projeto de lei.

A consequência implícita desses tópicos é que a Casa deve votar a favor desse projeto de lei. Além da reprodução de estereótipos étnicos e de tentar persuadir a Casa para adotar esse projeto de lei, esse discurso ao mesmo tempo tem uma função política mais direta, nomeadamente, a de advertir a oposição Labour para não ignorar a "voz do povo". Sir John implica claramente com essa advertência que, se nós (ou Labour) não escutarmos as pessoas brancas comuns, não teremos seu apoio. Pesquisas empíricas mostram que em geral os tópicos, as definições de questões ou "enquadres" fornecidos pelas elites podem ter um efeito significante sobre a interpretação e a opinião públicas (Gamson, 1992; Kinder e Sanders, 1990).

Esquemas

A organização global e esquemática do discurso é convencional e assim não é diretamente variável por causa das restrições contextuais. Dessa forma, um discurso parlamentar tem as mesmas categorias constituintes se feito por um MP conservador ou Labour. São, de forma especial, a ordem, a proeminência, o tipo e a extensão da informação incluída nessas categorias que podem variar e, desse modo, ser destacados ou mitigados como uma função da autoapresentação positiva e da outro-apresentação negativa.

Assim, se um discurso tivesse uma estrutura global problema-solução, sir John podia se deter mais na categoria problema (os problemas supostamente causados pelos imigrantes) do que na categoria solução.

Os debates parlamentares são tipicamente discursos persuasivos em que os MPs tomam posições políticas, expressam suas opiniões e atacam as dos outros dentro do enquadre das estruturas argumentativas – uma das mais típicas estruturas esquemáticas de discurso. Assim, sir John pretende apoiar um projeto de lei que determina restrições à imigração. Seus argumentos, que levam à conclusão de que tal limitação é boa para a Inglaterra, são, dessa forma, selecionados tanto em seu modelo mental quanto em suas atitudes conservadoras, de tal forma que apoiem da melhor maneira aquela conclusão:

(a) Há milhões de imigrantes.

(b) Eles têm uma taxa de natalidade mais alta.

(c) A Inglaterra é pequena e já tem imigrantes demais.

(d) Nossa cultura está sendo ameaçada.

(e) Os muçulmanos são especialmente perigosos.

(f) O povo inglês comum sofrerá.

(g) O povo comum diz: basta!

Típica, também, é a rejeição de possíveis contra-argumentos, que acontece quando sir John rejeita argumentos emocionais: sentimentos de culpa não devem obscurecer nosso julgamento; e essa restrição não é racista (como muitos podem pensar) porque os ingleses são tolerantes; e eu não sou racista ou antimuçulmano porque admiro os muçulmanos.

Em outras palavras, a seleção de proposições negativas sobre imigrantes de modelos de eventos específicos (por exemplo, as recentes "erupções" de muçulmanos) e de preconceitos gerais ("taxa de natalidade" etc;) obedece à restrição geral da outro-apresentação negativa, que, por sua vez, organiza todas as premissas que precisam levar à conclusão negativa, isto é, que a imigração tem que ser controlada. Essa conclusão, que se aplica ao modelo de contexto corrente é, ao mesmo tempo, um modelo de ação futura no contexto político: imigrantes não podem mais entrar. Em suma, uma análise da argumentação política também pressupõe vários usos estratégicos de vários tipos de representações mentais.

A semântica local

Vimos que os modelos de contexto político definem que a informação vinda dos modelos de eventos correntes será incluída, ou não, de forma relevante no discurso. Isso é verdadeiro tanto para os significados (tópicos) globais quanto para os significados locais expressos nas sentenças reais da fala e da escrita. Uma categoria de contexto importante que controla essa seleção é a ideologia política do falante e dos receptores, que também podem influenciar a complexidade dos significados locais. Assim, a simplicidade do argumento de sir John parece confirmar a frequente falta de complexidade conceitual dos políticos radicais (especialmente os conservadores) (Tetlock, 1983, 1984, 1993). E, por outro lado, as específicas estruturas semânticas construídas dessa forma podem influenciar os modelos "preferidos" dos receptores que não possuem fontes alternativas de conhecimento (Lau, Smith e Fiske, 1991).

Assim, muitas proposições do discurso de sir John são persuasivamente selecionadas como uma função do seu modelo mental da situação no Reino Unido, que, por sua vez, é controlada por suas ideologias conservadoras, nacionalistas e racistas, e focalizam, tipicamente, os detalhes de Suas características negativas:

(S1) Temos permitido centenas de milhares de imigrantes.

(S2) Temos agora minorias étnicas de muitos milhões de pessoas.

(S3) Sua taxa de natalidade excede em muito aquela da população nativa.

(S4) Que efeito terá sobre nossa religião, nossa moral, nossos costumes, nossos hábitos?

(S5) Já houve algumas erupções perigosas oriundas de grupos da comunidade muçulmana.

(S6) Os medos que essas erupções perigosas causam.

(S7) Grandes números de imigrantes morando lá.

Exageros, números, contrastes e metáforas ("erupção") e outros movimentos retóricos destacam ainda mais essa seleção tendenciosa das proposições negativas do modelo de evento de sir John. A implicação geral de tais proposições é que Eles (muçulmanos) representam uma ameaça para Nós. A única proposição positiva sobre os muçulmanos (linhas 12-13) poderia ser lida, nesta topologia de significados negativos dominantes, como uma ressalva que tem a função estratégica de favorecer a autoapresentação positiva (van Dijk, 1987a, 1993a). De fato, é também a única parte do discurso em que sir John fala sobre ele mesmo.

Por outro lado, o discurso curto enfatiza as qualidades positivas do povo (branco) da Inglaterra, como temos visto, assim contrastando Nós e Eles, como de costume, e como antes analisado. Note, porém, que sua referência positiva ao povo comum inglês não precisa ser uma expressão de suas representações sociais do povo comum. Como um conservador, é pouco provável que sir John realmente goste muito do "povo" e de sua vontade. Antes, então, sua descrição positiva é uma estratégia "populista" de autoapresentação positiva (Eu = Somos democráticos, Nós escutamos o povo), e uma crítica implícita ao Partido Labour (que não escuta o povo). Isto é, percebemos que não são todos os significados que derivam de modelos de eventos ideologicamente baseados, mas podem também ser inspirados pelos modelos de contexto que destacam as imagens de Nós (conservadores) e Eles (Labour) e as metas da ação política (defender um projeto de lei). Pela mesma razão, é provável que receptores críticos ouçam tais referências positivas ao povo comum não como opiniões genuínas, mas meramente como movimentos da interação política estratégica.

Mais geralmente, então, uma análise política cognitivamente fundada de significados locais tentará relacionar a seleção de proposições expressas na fala e na escrita com os modelos de contexto e evento subjacentes e com as representações (grupo) compartilhadas socialmente, tais como: conhecimentos, atitudes e ideologias. Assim, se o significado local está explícito ou implícito, asseverado ou pressuposto, detalhado ou global, se é geral ou específico, direto ou indireto, espalhafatoso ou reprimido, será tipicamente uma função dos modelos de evento ideologicamente embasados. No caso de nosso exemplo, isso em geral denota que significados negativos sobre os Outros tenderão a ser selecionados, enfatizados, explícitos, detalhados, específicos, diretos, espalhafatosos; enquanto mitigações, atenuantes ou negações têm, antes, a função da autoapresentação positiva (ou de evitar uma má impressão), como regulada pelos modelos de contexto.

Estilo e retórica

Finalmente, as representações semânticas são expressas em estruturas variadas de superfície, isto é, através de lexicalização específica, de estruturas sintáticas e de elementos específicos de som, de tipografia ou de imagens, como também por mecanismos retóricos que levem à ênfase ou à não ênfase dos significados subjacentes.

Já sugerimos que cognitivamente essa variação é, em parte, uma função das estruturas e das opiniões nos modelos de eventos. Assim, opiniões negativas sobre os grupos de fora, como armazenadas nos modelos de eventos, e atitudes políticas serão lexicalizadas por palavras negativas, como vimos na expressão "erupções perigosas" para descrever as manifestações muçulmanas, ou "laia" ao descrever a oposição Labour. Tais lexicalizações podem não ser apenas negativas, mas também ter uma função retórica como hipérboles, por exemplo, quando sir John se refere à taxa de natalidade dos imigrantes como "excedendo em muito" aquela da população nativa. De forma inversa, lexicalizações positivas ("gentil", "tolerante", "pacífico") podem ser escolhidas para expressar autoimagens positivas do grupo oriundo do país.

O uso de variantes lexicais específicas pode também ter efeitos de "enquadre" muito diferentes na ativação de atitudes e ideologias políticas e, portanto, na construção de modelos de evento. As elites podem, então, usar termos específicos no discurso da mídia ou da política para influenciar a opinião pública. Por exemplo, definir a ação afirmativa como uma "vantagem não justa" ou como uma "discriminação reversa" engatilha uma gama de representações e estratégias cognitivas e, em especial, atitudes e ideologias racistas que resultam em mais opiniões negativas sobre a ação afirmativa (Kinder e Sanders, 1990).

Muitas propriedades do estilo e da retórica, contudo, não são expressões de opiniões ou estruturas subjacentes de modelos ou representações políticas, mas são monitoradas pelas várias categorias de modelos de contexto. Certos termos são prototípicos para o domínio da política, e a escolha de palavras formais, tais como "nativa", e "influxo" no discurso de sir John, indexa a formalidade do discurso parlamentar e da sessão na House of Commons. Os papéis e as identidades participantes, por exemplo, nos debates parlamentares, são indexados multiplamente pelos pronomes ("Nós *versus* Eles"), formas de tratamento ("honroso", "amigo") e por estratégias de polidez, enquanto, ao mesmo tempo, expressam formas de inclusão ou exclusão política e social.

De modo semelhante, atos de fala e perguntas retóricas podem ser empregados para expressar ou confirmar identidade e relações políticas.

Por exemplo, o tratamento direto de sir John ao Partido Labour nas linhas 6 a 10 é monitorado pelos papéis políticos subjacentes dos participantes, a saber, como partidos de governo e de oposição, e como um meio para acusar a oposição de não se preocupar com o futuro do país. Tudo isso é parte da definição de sir John do contexto político corrente de seu discurso e, portanto, aparece no seu modelo de contexto e também surge estrategicamente no seu discurso, ao autorrepresentar os *tories* como sendo preocupados, e a oposição como insensível ou como não democrática (porque não escuta o povo comum que deve ser seu principal eleitorado).

Conclusões

Nessa breve explicação sobre as estruturas do discurso político, descobrimos que praticamente todas elas podem ser explicadas em termos de uma teoria cognitiva mais sofisticada, que liga os diferentes tipos de representação mental ao texto escrito e falado. Em geral, então, tanto os significados quanto as formas de discurso político provêm de vários modos dos modelos de eventos, ou das representações políticas gerais, tais como os conhecimentos, as atitudes e as ideologias, em ambos os casos, como uma função dos modelos de contextos. Essa visão, é claro, não é exatamente nova quando nos damos conta de que essas estruturas mentais representam como os participantes compreendem os eventos políticos específicos, o mundo político e também a situação da comunicação política, respectivamente.

Para nosso argumento teórico, essa análise cognitiva das estruturas políticas não é um exercício da aplicação da psicologia cognitiva aos estudos de discurso político. Antes, a análise cognitiva é essencial para realmente descrever e explicar em detalhe como o discurso político expressa e desempenha seu papel no processo político. Ou seja, a fala e a escrita políticas estão relacionadas ao contexto e ao evento político imediatos, como foi o discurso de sir John em um debate parlamentar sobre imigração. Contudo, parece que não é o contexto em si que se relaciona ao discurso, mas os modelos que os participantes constroem do contexto interacional e comunicativo. É através de uma noção de relevância definida sociocognitivamente que somos capazes de demonstrar como exatamente, e por que, as situações políticas restringem a fala e a escrita, e vice-versa.

Semelhantemente, é raro que o discurso político seja apenas pessoal, embora não deva ser esquecido que o contrário é também verdadeiro: ele não é apenas político e social, mas, como fala e escrita individuais incorpora características individuais. Somente uma teoria cognitiva é capaz de mostrar essa interface entre o social e o pessoal, a saber: através das relações entre modelos mentais episódicos e outras representações pessoais, por um lado, e as representações políticas socialmente compartilhadas de grupos, por outro lado. Os grupos políticos e instituições não são apenas sociopoliticamente definidos em termos de conjuntos de atores e coletividades interactantes e suas interações, mas também sociocognitivamente, em termos de seu conhecimento, suas atitudes, suas ideologias, suas normas e seus valores. Em outras palavras, o discurso político somente pode ser descrito e explicado de forma adequada quando detalhamos a interface sociocognitiva que o relaciona às representações políticas socialmente compartilhadas que controlam as ações, os processos e os sistemas políticos.

(Tradução: Judith Hoffnagel)

Nota

[1] *Cabinet* é o termo usado para se referir aos ministros de um governo.

Discurso e manipulação

Existem várias noções cruciais na Análise Crítica do Discurso (ACD) que requerem atenção especial porque implicam abuso discursivo de poder. A manipulação é uma dessas noções. Mesmo assim, apesar de esta noção ser frequentemente usada de uma "forma mais impressionista", não há uma teoria sistemática das estruturas e processos envolvidos na manipulação.

Neste capítulo, examino algumas dessas propriedades da manipulação dentro de uma estrutura de triangulação, assim como a "triangulação" de um abordagem que explicitamente liga discurso, cognição e sociedade (van Dijk, 2001). Uma abordagem discursiva analítica é apropriada porque a maior parte da manipulação, como nós entendemos essa noção, desenvolve-se através da fala e da escrita. Em segundo lugar, os que são manipulados são seres humanos e isso tipicamente ocorre através da manipulação de suas "mentes"; dessa forma uma abordagem cognitiva também é capaz de esclarecer o processo de manipulação. Em terceiro lugar, a manipulação é uma forma de interação conversacional, e uma vez que isso implica poder e abuso de poder, uma abordagem social também é importante.

Tenho defendido muitas vezes que essas abordagens não podem ser reduzidas a apenas uma ou duas delas (ver, por exemplo, van Dijk, 1998a, 2001). Embora as abordagens sociais, interacionistas e discursivas sejam cruciais, pretendo mostrar que uma dimensão cognitiva também é importante porque a manipulação sempre envolve uma forma de manipulação mental.

Aqui não trabalho com a forma de "manipulação" usada na física, na ciência da computação, na medicina ou na terapia, entre outros usos mais ou menos diretamente derivados do significado etimológico de "manipulação", qual seja, mover coisas com as mãos. Antes, opero com as formas "comunicativas" ou "simbólicas" de manipulação como uma forma de interação, tal como os políticos ou a mídia manipulam seus eleitores e leitores, ou seja, através de algum tipo de influência discursiva.

Análise conceitual

Antes de iniciarmos uma explicação mais teórica e a análise de alguns dados, precisamos ser mais explícitos sobre o tipo de manipulação que queremos estudar. Como proposto, a manipulação é uma prática comunicativa e interacional na qual um manipulador exerce controle sobre outras pessoas, normalmente contra a vontade e interesses delas. No uso cotidiano, o conceito de manipulação tem associações negativas – manipulação é *ruim* porque é uma prática que viola as normas sociais.

Por essa razão, deve ser levado em consideração, no resto deste texto, que a "manipulação" é uma categoria típica de observação, por exemplo, de analistas críticos, e não necessariamente uma categoria dos participantes; poucos usuários da língua chamariam seu próprio discurso de "manipulador". Como também ocorre com o discurso racista, isso mostra que o conhecido princípio de algumas vertentes da Etnometodologia e da Análise Crítica (AC) – a saber, tornar explícitas as categorias de membros – não é sempre um método útil para as abordagens mais críticas. Na verdade, isso faria o estudo (crítico) das práticas discursivas sexistas ou racistas impossível.

A manipulação envolve não apenas poder, mas especificamente *abuso* de poder, ou seja, *dominação*. Mais especificamente, a manipulação implica o exercício de uma forma de influência *deslegitimada* por meio do discurso: os manipuladores fazem os outros acreditarem ou fazerem coisas que são do interesse do manipulador, e contra os interesses dos manipulados (entre os vários estudos sobre discurso e manipulação, ver, por exemplo, Chouliaraki, 2005; Martín Rojo e van Dijk, 1997).

Num sentido mais amplo e semiótico de manipulação, essa influência ilegítima também pode ser exercida com imagens, fotos, filmes ou outras mídias (van Leeuwen, 2005). De fato, muitas das formas contemporâneas de manipulação comunicativa – por exemplo, pelos meios de comunicação de massa – são multimodais, como é o caso típico da publicidade (Day, 1999; Messaris, 1997).

Sem as associações negativas, a manipulação poderia ser uma forma de (legítima) persuasão (ver, por exemplo, Dillard e Pfau, 2002; O'Keef, 2002). A diferença crucial neste caso é que na persuasão os interlocutores são livres para acreditar ou agir como desejarem, dependendo se eles aceitam ou não os argumentos do persuasor; já na manipulação aos receptores é dado, tipicamente, um papel mais passivo: eles são *vítimas* da manipulação. Essa consequência negativa do discurso manipulador ocorre tipicamente quando os receptores são incapazes de entender as intenções reais ou de perceber todas as consequências das crenças e ações defendidas pelo manipulador. Esse pode ser especialmente o caso quando os receptores não têm o conhecimento específico do que poderia ser usado para resistir à manipulação (Wodak, 1987). Um exemplo bastante conhecido é o discurso do governo e/ou da mídia sobre imigração e imigrantes, de modo a fazer com que cidadãos comuns coloquem a culpa da má situação econômica, tal como o desemprego, nos imigrantes, e não nas políticas governamentais (van Dijk, 1993a).

Obviamente, a fronteira entre a manipulação (ilegítima) e persuasão (legitima) é indefinida e dependente do contexto: alguns receptores podem ser manipulados por uma mensagem que não tem a mesma capacidade de manipular outros. Além disso, os mesmos receptores podem ser mais ou menos manipuláveis em diferentes circunstâncias, estados da mente e assim por diante. Muitas formas de persuasão comercial, política ou religiosa podem formalmente ser legítimas eticamente, mas os indivíduos ainda assim podem se sentir manipulados por elas, ou os analistas críticos podem julgar que essa comunicação está manipulando as pessoas. Provisoriamente, então, irei assumir que os critérios cruciais são os que fazem as pessoas agirem contra sua total consciência e interesses, e que a manipulação serve aos interesses do manipulador.

Na seguinte exposição teórica acerca da manipulação discursiva, adoto o marco teórico multidisciplinar global que tenho defendido durante a última década, triangulando uma abordagem social, cognitiva e discursiva (ver, por exemplo, van Dijk, 1998a, 2001). Ou seja, a manipulação é um fenômeno social – especialmente porque ela envolve interação e abuso de poder entre grupos e atores sociais – é um fenômeno cognitivo, porque a manipulação sempre implica a manipulação das mentes dos participantes, e é um fenômeno discursivo-semiótico, porque a manipulação é exercida através da escrita, da fala e das mensagens visuais. Como defendi anteriormente, nenhuma dessas abordagens pode ser reduzida a apenas uma e todas as três são necessárias para uma teoria integrada que também estabelece conexões explícitas entre as diferentes dimensões da manipulação.

Manipulação e sociedade

Para entender e analisar o discurso manipulador é crucial, primeiramente, examinar seu ambiente social. Já assumimos que uma das características da manipulação – por exemplo, em distinção à persuasão – é que ela envolve poder e dominação. Uma análise dessa dimensão do poder envolve uma explicação do tipo de controle que alguns atores ou grupos sociais exercem sobre outros (Clegg, 1975; Luke, 1989; van Dijk, 1989; Wartenberg, 1990). Também assumimos que esse tipo de controle é, antes de tudo, um controle da mente, ou seja, das crenças dos receptores e, indiretamente, um controle das ações dos receptores baseado nessa manipulação de crenças.

Para exercer esse controle social sobre os outros, entretanto, os atores sociais precisam satisfazer critérios pessoais e sociais que os permitem influenciar outros, em primeiro lugar. Neste capítulo, limito minha análise ao critério social e ignoro a influência dos fatores psicológicos, tais como traços de personalidade, inteligência, aprendizagem etc. Em outras palavras, eu não estou interessado aqui em o que pode ser uma "personalidade manipuladora", ou na forma pessoal específica como as pessoas manipulam as outras.

As condições sociais do controle manipulador, portanto, precisam ser formuladas – pelo menos no nível macro de análise – em termos de pertença de grupos, posição institucional, profissão, recursos simbólicos ou materiais e outros fatores que definem o poder dos grupos e de seus membros. Então, os pais podem manipular seus filhos por causa da sua posição de poder e autoridade na família, professores podem manipular seus alunos por causa da sua posição institucional ou profissional e por causa dos seus conhecimentos. O mesmo é verdade para políticos que manipulam seus eleitores, para jornalistas que manipulam os receptores do discurso da mídia ou para líderes religiosos que manipulam seus seguidores. Isso não significa que crianças não podem manipular seus pais, ou os estudantes, seus professores, mas isso não ocorre por causa da sua posição de poder, mas como uma forma de oposição ou dissidência, ou *ad hoc*, com base em características pessoais.

Dessa forma, o tipo de manipulação social que estamos estudando aqui é definido em termos de dominação social e da sua reprodução em práticas cotidianas, incluindo o discurso. Nesse sentido, estamos mais interessados na manipulação entre os grupos e seus membros do que na manipulação pessoal ou individual de atores sociais.

Uma análise mais profunda de dominação, definida como abuso de poder, requer o acesso especial aos (ou o controle sobre) recursos sociais escassos. Um desses recursos é o acesso preferencial aos meios de comunicação de massa e ao discurso público, um recurso compartilhado pelos membros das elites "simbólicas", tais como políticos, jornalistas, acadêmicos, escritores, professores, e assim por diante (van Dijk, 1996). Obviamente, para ser capaz de manipular tantos outros através da fala e da escrita, é preciso ter acesso a alguma forma de discurso público, como os debates parlamentares, as notícias, os artigos de opinião, os livros escolares, os artigos científicos, os romances, os shows de televisão, as publicidades, a internet, entre outros. E uma vez que acesso e controle, por seu turno, dependem do poder de um grupo (instituição, profissão etc.), como também o constituem, o discurso público é ao mesmo tempo um meio da reprodução social desse poder. Por exemplo, os políticos também podem exercer seu poder através do discurso público, e através desse discurso, ao mesmo tempo, eles confirmam e reproduzem seu poder político. O mesmo é verdadeiro para jornalistas e professores, em suas respectivas instituições – a mídia, as universidades etc.

Nós observamos que a manipulação é uma das práticas sociais discursivas de grupos dominantes que servem à reprodução do seu poder. Esses grupos dominantes podem fazer isso também de várias (outras) formas, por exemplo, através da persuasão, fornecendo informações, educação, instrução e outras práticas sociais que objetivam influenciar o conhecimento, as crenças e (indiretamente) as ações dos receptores.

Vimos que algumas dessas práticas sociais podem, é claro, ser legítimas, como, por exemplo, quando jornalistas ou professores fornecem informações para suas audiências. Isso significa que a manipulação, também de acordo com o que foi dito antes sobre suas características negativas, é caracterizada como uma prática social ilegítima, porque viola regras ou normas sociais gerais. Definimos como ilegítimas todas as formas de interação, comunicação ou outras práticas sociais que servem apenas aos interesses de uma parte e são contra os interesses dos receptores.

Referimo-nos aqui às próprias bases sociais, legais e filosóficas de uma sociedade justa ou democrática, e dos princípios éticos do discurso, da interação e da comunicação (ver, por exemplo, Habermas, 1984). Uma discussão aprofundada desses princípios e, portanto, uma explicação de por que a manipulação não é legitimada está fora do escopo deste texto. Nós assumimos que a manipulação é ilegítima porque viola os direitos humanos ou sociais dos que são manipulados, mas não é fácil aqui formular as normas ou valores exatos que são violados.

Pode-se sugerir como uma norma que os receptores são sempre devidamente informados sobre os propósitos e intenções dos falantes. Entretanto, isso seria um critério muito restrito porque em várias formas de comunicação e de interação tais intenções e propósitos não são explicitados, mas contextualmente atribuídos aos falantes pelos receptores (ou analistas) com base nas regras gerais do discurso e da interação. Na verdade, pode-se até postular um *princípio de egoísmo social* dizendo-se que (quase) todas as formas de interação ou discurso tendem a servir aos interesses dos falantes. Isso significa que o critério de legitimidade deve ser formulado em outros termos, como sugerido, a saber, que a manipulação é ilegítima porque viola os direitos dos receptores. Isso não precisa implicar a norma de que todas as formas de comunicação deveriam servir aos interesses dos receptores. Muitos tipos de comunicação ou atos de fala não são, como no caso de acusações, solicitações, comandos, e assim por diante.

Uma abordagem mais pragmática para tais normas e princípios são as máximas conversacionais formuladas por Grice (1975), as quais requerem que as contribuições para as conversações sejam verdadeiras, relevantes, relativamente completas, entre outras. Nas formas reais da fala e da escrita, contudo, essas máximas são frequentemente difíceis de aplicar: as pessoas mentem, o que nem sempre é uma coisa errada; as pessoas contam apenas metade de uma história por vários tipos de razões, algumas vezes legítimas, e a fala irrelevante é uma das formas mais comuns de interação cotidiana.

Em outras palavras, a manipulação não é (somente) "errada" porque viola as máximas conversacionais ou outras normas e regras de conversação, embora possa ser uma das dimensões da fala e da escrita manipuladoras. Nós, portanto, iremos aceitar sem uma análise mais aprofundada que a *manipulação é ilegítima em uma sociedade democrática porque (re)produz ou pode (re)reproduzir desigualdade*: ela serve aos interesses dos grupos dos poderosos e seus falantes, e fere os interesses dos grupos e falantes menos poderosos. Isso significa que a definição não está baseada nas intenções dos manipuladores, nem na maior ou menor consciência dos receptores acerca da manipulação, mas em termos de suas consequências sociais (ver também Etzioni-Halevy, 1989).

Para cada evento comunicativo, então, é preciso ser explicitado como esses respectivos interesses são operados no discurso manipulador. Por exemplo, se os meios de comunicação de massa fornecem informações incompletas ou, por outro lado, tendenciosas sobre um político específico durante uma campanha eleitoral com o propósito de influenciar os votos dos leitores, poderíamos ter um caso de manipulação, principalmente se assumirmos que os leitores têm o direito de ser "devidamente" informados sobre os candidatos em uma eleição. A informação "devida", nesse caso, pode então ser especificada como equilibrada, relativamente completa, imparcial, relevante, e assim por diante. Isso não significa que um jornal não poderia apoiar ou favorecer seu próprio candidato, mas isso deveria ser feito com argumentos, fatos etc., ou seja, através da informação adequada e da persuasão, não por meio da manipulação – por exemplo, omitindo informações muito importantes, por mentiras ou distorções de fatos, e assim por diante. Todos esses princípios normativos, do mesmo modo como eles encontram-se também estabelecidos no código de ética profissional do jornalismo, fazem parte da implementação específica daquilo que conta como formas "legitimadas" de interação e comunicação. Cada uma delas, entretanto, é bastante vaga e necessita ser detalhada em novas análises. Novamente, como sugerido antes, as questões envolvidas aqui pertencem à *ética do discurso* e, assim, são parte *das fundações da ACD*.

Essa análise informal das propriedades sociais da manipulação também mostra que, se a manipulação é uma forma de dominação ou abuso de poder, ela precisa ser definida em termos de *grupos sociais*, *instituições* ou *organizações*, e não no nível individual ou da interação pessoal. Isso significa que só faz sentido falar de manipulação, como definida, quando falantes ou escritores estão manipulando outros em seus papéis como um membro de uma coletividade dominante. Nas atuais sociedades da informação, esse é especialmente o caso das elites simbólicas na política, na mídia, na educação, nas universidades, na burocracia, assim como nas empresas comerciais, de um lado, e seus vários tipos de "clientes" (eleitores, leitores, estudantes, consumidores, o público geral etc.), do outro lado. Assim, a manipulação, socialmente falando, é uma forma discursiva de reprodução do poder da elite que é contra os melhores interesses dos grupos dominados e que (re)produz a desigualdade social.

Obviamente, essa formulação está colocada nos termos das categorias tradicionais do macronível, tal como o poder de grupos, organizações e instituições. Especialmente relevante para a análise do discurso é também, claro, o micronível mais situado e local das estruturas sociais, o da *interação*. A manipulação é também fundamentalmente uma forma de prática social e de interação e, por essa razão, daremos mais atenção a essas formas locais de manipulação ao discutirmos a manipulação discursiva mais adiante neste capítulo.

Manipulação e cognição

Manipular pessoas envolve manipular suas mentes, ou seja, as crenças das pessoas, tais como seus conhecimentos, suas opiniões e suas ideologias, os quais por sua vez controlam suas ações. Constatamos, entretanto, que há muitas formas da influência mental baseadas no discurso, tais como informar, ensinar e persuadir, o que também modela ou muda os conhecimentos e as opiniões das pessoas. Isso significa que a manipulação precisa ser distinguida dessas outras formas de gerenciamento da mente, como nós fizemos anteriormente em termos sociais, ou seja, em termos do contexto do discurso. Para sermos capazes de distinguir entre controle da mente legítimo e ilegítimo, primeiramente precisamos ser mais explícitos sobre o modo como o discurso pode "afetar" a mente.

Sendo a mente extraordinariamente complexa, a forma como o discurso pode influenciá-la inevitavelmente envolve processos intrincados que só podem ser gerenciados em tempo real através do uso de estratégias eficientes. Para nossos propósitos neste capítulo, essa abordagem será simplificada, reduzindo-se a alguns princípios e categorias básicos da análise cognitiva. Há um vasto número de estudos cognitivos (laboratoriais) que mostram como a compreensão pode ser influenciada por várias "manipulações" contextuais ou textuais, mas está além do escopo deste texto revisá-los (para estudos gerais do processamento do discurso, ver Britton e Graesser, 1996; Kintsch, 1998; van Dijk e Kintsch, 1983; van Oostendorp e Goldman, 1999).

Manipulando a compreensão do discurso baseada na memória de curto prazo

Em primeiro lugar, o discurso, em geral, e o discurso manipulador, em particular, envolvem o processamento da informação na memória de curto prazo (MCP), resultando basicamente na "compreensão" (de palavras, orações, sentenças, enunciados, e sinais não verbais), por exemplo, em termos de "significados" ou "ações" proposicionais. Esse processo é estratégico no sentido de ser on-line, ser propositalmente direcionado, operar em vários níveis da estrutura do discurso e ser hipotético: suposições e atalhos rápidos e eficientes são feitos em vez de análises completas.

Uma forma de manipulação consiste no controle de algumas dessas estratégias parcialmente automatizadas de compreensão do discurso. Por exemplo, ao imprimir parte do texto em uma posição saliente (por exemplo, no topo), em fontes grandes ou em negrito, esses dispositivos atrairão mais atenção e, consequentemente, serão processados com recursos extras de tempo ou memória, como é o caso das manchetes, títulos ou *slogans* publicitários – assim contribuindo para um processamento mais detalhado e para uma melhor representação e lembrança. Manchetes e títulos também funcionam como a categoria convencional do texto para a expressão das macroestruturas semânticas, ou tópicos, que organizam as estruturas semânticas locais; por essa razão, tais tópicos são mais bem representados e relembrados. Nosso posicionamento aqui é que características específicas do texto e da fala – como também sua representação visual – podem afetar especificamente o gerenciamento da compreensão estratégica na MCP, fazendo com que os leitores prestem mais atenção em algumas partes da informação do que em outras.

Claro que isso não ocorre apenas na manipulação, mas também em formas legítimas de comunicação, tais como em reportagens jornalísticas, em livros didáticos e em uma série de outros gêneros. *Isso sugere que, cognitivamente falando, a manipulação não é nada especial: ela faz uso de propriedades muito gerais do processamento discursivo.* Assim, tal como foi o caso da análise social da manipulação, precisamos de critérios adicionais para distinguir a influência legítima da ilegítima no processamento do discurso. A manipulação nesse caso pode residir no fato de que, ao chamar a atenção para a informação A em vez da informação B, o resultado da compreensão pode ser parcial ou tendencioso, como por exemplo, quando as manchetes enfatizam detalhes irrelevantes, não expressando os tópicos mais importantes de um discurso – prejudicando assim a compreensão dos detalhes através da influência do posicionamento superior/inferior do tópico. A outra condição social que deveria ser acrescentada nesse caso, como nós fizemos inicialmente, é que essa compreensão parcial ou incompleta serve aos interesses de um poderoso grupo ou instituição, e é contrário aos interesses dos grupos dominados. Obviamente, isso não é uma condição cognitiva ou textual, mas uma condição normativa social e contextual: o direito dos receptores de serem adequadamente informados. Nossa análise cognitiva simplesmente explicita o modo como as pessoas são manipuladas pelo controle de suas mentes, mas não pode formular por que isso é *errado*. Processos semelhantes estão em jogo com muitas formas de expressões não verbais, como o *layout* geral, o uso de cores, fotos, desenhos em conversações escritas, ou de gestos, expressões faciais e outras atividades não verbais do discurso oral.

Uma vez que o processamento do discurso na MCP envolve formas de análise tão diferentes, tais como as operações fonéticas, fonológicas, morfológicas, sintáticas e lexicais, todas direcionadas para uma compreensão eficiente, cada um desses processos de MCP pode ser influenciado de várias maneiras. Por exemplo, uma pronúncia mais lenta e distinta, uma sintaxe menos complexa e o uso de itens lexicais básicos, um tópico claro sobre um assunto que o receptor conheça bem, entre várias outras condições, tenderá, de forma geral, a favorecer a compreensão.

Isso também significa que, se os falantes desejam prejudicar a compreensão, eles tenderão a fazer o oposto, ou seja, falar rápido e de modo menos distinto com sentenças mais complexas, com palavras mais obscuras, um tópico confuso sobre um assunto menos familiar aos receptores – como talvez possa ser o caso, por exemplo, dos discursos jurídicos ou médicos que não são originalmente direcionados para uma melhor compreensão pelos clientes e, assim, podem assumir formas manipuladoras quando a compreensão é intencionalmente prejudicada.

Em outras palavras, se grupos ou instituições dominantes querem facilitar a compreensão da informação que é compatível com seus interesses, e impedir a compreensão da informação na qual não têm interesse (e vice-versa para os receptores), então eles podem tipicamente se engajar nestas formas de manipulação da compreensão do discurso baseadas na MCP. Percebemos que as dimensões cognitivas, sociais, discursivas e éticas estão envolvidas neste caso de impedimento ou direcionamento ilegítimo do processo de compreensão discursiva. A dimensão ética também pode envolver o outro critério (cognitivo), qual seja, se esse controle de compreensão é *intencional* ou não – como é o caso para a distinção entre homicídio doloso (intencional) e homicídio culposo (acidental). Isso significa que nos modelos de contexto dos falantes ou escritores há um plano explícito para prejudicar ou influenciar a compreensão.

Manipulação episódica

A manipulação baseada na MCP realiza-se on-line e afeta processos estratégicos da compreensão de discursos específicos. Entretanto, a maior parte de manipulação é direcionada para resultados mais estáveis e, portanto, focada na memória de longo prazo (MLP), isto é, conhecimento, atitudes e ideologias, como iremos em breve perceber. Também fazendo parte da MLP, no entanto, são as memórias pessoais que definem nossa história de vida e experiências (Neisser e Fivush, 1994), as representações que são tradicionalmente associadas à memória *"episódica"* (Tulving, 1983). Isto é, nossa memória para eventos comunicativos – os quais estão dentre as nossas experiências cotidianas – está armazenada na memória episódica, a saber, como modelos mentais específicos com suas próprias estruturas esquemáticas. Contar uma história significa formular o modelo mental pessoal, subjetivo, que temos de alguma experiência. E compreender uma reportagem jornalística ou uma história envolve a construção desse modelo mental (subjetivo) pelos receptores.

Na memória episódica, a compreensão da fala e do texto situados é desse modo relacionada a modelos de experiências mais complexos. A compreensão não é meramente a associação de significados com palavras, sentenças ou discursos, mas a construção de modelos mentais na memória episódica, incluindo nossas próprias opiniões pessoais e emoções, associadas a um evento sobre o qual nós ouvimos ou lemos. É esse modelo mental que é a base para nossas memórias futuras, assim como a base de conhecimentos adicionais, tais como a aquisição do conhecimento, das atitudes e das ideologias baseada na experiência.

Note que os modelos mentais são únicos, *ad hoc* e pessoais: é a *minha* interpretação individual deste discurso particular nesta situação especifica. Evidentemente, esses modelos pessoais também envolvem a "instanciação" de conhecimentos ou crenças gerais, socialmente compartilhados – para que possamos realmente entender outras pessoas, e a comunicação e a interação sejam possíveis em primeiro lugar –, mas o modelo mental como um todo é único e pessoal. Há outras noções de modelos (mentais, cognitivos) que são usadas para representar o conhecimento cultural e socialmente compartilhado (ver, por exemplo, Shore, 1996), mas esse não é o tipo de modelo ao qual estou me referindo aqui.

Os modelos mentais definem não apenas nossa compreensão da fala e da escrita em si (pela representação sobre o que é um discurso), mas também a compreensão de todo o evento comunicativo. Tais compreensões são representadas em "modelos de contexto", os quais ao mesmo tempo, para os falantes, operam como seus – dinamicamente mutáveis – planos para a fala (van Dijk, 1998b).

Dado o papel fundamental dos modelos mentais para a fala e para a compreensão, pode-se esperar que a manipulação vise especialmente a formação, a ativação e os usos de modelos mentais na memória episódica. Se os manipuladores estão pretendendo que o receptor compreenda um discurso como *eles* o veem, é crucial que o receptor forme os modelos mentais que os manipuladores desejam, restringindo assim a liberdade de interpretação desse receptor ou, ao menos, reduzindo a probabilidade de que entenda o discurso contra os interesses dos manipuladores.

Examinaremos mais adiante algumas das estratégias discursivas que são direcionadas no sentido de formar ou ativar os modelos "preferidos". De modo geral a estratégia é enfatizar discursivamente aquelas propriedades dos modelos que são compatíveis com os nossos interesses (por exemplo, detalhes acerca das nossas boas ações) e, discursivamente, desenfatizar aquelas propriedades que são incompatíveis com nossos interesses (por exemplo, detalhes acerca das nossas más ações). Culpar a vítima é uma das formas de manipulação por meio das quais grupos ou instituições dominantes discursivamente influenciam os modelos mentais dos receptores, como, por exemplo, na reatribuição da responsabilidade das ações segundo seus interesses próprios. Qualquer estratégia discursiva que possa contribuir para a formação ou reativação de modelos mentais preferidos pode então ser utilizada no uso do discurso manipulador. Como é o caso do processamento da MCP, muito da formação e ativação do modelo tende a ser automizado, e o controle sutil dos modelos mentais frequentemente não é sequer notado pelos usuários da língua, o que contribui, então, para a manipulação.

Manipulando a cognição social

Manipular discursivamente o modo como os receptores entendem um evento, uma ação ou um discurso é, às vezes, bastante importante, especialmente para eventos tão monumentais como o ataque ao World Trade Center, em Nova York, em 11 de setembro de 2001, ou o ataque a bomba a trem de passageiros na Espanha, em 11 de março de 2004. Na verdade, no último caso, o governo conservador espanhol, liderado por José María Aznar, tentou manipular a imprensa e os cidadãos para que acreditassem que o ataque foi cometido pelo ETA,[1] em vez de terroristas islamitas. Em outras palavras, através de suas declarações, assim como das declarações do seu ministro do Interior, Acebes, Aznar quis influenciar a estrutura dos modelos mentais do evento enfatizando o agente preferencial do ataque – um modelo que seria compatível com a própria política governamental anti-ETA. Uma vez que foi logo esclarecido naquele momento que não havia sido o ETA, mas a Al Qaeda a responsável pelo ataque, os eleitores sentiram-se manipulados e, nas eleições seguintes, votaram contra Aznar e o governo do Partido Popular.

Apesar de esse e outros eventos similares, bem como os vários discursos que os acompanham, descrevem e explicam, levarem a modelos mentais que podem ter um lugar especial na memória episódica, sendo por isso facilmente relembrados mesmo muito tempo depois, a forma de manipulação mais influente não se concentra na criação de específicos modelos mentais preferidos, mas nas crenças mais gerais e abstratas, como conhecimento, atitudes e ideologias. Assim, se um partido político quer aumentar a sua popularidade com os eleitores, tipicamente irá tentar mudar de forma positiva a atitude dos eleitores em favor desse partido, porque uma atitude geral socialmente compartilhada é mais estável que os modelos mentais (e opiniões) específicos de usuários individuais da língua. Influenciar atitudes implica influenciar grupos inteiros e em muitas ocasiões. Assim, se os governos querem restringir a imigração, tentarão formar ou modificar as atitudes dos cidadãos (incluindo outras elites) sobre imigração (van Dijk, 1993a; Wodak e van Dijk, 2000). Nesse caso, eles não precisam se engajar em múltiplas tentativas de persuasão cada vez que os imigrantes quiserem entrar no país. A manipulação, assim, centraliza-se na formação ou na modificação das representações mais gerais, socialmente compartilhadas – tais como atitudes e ideologias – sobre importantes questões sociais. Por exemplo, os governos podem fazer isso para a questão de imigração ao associar o aumento da imigração com (o medo de) o crescimento da delinquência, como o ex-primeiro-ministro Aznar – assim como outros líderes europeus – fez na década de 1990.

Nós observamos que o processo cognitivo de manipulação assume que a MLP armazena não apenas as experiências interpretadas subjetivamente, como os modelos mentais, mas também crenças compartilhadas socialmente de forma mais estável, permanente e geral, às vezes chamadas de "representações sociais" (Augoustinos e Walker, 1995; Moscovici, 2001). Nosso conhecimento sociocultural forma o núcleo dessas crenças e nos permite agir, interagir e comunicar de forma significativa com outros membros da mesma cultura. O mesmo é verdade para as várias atitudes e ideologias sociais compartilhadas com outros membros do mesmo grupo social, como exemplo os pacifistas, os socialistas, as feministas, de um lado, ou os racistas e os machistas, de outro (van Dijk, 1998b). Essas representações sociais são gradualmente adquiridas por toda a nossa vida, e, mesmo que elas possam ser mudadas, tipicamente elas não mudam da noite para o dia. Elas também influenciam a formação e ativação dos modelos mentais pessoais dos membros de grupos. Por exemplo, um pacifista interpretará eventos, como o ataque liderado pelos Estados Unidos ao Iraque, ou as notícias sobre esses eventos, diferentemente de um militar e, consequentemente, irá formar diferentes modelos mentais desse evento ou sequência de eventos.

Nós defendemos que os modelos mentais, por um lado, corporificam a história pessoal, as experiências e as opiniões dos indivíduos, mas, por outro lado, também constituem uma instanciação específica de crenças socialmente compartilhadas. A maior parte da interação e do discurso é assim produzida e compreendida em termos de modelos mentais que combinam crenças pessoas e sociais – de forma que explicam *tanto* a singularidade de toda produção discursiva e compreensão *como* a similaridade da nossa compreensão sobre um mesmo texto. Apesar das coações gerais das representações sociais na formação dos modelos mentais e, por extensão, na produção e compreensão do discurso, dois membros de um mesmo grupo social, de uma mesma classe ou instituição, ou ainda em um mesmo evento comunicativo, não produzirão o mesmo discurso nem interpretarão um dado discurso da mesma forma. Em outras palavras, os modelos mentais de eventos ou situações comunicativas (modelos de contexto) são a interface necessária entre o social, o compartilhado e o geral, bem como o pessoal, o singular e o específico no discurso e na comunicação.

Se a manipulação pode concretamente afetar a formação ou mudança de modelos mentais singulares, o objetivo geral da manipulação discursiva é o controle das representações sociais compartilhadas por grupos de pessoas, tendo em vista que essas crenças sociais, por sua vez, controlam o que as pessoas fazem e dizem em muitas situações e durante um período relativamente longo. Uma vez que as atitudes das pessoas são influenciadas, por exemplo, pelo terrorismo, pouca ou nenhuma tentativa de manipulação deve ser necessária para que as pessoas ajam de acordo com essas atitudes, como, por exemplo, votando a favor de políticas contra o terrorismo (Chomsky, 2004; Sidel, 2004).

Não é nenhuma surpresa que, dada a vital importância das representações sociais para a interação e o discurso, a manipulação se centrará geralmente na cognição social e, consequentemente, em grupos de pessoas, e não em indivíduos e seus modelos mentais particulares. É também neste sentido que a manipulação é uma prática discursiva que envolve tanto as dimensões cognitivas quanto as sociais. Por essa razão, devemos prestar mais atenção nas estratégias discursivas que tipicamente influenciam as crenças socialmente compartilhadas.

Uma dessas estratégias é a generalização, na qual um exemplo concreto específico que tenha gerado impacto nos modelos mentais das pessoas é generalizado para conhecimentos e atitudes mais gerais, ou mesmo para ideologias fundamentais. O exemplo recente mais espetacular é a manipulação da opinião mundial e dos Estados Unidos sobre o terrorismo depois do 11 de setembro, no qual modelos mentais bastante emocionais e fortemente opinativos que os cidadãos possuíam sobre esse evento foram generalizados para medos, atitudes e ideologias mais gerais e compartilhados acerca do terrorismo e das questões a ele relacionadas. Esse é também um exemplo genuíno de manipulação de massa, uma vez que as representações sociais resultantes não servem aos interesses dos cidadãos na medida em que tais atitudes estão sendo manipuladas com o objetivo de aumentar o orçamento militar, legitimar a intervenção militar e aprovar legislação que impõe severas restrições aos direitos civis e às liberdades (tal como o *Patriotic Act*). A manipulação, neste caso, é um abuso de poder porque os cidadãos são manipulados para acreditar que essas medidas são tomadas para protegê-los (entre vários livros sobre a manipulação da opinião pública depois do ataque de 11 de setembro nos Estados Unidos, ver, por exemplo, Ahmed, 2005; Chomsky, 2004; Greenberg, 2002; Halliday, 2002; Palmer, 2003; Sidel, 2004; Zizek, 2002).

Esse exemplo notório de manipulação nacional e internacional pelo governo dos Estados Unidos, parcialmente sustentado e levado a cabo pelos meios de comunicação de massa, também mostra alguns dos mecanismos cognitivos de manipulação. Assim, em primeiro lugar, um evento muito emotivo, com um forte impacto sobre os modelos mentais das pessoas, está sendo usado com o propósito de influenciar esses modelos mentais como desejado – por exemplo, em termos de uma forte polarização entre Nós (bons, inocentes) e Eles (malvados, culpados). Em segundo lugar, através de mensagens repetidas e da exploração de eventos relacionados (por exemplo, outros ataques terroristas), esse modelo preferencial pode ser generalizado para uma representação social mais complexa e estável sobre ataques terroristas, ou mesmo para uma ideologia antiterrorista. O importante nesse caso é que os (reais) interesses e benefícios daqueles que detêm o controle do processo de manipulação são ocultados, obscurecidos ou negados, enquanto os benefícios alegados para "todos nós", para a "nação" etc. são enfatizados, por exemplo, o crescimento dos sentimentos de segurança e proteção. Obviamente não faz parte das atitudes preferidas que são os objetivos dessa manipulação a ideia de que através das ações antiterroristas e intervenções militares não somente as forças armadas, as empresas que fabricam armas e as que prestam serviço de segurança lucram, mas também mais terrorismo pode ser promovido e, dessa forma, a segurança dos cidadãos é colocada ainda mais em perigo. Assim, uma crucial condição cognitiva de manipulação é que os alvos (pessoas, grupos etc.) da manipulação são persuadidos a acreditar que algumas ações ou políticas são para seu próprio interesse, embora, na verdade, elas sirvam aos interesses dos manipuladores e seus associados.

Os exemplos da imigração, violência política e ideologias antiterroristas envolvem fortes opiniões, atitudes e ideologias, e são exemplos didáticos de como o governo e a mídia manipulam a população em geral, da mesma forma que foi manipulada, por exemplo, durante o chamado "*Red Scare*" das ideologias e da manipulação anticomunistas durante a Guerra Fria e o macarthismo nos Estados Unidos (Caute, 1978).

Entretanto, a manipulação da cognição social pode também envolver a própria base de toda a cognição social: o *conhecimento* geral, socioculturalmente compartilhado. De fato, uma das melhores formas de detectar e resistir às tentativas de manipulação é o conhecimento específico (por exemplo, sobre os verdadeiros interesses dos manipuladores), assim como o conhecimento geral (por exemplo, sobre as estratégias de manutenção do orçamento militar em alto nível). Assim, servirá aos interesses dos grupos dominantes assegurar que conhecimentos gerais relevantes e potencialmente críticos *não* sejam adquiridos, ou que somente seja permitida a distribuição de conhecimentos parciais, distorcidos e prejudiciais.

Um exemplo bastante conhecido dessa última estratégia foi a alegação com a qual os Estados Unidos e seus aliados legitimaram o ataque ao Iraque em 2003: o "conhecimento" sobre armas de destruição em massa, conhecimento que depois se mostrou falso. Informações que poderiam levar ao conhecimento o qual, por sua vez, poderia ser usado criticamente para resistir à manipulação – como, por exemplo, os reais custos da guerra, o número de mortos, a natureza do "dano colateral" (como civis mortos em ataques a bomba massivos e outras ações militares), e assim por diante – serão tipicamente ocultadas, limitadas ou, de outra forma, tratadas como menos perigosas e assim discursivamente desenfatizadas, por exemplo, pelo uso de eufemismos, de expressões vagas, da implicitude, entre outros.

A manipulação pode afetar as representações sociais de várias formas, tanto em seus conteúdos quanto em suas estruturas. Embora ainda saibamos muito pouco sobre a organização interna das representações sociais, elas provavelmente apresentam não só categorias esquemáticas para participantes e suas propriedades, como também (inter)ações típicas que (pensamos que) elas desempenham, e como, quando e onde as desempenham. Assim, atitudes sobre ataques terroristas podem apresentar uma estrutura como um *script*, sendo os terroristas os atores principais, associados a uma série de atributos prototípicos (cruéis, radicais, fundamentalistas etc.), usando significados violentos (por exemplo, bombas) para matar civis inocentes entre suas vítimas, e assim por diante.

Essas atitudes são gradualmente adquiridas pela generalização e abstração dos modelos mentais formados por matérias jornalísticas específicas, declarações do governo, como também filmes, entre outros discursos. É importante neste caso que "nossas" formas de violência política, como uma intervenção militar ou as ações da polícia, sejam faladas e escritas de uma forma que não possibilitem a construção de modelos mentais que podem ser generalizados, como no caso dos ataques terroristas, mas como formas legítimas de resistência armada ou de punição. E vice-versa: os ataques terroristas precisam ser representados de tal forma que nenhuma legitimação dessa violência política possa ser construída em modelos mentais e atitudes. A própria noção de "terrorismo estatal", por essa razão, é controversa e usada amplamente pelos dissidentes, obscurecendo a distinção entre ações terroristas ilegítimas e ações militares e governamentais legitimas (Gareau, 2004). Os meios de comunicação de massa dominantes, consequentemente, evitam descrever a violência do Estado em termos de "terrorismo", nem mesmo quando eles criticam a política externa de um país, como foi o caso em vários meios de comunicação na Europa, com respeito ao ataque dos Estados Unidos contra o Iraque, em 2003.

Finalmente, a manipulação da cognição social pode afetar as próprias normas e valores usados para avaliar eventos e pessoas e para condenar ou legitimar ações. Por exemplo, na manipulação da opinião sobre a globalização mundial, aqueles que defendem as ideologias neoliberais de mercado irão tipicamente enfatizar e tentar que seja adotado o valor fundamental da "liberdade", um valor muito positivo, mas nesse caso especificamente interpretado como a liberdade de empreendimento, a liberdade de mercado ou a liberdade da interferência do governo no mercado. No caso das ações e ameaças terroristas, o discurso antiterrorista celebra o valor da segurança, atribuindo-lhe uma prioridade mais alta que, por exemplo, o valor de direitos civis ou o valor de igualdade (Doherty e McClintock, 2002).

Nós observamos como a dimensão cognitiva da manipulação envolve processos estratégicos de compreensão que afetam o processamento na MCP, a formação de modelos mentais preferenciais na memória episódica e, mais fundamentalmente, a formação ou mudança de representações sociais, tais como conhecimento, atitudes, ideologias, normas e valores. Depois que grupos de pessoas adotam, dessa forma, as representações sociais preferidas pelos grupos ou instituições dominantes, não será necessário manipulá-los de novo: eles tenderão a acreditar e agir de acordo com essas – manipuladas – cognições sociais porque já as aceitaram como suas. Assim, como vimos, as ideologias racistas ou xenófobas, manipuladas desse modo pelas elites, servirão como uma base permanente para a discriminação (como culpar a vítima) dos imigrantes: uma estratégia muito efetiva para desviar a atenção crítica às políticas do governo ou de outras elites (van Dijk, 1993a).

Discurso

A manipulação, como aqui definida, realiza-se por meio do discurso em um sentido amplo, isto é, incluindo características não verbais como gestos, expressões faciais, *layout* de texto, imagens, sons, música, e assim por diante. Note, contudo, que as estruturas do discurso não são *em si* manipuladoras; elas somente possuem tais funções ou efeitos em situações comunicativas específicas e na maneira pela qual estas são interpretadas pelos participantes em seus modelos de contexto. Por exemplo, como já visto, a manipulação é uma prática social de abuso de poder, envolvendo grupos dominantes e dominados, ou instituições e seus clientes. Isso significa que, em princípio, o "mesmo" discurso (ou fragmento de discurso) pode ser manipulador em uma situação, mas não em outra. Isto é, o sentido manipulador (ou a avaliação crítica) do texto e da fala depende dos modelos de contexto dos receptores – incluindo seus modelos de falantes ou escritores e os objetivos e intenções a eles atribuídos. O discurso manipulador ocorre tipicamente na comunicação pública controlada pela elite política, burocrática, jornalística, acadêmica e empresarial dominante. Isso significa que outras restrições contextuais prevalecem, em particular, sobre os participantes, seus papéis, suas relações e suas típicas ações e cognições (conhecimento, objetivos). Em outras palavras, *o discurso é definido para ser, antes de tudo, manipulador, em termos de modelos de contexto dos participantes.* Isto é, como analistas críticos, avaliamos primeiramente o discurso como manipulador em termos de suas categorias de contexto antes que em termos de suas estruturas textuais.

Além disso, embora as estruturas do discurso em si não precisem ser manipuladoras, algumas dessas estruturas podem ser mais eficientes que outras durante o processo de influenciar as mentes dos receptores, de acordo com os próprios interesses dos falantes ou escritores. Por exemplo, como sugerido anteriormente, as manchetes são tipicamente usadas para expressar tópicos e para indicar a informação mais importante de um texto, e podem, assim, ser usadas para atribuir um peso (extra) a eventos que em si mesmos não seriam tão importantes. E, vice-versa, discursos sobre eventos ou estados de coisas bastante relevantes para cidadãos ou clientes podem ser evitados em manchetes que enfatizam as características negativas de grupos e instituições dominantes. Isto é, os jornalistas *nunca* publicam matérias sobre racismo na imprensa, muito menos enfatizam tal informação com manchetes proeminentes na primeira página (van Dijk, 1991).

A estratégia global de autoapresentação positiva e outra-apresentação negativa é bastante típica nesse relato tendencioso dos fatos em favor dos interesses próprios dos falantes e dos escritores, ao mesmo tempo culpando os oponentes e os Outros (imigrantes, terroristas, jovens etc.) por situações e eventos negativos. Essa estratégia pode ser aplicada nas estruturas de vários níveis do discurso na maneira usual (para exemplos e detalhes, ver van Dijk, 2003):

- Estratégias de interação gerais:
  – autoapresentação positiva;
  – outro-apresentação negativa;
- Macroato de fala indicando Nossos "bons" atos e os "maus" atos dos Outros; por exemplo, acusação, defesa;
- Macroestruturas semânticas: seleção de tópicos:
  – (des)enfatizar pontos negativos ou positivos sobre Nós/Eles;
- Atos de fala locais de discurso estabelecendo e sustentando atos de fala globais, por exemplo, declarações que comprovem acusações;

- Significados locais de ações positivas/negativas Nossas/Deles:
  – fornecer muitos/poucos detalhes;
  – generalizar/ser específico;
  – ser vago/preciso;
  – ser explícito/implícito etc.;
- Léxico: selecionar palavras positivas para Nós, palavras negativas para Eles;
- Sintaxe local:
  – orações ativas *versus* passivas, nominalizações: (des)enfatizar a agência, a responsabilidade positiva/negativa Nossa/Deles;
- Figuras retóricas:
  – hipérboles *versus* eufemismos para significados positivos/negativos;
  – metonímias e metáforas enfatizando propriedades negativas/positivas Nossas/Deles;
- Expressões: sonoras e visuais:
  – enfatizar (volume alto etc.; fonte grande, em negrito etc.) significados positivos/negativos;
  – ordem (primeiro, segundo; na parte superior/inferior da página etc.); significados positivos/negativos.

Essas estratégias e movimentos em vários níveis de discurso não são de fato uma surpresa, porque eles estabelecem o quadrado ideológico usual da polarização de um grupo discursivo (des/enfatizar ou não as coisas boas/más Nossas/Deles) encontrada em todos os discursos ideológicos (van Dijk, 1998a, 2003). Já que a manipulação política-social discutida aqui também envolve dominação (abuso de poder), é provável que tal manipulação seja também ideológica. Dessa maneira, nos discursos manipuladores após os ataques terroristas de 11 de setembro e 11 de março, em Nova York e Madri, as ideologias nacionalistas, antiterroristas, antislâmicas, antiárabes e racistas eram abundantes, enfatizando a natureza maléfica dos terroristas e a liberdade e os princípios democráticos das nações "civilizadas". Portanto, se George W. Bush e Cia. desejam manipular os políticos e/ou os cidadãos nos EUA para aceitarem ir à guerra no Iraque, envolvendo-se em ações em todo o mundo contra os terroristas e seus defensores (começando com o Afeganistão), adotando um norma legal que limita severamente os direitos civis dos cidadãos, tal discurso seria massivamente ideológico. Isto é, eles fazem isso ao enfatizar "Nossos" valores fundamentais (liberdade, democracia etc.), contrastando-os com os valores "maléficos" atribuídos aos Outros. Eles então fazem com que os cidadãos, traumatizados pelo ataque às Torres Gêmeas, acreditem que o país está sob ataque e que apenas uma "guerra ao terrorismo" pode evitar uma catástrofe. E aqueles que não aceitarem tal argumentação talvez então sejam acusados de não serem patriotas.

Análises bem mais detalhadas desses discursos mostraram que eles são fundamentalmente ideológicos nesse sentido, e que é provável que as manipulações sociais e políticas sempre envolvam ideologias, atitudes ideológicas e estruturas ideológicas de discurso (ver a edição dupla especial da revista *Discourse & Society* 15 (3-4), 2004, sobre os discursos do 11 de setembro, editado por Jim Martin e John Edwards). Se muitos líderes da Europa Ocidental, incluindo o ex-primeiro-ministro espanhol José María Aznar, e mais recentemente também o inglês Tony Blair, quiserem limitar a imigração para aumentar o apoio dos eleitores, então tais discursos e políticas manipuladores também são bastante ideológicos, envolvendo sentimentos nacionalistas, a polarização Nós/Eles e uma sistemática representação negativa dos Outros em termos de valores, características e ações negativas (delinquência, entrada ilegal, violência etc.).

Embora a manipulação sociopolítica seja normalmente ideológica, e discursos manipuladores frequentemente apresentem os padrões de polarização ideológica em todos os níveis de análise, as estruturas discursivas e as estratégias de manipulação não podem ser simplesmente reduzidas a qualquer outro discurso ideológico. De fato, talvez tenhamos discursos sociopolíticos persuasivos, e não manipuladores, tais como os persuasivos debates parlamentares ou uma discussão em um jornal ou na televisão. Isto é, dada nossa análise dos contextos sociais e cognitivos do discurso manipulador, precisamos examinar as restrições específicas formuladas anteriormente, tais como a posição dominante do manipulador (por exemplo), a falta de conhecimento relevante dos receptores e a condição de que as consequências prováveis dos atos de manipulação sejam do interesse do grupo dominante e contra os interesses do grupo dominado, contribuindo assim para a (ilegítima) desigualdade social.

Como sugerido previamente, não é provável que existam estratégias discursivas somente usadas para manipulação. Raramente a linguagem é tão específica assim – ela é usada em muitas situações diferentes e por indivíduos distintos, assim como por pessoas de diferentes persuasões ideológicas. Dessa forma, as mesmas estruturas de discurso são usadas na persuasão, na informação, na educação e em outras formas legítimas de comunicação, bem como em várias formas de discordância.

Entretanto, dada a situação social específica, pode haver muitas estratégias distintas que são preferidas na manipulação, ou seja, "protótipos manipuladores"; e tipos específicos de falácias podem ser usados para persuadir as pessoas a acreditar em algo ou fazer algo. Como ocorre, por exemplo, com aquelas falácias às quais é difícil resistir, tais como a falácia da autoridade, que consiste em apresentar aos católicos devotos o argumento de que o papa defende ou recomenda uma determinada ação, ou em apresentar aos muçulmanos uma determinada ação como sendo recomendada pelo Alcorão.

Dessa forma, introduzimos um critério contextual de que os receptores da manipulação – como uma forma de abuso de poder – podem ser definidos como vítimas, e isso significa que, de alguma maneira, eles precisam ser definidos como não detentores de recursos cruciais para resistir, detectar ou evitar a manipulação. Fundamentalmente, isso pode envolver:

(a) Ausência total ou parcial de conhecimento relevante – de forma que nenhum contra-argumento possa ser formulado contra afirmações falsas, incompletas ou tendenciosas.

(b) Normas, valores e ideologias fundamentais, que não possam ser negados ou ignorados.

(c) Emoções fortes, traumas etc., que deixam as pessoas vulneráveis.

(d) Posições sociais, profissões, *status* etc., que induzam as pessoas a aceitar os discursos, argumentos etc., das pessoas, grupos ou organizações da elite.

Essas são as condições típicas da situação social, emocional e cognitiva do evento comunicativo, e também fazem parte dos modelos de contexto dos participantes, isto é, controlando suas interações e discursos. Por exemplo, se os receptores do discurso manipulador têm medo do falante, então isso será representado em seus modelos contextuais, e o mesmo vale para sua posição relevativa e a relação de poder entre eles e o falante. Inversamente, para que a manipulação tenha sucesso, falantes precisam possuir o modelo mental dos receptores e (a falta de) seu conhecimento, suas ideologias, emoções, experiências prévias, e assim por diante.

Obviamente, não é necessário que todos os receptores possuam as propriedades ideais do alvo da manipulação. Talvez seja suficiente que um grupo grande ou a maioria possua tais propriedades. Assim, na maioria das situações da vida real, haverá pessoas críticas, céticas, cínicas, incrédulas ou dissidentes, impossíveis de serem afetadas pela manipulação. Mas enquanto essas pessoas não dominam o cenário principal dos meios de comunicação, ou as instituições e organizações de elite, o problema dos contradiscursos é menos grave para os manipuladores.

Novamente, o exemplo recente mais típico foi a guerra dos Estados Unidos contra o Iraque, na qual a maioria da mídia dominante apoiou o governo e o congresso, e as vozes críticas foram efetivamente marginalizadas, especialmente nos Estados Unidos. Tão logo essas vozes dissidentes tornem-se mais poderosas (por exemplo, quando parte da mídia dominante as apoia) e mais difundidas, como aconteceu durante a guerra contra o Vietnã, a manipulação torna-se menos eficiente e, por fim, torna-se sem propósito, uma vez que os cidadãos possuem informações e contra-argumentos suficientes para resistir ao discurso manipulador. De fato, como foi no caso do ataque terrorista em Madri, os cidadãos talvez fiquem tão ressentidos com a manipulação que se voltem contra os manipuladores – e os expulsem dos cargos oficiais.

Apresentadas essas restrições contextuais, podemos nos concentrar nas estruturas do discurso que especificamente pressupõem tais restrições:

(a) Enfatizar a posição, o poder, a autoridade ou a superioridade moral do(s) falante(s) ou de suas fontes – e, onde for relevante, a posição inferior, a falta de conhecimento etc. dos receptores.

(b) Concentrar-se nas (novas) crenças as quais o manipulador queira que os receptores aceitem como conhecimento, assim como nos argumentos, provas etc., que tornam tais crenças mais aceitáveis.

(c) Desacreditar fontes e crenças alternativas (dissidentes etc.).

(d) Apelar para as ideologias, atitudes e emoções relevantes dos receptores.

Em resumo, e em termos bastante informais, a estratégia global do discurso manipulador é se concentrar, discursivamente, nas características cognitivas e sociais do receptor, as quais o tornam mais vulnerável e menos resistente à manipulação e as quais também o tornam uma vítima mais crédula para aceitar crenças e fazer coisas que ele, de outra forma, não faria. É aqui que a condição essencial da dominação e da desigualdade desempenha um papel.

Como formulado anteriormente, essas estratégias gerais do discurso manipulador parecem ser bastante semânticas, isto é, focadas na manipulação do conteúdo do texto e da fala. Entretanto, como é no caso da implementação das ideologias, esses significados preferidos também podem ser enfatizados e desenfatizados pelas maneiras usuais, como explicados por: a (des)topicalização dos significados, os atos de fala específicos, os significados locais mais ou menos precisos ou específicos, a manipulação da informação explícita *versus* a implicitude, a lexicalização, as metáforas e as outras figuras retóricas como a expressão e a realização específicas (entonação, volume, velocidade, *layout* do texto, tipo de letra, fotos etc.). Assim, a posição poderosa do falante talvez seja enfatizada por um cenário bastante formal, tom de voz, adereços, escolha lexical, e assim por diante, como em um discurso oficial do presidente endereçado à nação ou ao Congresso. A confiabilidade das fontes pode ser ainda mais realçada ao mencionar fontes autoritárias, ao usar fotografias, e assim por diante – por exemplo, a demonstração de presença de armas de destruição em massa no Iraque. As emoções das pessoas podem ser despertadas e estimuladas pelo uso de palavras especialmente selecionadas, da retórica dramática (hipérboles etc.), de fotografias etc. Oponentes e dissidentes podem ser desacreditados pela exposição usual da polarização Nós/Eles, mencionada anteriormente. Todas essas características do discurso de manipulação precisam ser examinadas com mais detalhes para que se possa verificar como são formuladas, como funcionam na escrita e na fala e como alcançam suas funções e efeitos contextuais.

Um exemplo: Tony Blair legitimando a guerra contra o Iraque

Em vez de continuarmos a teorizar sobre essas propriedades, vamos examinar um exemplo bem conhecido de um discurso manipulador; por exemplo, quando o então primeiro-ministro (PM) do Reino Unido, Tony Blair, legitimou, em março de 2003, a decisão de seu governo na mesma linha do presidente dos EUA, George W. Bush, em ir à guerra e invadir o Iraque. Esse é um exemplo clássico que tem atraído muito a atenção da imprensa, assim como dos analistas acadêmicos das mais variadas disciplinas. Esse caso é importante porque até as eleições gerais seguintes, em maio de 2005, Tony Blair foi permanentemente acusado de enganar os cidadãos britânicos sobre sua decisão.

Vamos examinar o seguinte fragmento inicial do debate:

> Trecho 1:
>
> Desde o início, eu digo que é correto que a House of Commons debata esse assunto e o julgue. Esta é a democracia a que temos direito, mas pela qual outros lutam em vão. Novamente, eu afirmo que não desrespeito as visões dos que se opõem à minha, esta é, de fato, uma escolha difícil, mas também é marcante: retirar as tropas britânicas neste momento e voltar atrás, ou permanecer firme no curso que estabelecemos. Eu acredito ardentemente que devemos permanecer firmes naquele curso. A pergunta mais colocada não é "Por que isso importa?", mas sim "Por que isso importa tanto?". Aqui estamos, o Governo, passando pelo seu mais sério teste, sua maioria em risco, a primeira renúncia do gabinete sobre uma questão política, os principais partidos internamente divididos, pessoas que concordam sobre tudo o mais.
>
> [Membros honrosos: "Os principais partidos?"]
>
> Ah, sim, claro. Os liberais-democratas, unificados, como nunca, em oportunismo e erro.
>
> [*Interrupção*]

Tony Blair começa seu discurso com uma bem conhecida *captatio benevolentiae*, o que é ao mesmo tempo um movimento específico na estratégia geral da autoapresentação positiva, enfatizando suas credenciais democráticas: respeito pela House of Commons e outras opiniões, e também reconhecendo a dificuldade da escolha em ir ou não à guerra. Aqui, o efeito manipulador consiste em sugerir que o Parlamento britânico (ainda) tinha o direito de decidir sobre ir à guerra, apesar de que, mais tarde, tornou-se claro que esta decisão já havia sido tomada no ano anterior. Nas orações seguintes, Blair também insiste que ele/nós/eles têm de "permanecer firmes", o que também é um movimento estratégico da autoapresentação positiva. E, quando ele finalmente se refere às suas "crenças ardentes", podemos ver que, além de argumentos racionais, Blair também apresenta seu lado emotivo (e, portanto, vulnerável), enfatizando assim a força de suas crenças.

Ele até mesmo admite que o assunto é tão sério que pela primeira vez – devido a opiniões e votos, mesmo em seu próprio partido, contra a guerra no Iraque – sua maioria no governo está em risco. Além disso, ele constrói a tão conhecida oposição polarizada entre Nós (democracias) e Eles (ditadura), indicando politicamente assim que aqueles contrários à guerra poderiam ser acusados de apoiar Saddam Hussein – tentando, dessa forma, silenciar a oposição. Portanto, ir à guerra é uma forma de defender a democracia, um argumento – falacioso – implícito que é bastante comum na manipulação, a saber, associar os receptores com o inimigo e, assim, possivelmente com traidores. Esse movimento é sustentado por outro movimento – ideológico –, qual seja, o do nacionalismo, quando Blair se refere às "tropas britânicas" que não podem ser retiradas, o que também indica politicamente que não apoiar as tropas britânicas é desleal e também uma ameaça ao Reino Unido, à democracia, e assim por diante.

Finalmente, depois de protestos da House of Commons sobre a menção apenas dos maiores partidos (Labour e Conservadores), Blair desmoraliza a oposição dos liberais democratas ridicularizando-os e os chamando de oportunistas.

Vemos que mesmo nessas poucas linhas, todos os aspectos da manipulação são evidentes:

(a) Polarização ideológica (Nós/democracia *versus* Eles/ditadores; nacionalismo; apoio às tropas);

(b) Autoapresentação positiva por superioridade moral (permitindo debate, respeitando outras opiniões, lutando pela democracia; permanecendo firme etc.);

(c) Ênfase em seu poder, apesar da oposição;

(d) Descrédito dos oponentes, os liberais-democratas como sendo oportunistas;

(e) Argumentação com emoção (crenças ardentes).

Em resumo, aqueles que se opõem à decisão de ir à guerra estão implicitamente sendo acusados (e, às vezes, até mesmo explicitamente, como os liberais-democratas) de serem menos patriotas e incapazes de resistir à ditadura etc.

Considere o próximo parágrafo do discurso de Tony Blair.

Trecho 2:

O país e o Parlamento refletem a si mesmos. Este é um debate que, à medida que o tempo passa, tem-se tornado menos amargo, mas não menos grave. Então por que isso importa tanto? Porque o resultado desta questão irá agora determinar mais que o destino do regime do Iraque e mais que o futuro do povo do Iraque, o qual tem sido brutalizado por Saddam por tanto tempo, por mais importantes que sejam essas questões. O resultado irá determinar o modo como a Grã-Bretanha e o mundo confrontam a ameaça central da segurança do século XXI, o desenvolvimento das Nações Unidas, o relacionamento entre a Europa e os Estados Unidos, as relações dentro da Comunidade Europeia e a maneira como os Estados Unidos se envolvem com o resto do mundo. Então dificilmente tal fato deixa de ser o mais importante. Ele irá determinar o padrão da política internacional para a próxima geração.

A manipulação neste fragmento torna-se ainda mais explícita. Em primeiro lugar, Blair continua a apresentar-se positivamente ao enfatizar sua generosidade e credenciais democráticas (reconhecendo a oposição no Parlamento e no país). Em segundo lugar, ele realça retoricamente a seriedade do assunto (com a lítotes "não menos grave"). Em terceiro lugar, ele continua com a estratégia de polarização ideológica (Nós/democracia *versus* Eles/ditadura). Em quarto lugar, ele usa hipérboles ("brutalizados") para realçar que os Outros são o Mal. E, finalmente e mais importante, ele estende a oposição ideológica entre Nós e Eles para um grupo interno de Nós, Europa, os Estados Unidos e o resto do mundo, enfrentando sua maior ameaça de segurança. Resumindo, o que na realidade é (entre muitas outras coisas) a obtenção do controle com os Estados Unidos de um país-chave (produtor de petróleo) no Oriente Médio, usando como desculpa bombas de destruição em massa e o apoio ao terrorismo, agora é apresentado como a defesa de todo o mundo "livre" contra sua maior ameaça. Além da extensão do grupo interno do "Nós" no Reino Unido e o resto do mundo "livre" (um movimento que alguém pode chamar de "globalização ideológica"), nós também testemunhamos vários outros movimentos hiperbólicos para enfatizar a seriedade da situação, como exemplo, a extensão do tempo: "para a próxima geração".

Assim, vemos que o discurso manipulador se concentra em várias questões cruciais e fundamentais: a luta internacional entre o Bem e o Mal, a solidariedade nacional e internacional, a seriedade da situação vista como um conflito internacional, a autoapresentação positiva, como um líder forte ("firme") e moralmente superior, e a outro-apresentação negativa (por exemplo, a oposição), como oportunistas.

No restante de seu discurso, não analisado aqui, Blair envolve-se nos seguintes movimentos manipuladores:

(a) A história do período subsequente à guerra anterior com o Iraque, a importância da questão das armas de destruição em massa, as más intenções de Saddam Hussein e a indução ao erro nas inspeções de arma feitas pelas Nações Unidas etc.

(b) Descrição das armas de destruição em massa: antrax etc.

(c) Repetidas expressões de dúvida acerca da credibilidade de Saddam Hussein.

(d) A repetida autoapresentação positiva: detalhes sobre a vontade em se comprometer e também serem sensatos ("Novamente, eu desafio qualquer um a descrever aquilo como uma proposição insensata").

Em outras palavras, essa parte é essencialmente o que estava faltando no trecho anterior: uma descrição minuciosa dos "fatos históricos", até a Resolução 1.441 do Conselho de Segurança, como uma legitimação da ida à guerra.

Apesar de esse único exemplo obviamente não apresentar todas as estratégias relevantes do discurso manipulador, achamos exemplos clássicos de estratégias manipuladoras, tais como enfatizar o poder próprio de alguém e sua superioridade moral, desacreditar seu oponente, oferecer detalhes dos "fatos", polarizar entre Nós e Eles, apresentar negativamente os Outros, estabelecer um alinhamento ideológico (democracia, nacionalismo), recorrer a apelos emocionais, e assim por diante.

Os membros do Parlamento não são exatamente o que podemos chamar de pessoas estúpidas e quase não restam dúvidas de que eles entenderam perfeitamente os muitos movimentos de legitimação e de manipulação de Tony Blair. Isso significa que, se eles não são vítimas sem poder e se não há uma consequente desigualdade política, talvez tenhamos aqui uma forma de persuasão política, e não de manipulação, como estipulado anteriormente.

Ainda assim, há um ponto crucial em que o Parlamento e a oposição são menos poderosos do que o governo: eles não possuem a informação crucial, por exemplo, dos serviços secretos, sobre as armas de destruição em massa, para assim serem capazes de aceitar a legitimação da invasão do Iraque. Em segundo lugar, a maioria dos Labour na House of Commons, mesmo quando muitos membros se opuseram à invasão do Iraque – assim como a maioria do povo britânico –, mal pôde rejeitar a proposta de Blair sem pôr em risco o governo do Labour. Sabemos que apenas alguns políticos do Partido Labour desafiaram abertamente a liderança do partido, correndo o risco assim de perderem seus empregos. Em terceiro lugar, tal rejeição também significaria desafiar os EUA e prejudicar a amizade entre o Reino Unido e os Estados Unidos. Em quarto lugar, ninguém na House of Commons pode moralmente se defender mostrando qualquer falta de solidariedade com as tropas britânicas fora do país – e esperar ser reeleito. Finalmente, negar apoio a essa proposta poderia, de fato, ser (e vem sendo) explicado como defender Saddam Hussein: uma dupla dificuldade ou uma situação "Ardil 22"[2], na qual aqueles de esquerda, em particular, os quais se posicionaram mais explicitamente contra ditaduras, mal podem discordar do argumento manipulador.

Nesse caso específico, vemos que algumas propriedades relevantes do contexto desse discurso nos ajudam a distinguir entre a manipulação e a persuasão legítima, apesar de que, na vida real, estes dois tipos de controle mental se sobrepõem. Isto é, muitas das estratégias usadas talvez possam ser aplicadas em uma retórica política perfeitamente legítima no Parlamento. Entretanto, nesse caso, definido como emergência nacional e internacional, mesmo um poderoso Parlamento como o do Reino Unido pode ser manipulado para aceitar a política do primeiro-ministro para aliar-se aos EUA naquilo que é apresentado como uma guerra contra a tirania e o terrorismo. Tanto contextualmente (o falante como o líder do Partido Labour e MP, os receptores como britânicos e membros do parlamento etc.) assim como textualmente, Blair define a situação de tal maneira que poucos parlamentares *podem* recusá-la, mesmo quando eles sabem que estão sendo manipulados e provavelmente, também, enganados pelo falante.

Em resumo, os membros do parlamento são "vítimas" da situação política de diversas maneiras e, assim, podem ser manipulados, como aconteceu nos EUA e na Espanha, por aqueles no poder. Ao aceitarem as razões fornecidas por Blair em seu discurso legitimando a guerra, eles são manipulados não apenas para aceitar crenças específicas, por exemplo, sobre a segurança internacional, mas também no ato concreto de aceitar a proposta e, consequentemente, enviar tropas ao Iraque.

Conclusões

Neste capítulo, adotamos uma abordagem multidisciplinar para explicar a manipulação discursiva. Para distinguir esse discurso de outras formas de influência, em primeiro lugar o definimos *socialmente* como uma forma de abuso de poder ou dominação. Em segundo lugar, enfocamos as dimensões *cognitivas* de manipulação ao identificar o que significa exatamente a dimensão do "controle mental" da manipulação. E, finalmente, analisamos as várias dimensões *discursivas* da manipulação, concentrando-nos nas usuais estruturas polarizadas da autoapresentação positiva e a outra-apresentação negativa, expressando conflito ideológico. Além disso, descobrimos que a manipulação envolve: ênfase no poder, na superioridade moral e na credibilidade do(s) falante(s) e na descredibilidade dos dissidentes ao difamar os Outros, o inimigo; o uso de apelos emocionais; e o uso de provas aparentemente inegáveis de suas crenças e razões. Futuros trabalhos precisarão apresentar muito mais detalhes sobre os aspectos discursivos, cognitivos e sociais da manipulação.

(Tradução: Karina Falcone e Judith Hoffnagel)

Notas

[1] Formado nos anos 1960, o ETA (Euzkadi Ta Askatasuna, isto é, Pátria Basca e Liberdade) é uma das facções do movimento separatista basco que tem como objetivo restaurar, pela via armada, a autonomia e independência dos bascos, perdidas na Guerra Civil Espanhola de 1936-1939.

[2] Refere-se a *Catch 22*, uma expressão idiomática em inglês que significa uma situação que, para existir, depende de um primeiro fato acontecer, porque assim o segundo aparece e completa o ciclo. Por exemplo: se você não tem onde morar, você não pode conseguir emprego, e sem emprego, você não consegue um apartamento. Esta é uma situação "catch 22".

Referências bibliográficas

ABERCOMBIE, N., HILL, S. & TURNER, B. S. 1980. *The dominant ideology thesis*. London: George, Allen & Unwin.

ADELSWÄRD, V., ARONSSON, K., JANSSON, L., & LINELL, P. 1987. The unequal distribution of interactional space: dominance and control in courtroom interaction. *Text*, 7:313-346.

AGGER, B. 1992a. *Cultural Studies as Critical Theory*. London: Falmer Press.

AGGER, B. 1992b. *The discourse of domination. From the Frankfurt School of Postmodernismo*. Evanston: Northwestern University Press.

AHMED, N. M. 2005. *The war on truth:* 9/11 – Disinformation, and the anatomy of terrorism. New York: Olive Branch Press.

ALBERT, E. M. 1972. Culture patterning of speech behavior in Burundi. In GUMPERZ, J. J. & HYMES, D., eds. *Directions in Sociolinguistics*: The Ethnography of Communication. New York: Holt, Rhinehart and Winston, pp. 72-105.

ALEXANDER, J. C., GIESEN, B., MUNCH, R., & SMELSER, N. J., (eds.). 1987. *The micro-macro link*. Berkeley: University of California Press.

ALLPORT, G. W. 1954. *The nature of prejudice*. Garden City: Doubleday, Anchor.

ALTHEIDE, D. 1985. *Media power*. Beverly Hills: Sage.

ANDERSON, D. A., MILNER, J. W. & GALICIAN, M. L. 1988. How editors view legal issues and the Renquist Court. *Journalism Quarterly*, 65:294-298.

ANTAKI, C. 1988. Structures of belief and justification. In: *The Psychology of ordinary explanations of social behaviour*. London: Academic Press, pp. 60-73.

APPLE, M. W. 1979. *Ideology and curriculum*. London: Routledge & Kegan Paul.

ARGYLE, M., FURNAM, A. & GRAHAM, J. A. 1981. *Social situations*. Cambridge: Cambridge University Press.

ARKIN, R. M. 1981. Self-presentation styles. In TEDESCHI, J. T., (ed.). *Impression management*: Theory and social psychological research. New York: Academic Press, pp. 311-333.

ARONOWITZ, S. 1988. *Science as power*: discourse and ideology in modern society. Minneapolis: University of Minnesota Press.

ATKINSON, J. M. 1984. *Our masters' voices. The language and body language of politics*. London: Methuen.

ATKINSON, J. M. & DREW, P. 1979. *Order in court. The organization of verbal interaction in judicial settings*. London: Methuen.

ATKINSON, J. M. & HERITAGE, J., (eds.). 1984. *Structures of social action. Studies in conversational analysis.* Cambridge: Cambridge University Press.

ATKINSON, P., DAVIES, B. & DELAMONT, S. (eds.). 1995. *Discourse and reproduction. Essays in honor of Basil Bernstein.* Cresskill: Hampton Press.

ATWOOD, L. E., BULLION, S. J. & MURPHY, S. M. 1982. *International perspectives on news.* Carbondale: Southern Illinois University Press.

AUFDERHEIDE, P. 1992. *Beyond PC*: toward a politics of understanding. Saint Paul: Graywolf Press.

AUGOUSTINOS, M. & WALKER, I. 1995. *Social cognition*: an integrated introduction. London: Sage.

BACHEM, R. 1979. *Einführung in die Analyse politischer Texte.* Munich: Oldenbourg Verlag.

BAGDIKIAN, B. H. 1983. *The media monopoly.* Boston: Beacon Press.

BARKER, A. J. 1978. *The African link*: British attitudes to the negro in the era of the Atlantic Slave Trade, 1550-1807. London: Frank Cass.

BARKER, M. 1981. *The new racism.* London: Junction.

BARRETT, M., CORRIGAN, P., KUNH, A. & WOLFF, J. (eds.). 1974. *Ideology and cultural production.* London: Croom Helm.

BAUMANN, R. & SCHERZER, J. (eds.). 1974. *Explorations in the ethnography of speaking.* Cambridge: Cambridge University Press.

BAVELAS, J. B., ROGERS, L. E. & MILLAR, F. E. 1985. Interpersonal conflict. In: VAN DIJK, T.A. (ed.). *Handbook of discourse analysis. Vol. 4. Discourse analysis in society.* London: Academic Press, pp. 9-26.

BECKER, J., HEDEBRO, G. & PALDÁN, (eds.). 1986. *Communication and domination*: essays to honor Herbert L. Schiller. Norwood: Ablex.

BEN-TOVIM, G., GABRIEL, J., LAW, I. & STREDDER, K. 1986. *The local politics of race.* London: Macmillan.

BERGER, C.R. 1985. Social power and interpersonal communication. In: KNAPP, M. L.&

MILLER, G. R. (eds.). *Handbook of interpersonal communication.* Beverly Hills: Sage, pp. 439-496.

BERGSDORF, W. 1983. *Herrschaft und Sprache. Studie zur politischen Termonilogie der Bundesrespublik Deutschland.* Pfullingen: Neske Vertag.

BERGVALL, V. L. & REMLINGER, K. A. 1996. Reproduction, resistance and gender in educational discourse: the role of critical discourse analysis. *Discourse and Society*, 7(4):453-479.

BERNSTEIN, B. 1971-1975. *Class, codes, control.* 3 vols. London: Routledge & Kegan Paul.

BERNSTEIN, B. 1990. *The structuring of pedagogic discourse.* London: Routledge & Kegan Paul.

BERRNAN, P. 1991. *Debating PC*: The controversy over political correctness on college campuses. New York: Bantam-Dell.

BILIG, M. 1991a. Consistency and group ideology: towards a rhetorical approach to the study of justice. In: VERMUNT, R. & STEENSMA, H. (eds). *Social justice in human relations.* New York: Plenum Press, pp. 169-194.

BILIG, M. 1988. The notion of "prejudice". Some rhetorical and ideological aspects. *Text*, 8:91-110.

BIRNBAUM, N. 1971. *Toward a critical sociology.* New York: Oxford University Press.

BLAIR, R., ROBERTS, K. H. & MCKECHNIE, P. 1985. Vertical and network communication in organizations. In: MCPHEE, R. D. & THOMPKINS, P. IK. (eds.). *Organizational communication*: traditional themes and new directions. Beverly Hills: Sage, pp. 55-77.

BLONDIN, D. 1990. *L'apprentissage du racisme dans les manuels scolaires.* Montreal, Quebec: Editions Agence d'Arc.

BODEN, D. 1994. *The business of talk. Organizations in action.* Cambridge: Polity.

BOG, M. 1991b. *Ideology and opinions*: studies in rhetorical psychology. London: Sage.

BOSKIN, J. 1980. Denials: The media view of dark skins and the city. In: RUBIN, B. (ed.). *Small voices and great trumpets*: minorities and the media. New York: Praeger, pp. 141-147.

BOURDIEU, P. 1977. *Outline of a theory of practice.* Cambridge: Cambridge University Press.

__________. 1984. *Homo academicus*. Paris: Minuit.

__________. 1989. *La noblesse d'etat. Grandes écoles et esprit de corps*. Paris: Minuit.

BOURDIEU, P. & PASSERON, J.-C. 1977. *Reproduction in education, society and culture*. Beverly Hills: Sage.

BOURDIEU, P., PASSERON, J.-C. & SAINT-MARTIN, M. 1994. *Academic discourse. Linguistic misunderstanding and professorial power*. Cambridge: Polity Press.

BOYD-BARRETT, O. & BRAHAM, P. (eds.). 1987. *Media, knowledge and power*. London: Croom Helm.

BRADAC, J. J. & MULAC, A. 1984. A molecular view of powerful and powerless speech styles. *Communication Monographs*, 51:307-319.

BRADAC, J. J. & STREET, R. 1986. Powerful and powerless styles revisited: a theoretical analysis. Paper presented at the annual meeting of the Speech Communication Association. Chicago.

BRADAC, J. J., HEMPHILL, M R. & TARDY, C. H. 1981. Language style on trial: effects of "powerful" and "powerless" speech upon judgments of victims and villains. *Western Journal of Speech Communication*, 45:327-341.

BREWER, M. B. 1988. A dual process model of impression formation. In: SRULL, T. K. & WYER, R. S. (eds.). *Advances in social cognition*. Vol. 1. Hillsdale: Lawrence Erlbaum, pp. 1-36.

BRITTON, B. K. & GRAESSER, A. C. (eds.). 1996. *Models of understanding text*. Mahwah: Erlbaum.

BROOKE, M. E. & NG, S. H. 1986. Language and social influence in small conversational groups. *Journal of Language and Social Psychology*, 5:201-210.

BROWN, J. D., BYBEE, C. R., WEARDEN, S. T. & MURDOCK, D. 1982. Invisible power. News sources and the limits of diversity. Paper presented at the annual meeting of the Association for Education in Journalism. Athens, OH.

BROWN, L. B. 1973. *Ideology*. Harmondsworth: Penguin.

BROWN, P. & FRASER, C. 1979. Speech as a marker of situation. In SCHERER, K. R. & H. GILES (eds.). *Social markers in speech*. Cambridge: Cambridge University Press, pp. 33-62.

BROWN, P. & LEVINSON, S. C. 1987. *Politeness*: some universals in language use. Cambridge: Cambridge University Press.

BROWN, P. & LEVINSON, S.C. 1978. Universals in language use: politeness phenomena. In: GOODY, E. N. (ed.). *Questions and politeness*. Cambridge: Cambridge University Press, pp. 56-289.

BROWN, R. 1995. *Prejudice*: its social psychology. Oxford: Blackwell.

BROWN, R. & FORD, M. 1972. Address in American English. In: MOSCOVICI, S. (ed.). *The psychosociology of language*. Chicago: Markham, pp. 243-262.

BROWN, R. & GILMAN, A. 1960. The pronouns of power and solidarity. In: SEBEOK, T. A. (ed.). *Style in language*. Cambridge: MIT Press, pp. 253-277.

BRUHN JENSEN, K. 1986. *Making sense of news*. Aarhus: Aarhus University Press.

BURTON, F. & CARIEN, P. 1979. *Official discourse. On discourse analysis, government publications, ideology and the state*. London: Routledge & Kegan Paul.

CALDAS-COULTHARD, C. R. & COULTHARD, M. (eds.). 1996. *Texts and practices*: readings in critical discourse analysis. London: Routledge & Kegan Paul.

CALHOUN, C. 1995. *Critical social theory*. Oxford: Blackwell.

CANDLIN, C., BURTON, J. & COLEMAN, H. 1980. *Dentist-patient communication*: a report to the General Dental Council. Lancaster: University of Lancaster, Department of Linguistics and Modern English Language.

CAMERON, D. (ed.). 1990. *The feminist critique of language. A reader*. London: Routledge & Kegan Paul.

CAMERON, D. 1992. *Feminism and linguistic theory*. 2 ed. London: Macmillan.

CARBO, T. 1992. Towards and interpretation of interruptions in Mexican parliamentary discourse. *Discourse and Society*, 3(1):25-45.

CARBO, T. 1995. *El discurso parlamentario mexicano entre 1920 y 1950. Um estudio de caso en metodologia de análise de discurso*. 2 vols. México: CIESAS y Colégio de México.

CAUTE, D. 1978. *The great fear*: the anti-communist purge under Truman and Eisenhower. London: Secker & Warburg.

Centre for Contemporary Cultural Studies. 1978. *On ideology*. London: Hutchinson.

Chaffee, S. H., (ed.). 1975. *Political communication*. Beverly Hills: Sage.

Charrow, V. R. 1982. Language in the bureaucracy. In: Pietro, R. J. (ed.). *Linguistics and the professions*. Norwood: Ablex, pp. 173-188.

Chibnall, S. 1977. *Law and order news*: an analysis of crime reporting in the British Press. London: Tavistock.

Chilton, P., (ed.). 1985. *Language and the nuclear arms debate: Nukespeak today*. London and Dover: Frances Printer.

Chilton, P. 1988. *Orwellian language and the media*. London: Pluto Press.

Chilton,P. & Lakoff, G. 1995. Foreign policy by metaphor. In: Schaffner, C. & Wenden, A. L. (eds.). *Language and peace*. Aldershot: Dartmouth, pp. 37-59.

Chilton, P. & Schaffner, C. 1997. Discourse and politics. In: van Dijk, T. A. (ed.). *Discourse Studies*: a multidisciplinary introduction. vol. 2. Discourse as social interaction. London: Sage, pp. 206-230.

Chomsky, N. 2004. *Hegemony or survival*: America's quest for global dominance. New York: Henry Holt.

Chouliaraki, L. 2005. The soft power of war: legitimacy and community in Iraq war discourses. *Journal of Language and Politics*, 4(1): special issue.

Cicourel, Aaron V. 1973. *Cognitive sociology*. Harmondsworth: Penguin.

Clark, H. H. 1996. The nature of belief systems in mass publics. *International Yearbook of Political Behavior Research*, 5:206-262.

Clegg, S. 1975. *Power, rule and domination*: a critical and empirical understanding of power in sociological theory and organizational life. London: Routledge & Kegan Paul.

Clegg, S. R. 1989. *Frameworks of power*. London: Sage.

Cody, M. J. & McLaughlin, M. L. 1988. *Accounts on trial*: oral arguments in Traffic.

_____ Court. In: Antaki, C. (ed.). *Analysing everyday explanation. A casebook of methods*. London: Sage, pp. 113-126.

Cohen, S. & Young, J. (eds.). 1981. *The manufacture of news. Deviance, social problems and the mass media*. London: Contable.

Coleman, H. (ed.). 1984. Language and work 1: law, industry, education. *International Journal of the Sociology of Language*, 49 (special issue).

Coleman, H. 1985a. Talking shop: an overview of language and work. *International Journal of the Sociology of Language*, 51:105-129.

Coleman, H. (ed.). 1985b. Language at work 2: the health professions. *International Journal of the Sociology of Language*, 51 (special issue).

Coleman, H. & Burton, J. 1985. Aspects of control in the dentist-patient relationship. *International Journal of the Sociology of Language*, 51:75-104.

Collins, R., Curran, J., Garnham, N., Scannell, P., Schlesinger, P. & Sparks, C. (eds.). 1986. *Media, culture and society*. London: Sage.

Cotter, C. 2001. Discourse and media. In: Schiffrin, D.; Tannen, D. & Hamilton, H. E. (eds.). *The Handbook of Discourse Analysis*. Oxford: Blackwell, pp. 416-436.

Converse, P. E. 1964. The nature of belief systems in mass publics. *International Yearbook of Political Behavior Research*, 5:206-262.

Cook-Gumperz, J. 1973. *Social control and socialization*. London: Routledge & Kegan Paul.

Coulthard, R. M. (ed.). 1994. *Advances in written text analysis*. London: Routledge & Kegan Paul.

Crigler, A. N. (ed.). 1996. *The psychology of political communication*. Ann Arbor: The University of Michigan Press.

Culley, J. D. & Bennett, R. 1976. Selling women, selling blacks. *Journal of Communication*, 26:160-174.

Dahl, R. A. 1957. The concept of power. *Behavioural Science*, 2: 201-215.

Dahl, R. A. 1961. *Who governs? Democracy and power in an American city.* New Haven: Yale University Press.

Danet, B. 1980. Language in the legal process. *Law and Society Review*, 14:445-565.

Danet, B. (ed.). 1984. Legal discourse. *Text*, 4(1/3) (special issue).

DATES, J. L. & BARLOW, W. (ed.). 1990. *Split image*: african americans in the mass media. Washingotn: Howard University Press.

DAVIS, H. & WALTON, P. (eds.). 1983. *Language, image, media.* Oxford: Blackwell.

DAVIS, K. 1988. *Power under the microscope. Toward a grounded theory of gender relations in medical encounters.* Dordrecht: Forts.

DAY, N. 1999. *Advertising*: information or manipulation? Springfield: Enslow.

DEBNAM, G. 1984. *The analysis of power.* London: Macmillan.

DERIAN, J. D. & SHAPIRO, M. J. U. 1989. *International intertextual relations.* Lexington: D. C. Heath.

DIAMOND, J. 1996. *Status and power in verbal interaction. A study of discourse in a close-knit social network.* Amsterdam: Benjamin.

DINES, G. & Humez, J. M. M. (eds.). 1995. *Gender, race and class in media. A text-reader.* London: Sage.

DI PIETRO, R. J. 1982. *Linguistics and the professions.* Norwood: Ablex.

DILLARD, J. P. & PFAU, M. 2002. *The persuasion handbook: developments in theory and practice.* Thousand Oaks: Sage.

DITTMAR, N. & VON STUTTERHEIM, C. 1985. On the discourse of immigrant workers. In: VAN DIJK, T. A. (ed.). *Handbook of Discourse Analysis*: vol. 4. Discourse analysis in society. London: Academic Press, pp. 125-152.

DOHERTY, F. & MCCLINTOCK, M. 2002. *A year of loss*: reexamining civil liberties since September 11. New York: Lawyers Committee for Human Rights.

DOMHOFF, G. W. 1978. *The powers that* be: processes of ruling class domination in America. New York: Random House.

DOMHOFF, G. W. & BALLARD, H. B. (eds.). 1968. *Wright Mills and the power elite.* Boston: Beacon Press.

DONALD, J. & HALL, S. (eds.). 1986. *Politics and ideology.* Milton Keynes: Open University Press.

DORFMAN, A. & MATTELART, A. 1972. *Para leer el Pato Donald. Comunicación de masa y colonialmismo.* México: Siglo XXI.

DOVIDIO, J. F. & GAERTNER, S. L. (eds.). 1986. *Prejudice, discrimination and racism.* New York: Academic Press.

DOWNES, W. 1984. *Language and society.* London: Fontana.

DOWNING, J. 1980. *The media machine.* London: Pluto.

_________. 1984. *Radical media. The political experience of alternative communication.* Boston: Southend.

DREW, P. & HERITAGE, J. (eds.). 1992. *Talk at work. Interaction in institutional settings.* Cambridge: Cambridge University Press.

D'SOUZA, D. 1995. *The end of racism. Principles for multiracial society.* New York: Free Press.

DUIN, A. H., ROEN, D. H. & GRAVES, M. F. 1988. Excellence or malpractice: the effects of headlines on readers' recall and biases. National Reading conference (1987), St. Petersburg, Florida). *National Reading Conference Yearbook*, 37:245-250.

DURANTI, A. & GOODWIN, C. (eds.). 1992. *Rethinking context*: language as an interactive phenomenon. Cambridge: Cambridge University Press.

DUSZAK, A. (ed.). 1997. *Culture and styles of academic discourse.* Berlin: Mouton de Gruyter.

DYER, G. 1982. *Advertising as communication.* London: Methuen.

EAGLY, A. H. & CHAIKEN, S. 1993. *The psychology of attitudes.* Orlando: Harcourt Brace Jovanovich.

EAKINS, B. W. & EAKINS, R. B. 1978. *Sex differences in human communication.* Boston: Houghton Mifflin.

EBEL, M. & FIALA, P. 1983. *Sous le consensus, la xénophobie.* Lausanne: Institut de Science Politique.

EDELMAN, M. 1964. *The symbolic uses of politics.* Urbana: University of Illinois Press.

__________. 1974. Thepolitical language of the helping professions. *Politics and Society*, 4:295-310.

EHLICH, K., (ed.). 1989. *Sprache im Faschismus.* Frankfut: Suhrkamp.

__________. (ed.). 1995. *The Discourse of business negotiation.* Berlin: Mouton de Gruyter.

ERICKSON, B.; LIND, A. A.; JOHNSON, B. C. & D'HAN, W. M. 1978. Speech style and impression formation in a court setting: The effects of "powerful" and "powerless" speech. *Journal of Experimental Social Psychology*, 14:266-279.

ERICKSON, F. & SHULTZ, J. 1982. *The counselor as gatekeeper. Social interaction in interviews.* New York: Academic Press.

ERVIN-TRIPP, S., O'COINNOR, M. C. & ROSENBERG, J. 1984. Language and power in the family. In: KRAMARAE, C.; SCHUTZ, M. & D'ELAN, W. M. (eds.). *Language and power.* Beverly Hills: Sage, pp.116-135.

ERVIN-TRIPP, S. & STRAGE, A. 1985. Parent-child discourse. In: VAN DIJK, T. A. (ed.). *Handbook of discourse analysis*: vol. 3 Discourse and dialogue. London: Academic Press, pp. 67-78.

ESSED, P. J. M. 1984. *Alledaags racisme.* Amsterdam: Sara.

__________. 1987. *Academic racism*: common sense in the Social Sciences. Amsterdam: University of Amsterdam Centre for Race and Ethnic Studies, CRES Publications, nº 5.

__________ 1991. *Understanding everyday racism*: an interdisciplinary theory. Newbury Park: Sage

ETZIONI-HALEVY, E. 1989. *Fragile democracy*: the use and abuse of power in western societies. New Brunswick: Transaction.

FAIRCLOUGH, N. L. 1992a. *Discourse and social change.* Cambridge: Polity Press.

__________. (ed.). 1992b. *Critical language awareness.* London: Longman.

__________. 1995a. *Critical discourse analysis*: the critical study of language. Harlow: Longman.

__________. 1995b. *Media discourse.* London: Edward Arnold.

FAIRCLOUGH, N. L. & WODAK, R. 1997. Critical discourse analysis. In: VAN DIJK, T. A. (ed.). *Discourse studies. A Multidisciplinary introduction*: vol. 2. Discourse as social interaction. London: Sage, pp. 258-284.

FALBO, T. & PEPLAU, L. A. 1980. Power strategies in intimate relationships. *Journal of Personality and Social Psychology*, 38:618-628.

FARR, R. M. & MOSCOVICI, S. (eds.). 1984. *Social representations.* Cambridge: Cambridge University Press.

FASCELL, D. B. (ed.). 1979. *International news*: freedom under attack. Beverly Hills: Sage.

FAY, B. 1987. *Critical social science.* Cambridge: Polity.

FEDLER, F. 1973. The media and minority groups: a study of adequacy of access. *Journalism Quarterly*, 50(1):10—117.

FERNANDEZ, J. P. 1981. *Racism and sexism in corporate life.* Lexington: Lexington Books.

FERREE, M. M. & HALL, E. J. 1996. Rethinking stratification from a feminist perspective: gender, race and class in mainstream textbooks. *American Sociological Review*, 61(6):929-950.

FERRO, M. 1981. *Comment on raconte l'Histoire aux enfants à travers le monde entire.* Paris: Payot.

FIELDING, G. & EVERED, C. 1980. The influence of patients' speech upon doctors: The diagnostic interview. In: ST. CLAIR, R. N. & GILES, H. (eds.). *The social and psychological contexts of language.* Hillsdale: Lawrence Erlbaum, pp. 51-72.

FISHER, S. 1995. *Nursing wounds. Nurse practitioners, doctors, women patients, and the negotiation of meaning.* New Brunswidck: Rutgers Univesity Press.

FISHER, S. & TODD, A. D. 1983. *The social organization of doctor-patient communication.* Washington: Center for Applied Linguistics.

______. & ______. (eds.). 1986. *Discourse and institutional authority*: medicine, education and law. Norwood: Ablex.

FISHMAN, M. 1980. *Manufacturing the news.* Austin: University of Texas Press.

FISHMAN, P. 1983. Interaction: the work women do. In: THORNE, B.; KRAMARAE, C. & HENLY, N. (eds.). *Language, gender and society.* New York: Pergamon, pp. 89-101.

FISKE, S. T.; LASU, R. R. & SMITH, R. A. 1990. On the varieties and utilities of political expertise. *Social Cognition*, 8(1):31-48.

FISKE, S. T. & TAYLOR, S. E. 1984. *Social cognition.* Reading: Addison-Wesley.

FOWLER, R. 1985. Power. In: VAN DIJK, T. A. (ed.). *Handbook of Discourse Analysis*: vol 4, Discourse analysis in society. London: Academic Press, pp. 61-82.

Fowler, R. 1991. *Language in the news. Discourse and ideology in the press.* London: Routledge & Kegan Paul.

Fowler, R.; Hodge, B.; Kress, G. & Trew, T. 1979. *Language and control.* London: Routledge & Kegan Paul.

Fox, C. J. & Miller, H. T. 1995. *Postmodern public administration. Toward discourse.* London: Sage.

Fox, D. R. & Prilletensky, I. 1997. *Critical psychology. An introduction.* London: Sage.

Freeman, S. R. & Krauss, R. M. 1992. Coordination of knowledge in communication: Effects of speakers' assumptions about what others know. *Journal of Personality and Social Psychology*, 62(3):378-391.

Galbraith, J. K. 1985. *The anatomy of power.* London: Corgi.

Galtung, J. & Ruge, M. H. 1965. The structure of foreign news. *Journal of Peace Research*, 2:64-91.

Gamble, A. 1986. The political economy of freedom. In: Levitas, R. (ed.). *The ideology of the new right.* Cambridge: Polity, pp. 25-54.

Gamson, W. A. 1992. *Talking politics.* Cambridge: Cambridge University Press.

Gans, H. 1979. *Deciding what's news.* New York: Pantheon.

Gareau, F. H. 2004. *State terrorism and the United States*: from counterinsurgency to the war on terrorism. Atlanta: Clarity Press.

Garnham, A. 1987. *Mental models as representations of discourse and text.* Chichester: Ellis Horwood.

Giles, H. & Powesland, P. F. 1975. *Speech style and social evaluation.* London: Academic Press.

Giles, H. & Smith, P. M. 1979. Accomodation theory: optimal levels of convergence. In: Giles, H. & St. Clair, R. N. (eds.). *Language and social psychology.* Oxford: Basil Blackwell, pp.45-65.

Giroux, H. 1981. *Ideology, culture and the process of schooling.* London: Falmer Press.

Glasgow University Media Group. 1976. *Bad news.* London: Routledge & Kegan Paul.

Glasgow University Media Group. 1980. *More bad news.* London: Routledge & Kegan Paul.

Glasgow University Media Group. 1982. *Really bad news.* London: Writers and Readers.

Glasgow University Media Group. 1985. *War and peace news.* Milton Keynes and Philadelphia: Open University Press.

Glasgow University Media Group. 1993. Getting the message. In: Eldrige, J. (ed.). *News, truth and power.* London: Routledge & Kegan Paul.

Glasser, T. L. & Salmon, C. T. (eds.). 1995. *Public opinion and the communication of consent.* New York: Guilford Press.

Gleason, Y. B. & Geif, E. B. 1986. Men's speech to young children. In: Thorne, B.; Kramarae, C. & Henly, N. (eds.). *Language, gender and society.* Rowley: Newbury House.

Goffman, E. 1959. *The presentation of self in everyday life.* Garden City: Doubleday.

Goffman, E. 1967. *Interaction ritual: essays on face-to-face behavior.* Garden City: Doubleday.

Goffman, E. 1979. *Gender advertisements.* New York: Harper & Row.

Golding, P. & Murdock, G. 1979. Ideology and the mass media: the question of determination. In: Barett, M.; Corrigan, P.; Kuhn, A. & Wolff, A.; (eds.). *Ideology and cultural production.* London: Croom Helm, pp. 198-224.

Graber, D. A. 1980. *Crime news and the public.* New York: Praeger.

Graber, Doris. 1984. *Processing the news.* New York: Longman.

Graesser, A. C. & Bower, G. H. (eds.). 1990. *Inferences and text comprehension. The psychology of learning and motivation.* Vol. 25. New York: Academic Press.

Gramsci, A. 1971. *Prison notebooks.* New York: International Publishers.

Granberg, D. 1993. Political perception. In: Iyengar, S. & McGuire, W. J. (eds.). *Explorations in political psychology.* Duke Studies in Political Psychology. Durham: Duke University Press, pp. 70-112.

Greenberg, B. S. (ed.). 2002. *Communication and terrorism*: public and media responses to 9/11. Cresskill: Hampton Press.

Greenberg, B. S. & Mazingo, S. L. 1976. Racial issues in mass media institutions. In: Katz, P. A. (ed.). *Towards the elimination of racism.* New York: Pergamon, pp. 309-340.

GREENBERG, J., KIRKLAND, S. & PYSZCZYNSKI. 1987. Some theoretical notions and preliminary research concerning derogatory labels. In: SMITHERMAN-DONALDSON, G. & VAN DIJK, T. A. (eds.). *Discourse and communication*. Detroit: Wayne State University Press.

GRICE, H. 1975. Logic and conversation. In: COLE, P. & MORGAN, J. (eds.). *Syntax and Semantics*: vol. 3. Speech acts. New York: Academic Press, pp. 68-134,

GUESPIN, L. (ed.). 1976. Typologie du discourse politique. *Langages*, 41.

GUMPERZ, J. 1982. *Discourse strategies*. Cambridge: Cambridge University Press.

_________. (ed.). 1982. *Language and social identity*. Cambridge: Cambridge University Press.

HABERMAS, F. 2002. *The theory of communicative action*. Boston: Beacon Press.

HALL, S.; CRITCHER, C.; JEFFERSON, T.; CLARKE, J. & ROBERTS, B. 1978. *Policing the crisis*: mugging, the State and law and order. London: Meuthuen.

HALL, S., HOBSON, D., LOWE, A., & WILLIS, P., Eds. 1980. *Culture, media, language*. London: Hutchinson.

HALLIDAY, F. 2002. *Two hours that shook the world*: september 11, 2001. Causes and consequences. London: Saqi.

HALLORAN, J. D.; ELLIOTT, P. & MURDOCK, G. 1970. *Demonstrations and communication*: a case study. Harmondsworth: Penguin.

HAMILTON, D. (ed.). 1981. *Cognitive processes in stereotyping and intergroup behavior*. Hillsdale: Lawrence Erlbaum.

HARIMAN, R. (ed.). 1990. *Popular trials*: rhetoric, mass media and the law. Tuscaloosa: University of Alabama Press.

HARRIS, S. 1984. Questions as a mode of control in magistrates' court. *International Journal of the Sociology of Language*, 49:5-27.

HART, R. P. 1984. *Verbal style and the presidency*. Orlando: Academic Press.

HARTMANN, P. & HUSBAND, C. 1974. *Racism and the mass media*. London: Davis-Poynter.

HELMREICH, W. B. 1984. *The things they say behind your back. Stereotypes and the myths behind them*. New Brunswick: Transaction Books.

HERMAN, E. S. & CHOMSKY, N. 1988. *Manufacturing consent*: the political economy of the mass media. New York: Pantheon.

HERMANN, M. G. (ed.). 1986. *Political psychology*. San Francisco: Jossey-Bass.

HOLLY, W. 1990. *Politikersprache. Inszenierungen and Rollenkonflikte im informellen Sprachhandeln eines Brunestagsabgeordneten*. Berlin: Mouton de Gruyter.

HOUSTON, M. & KRAMARAE, C. (eds.) 1991. Women speaking from silence. *Discourse and Society* 2(4), special issue.

HUDSON, K. 1978. *The language of modern politics*. London: Methuen.

HUJANEN, T. (ed.). 1984. *The role of information in the realization of the human rights of migrant workers*. Report of international conference. Tampere: Univeristy of Tampere, Department of Journalism and Mass Communication.

HYMES, D. (ed.). 1972. *Reinventing Anthropology*. New York: Vintage Books.

IBANEZ, T. & INGUEZ, L. (eds.). 1997. *Critical social psychology*. London: Sage.

IRVINE, J. T. 1974. Strategies of status manipulation in the Wolof greeting. In: BAUMAN, R. & SHERZER, J. (eds.). *Explorations in the Ethnography of Speaking*. Cambridge: Cambridge University Press, pp. 167-191.

IYENGAR, S. & MCGUIRE, W. J. (eds.). 1993. *Explorations in political psychology*. Duke Studies in Political Psychology. Durham: Duke University Press.

JAWORSKI, A. 1983. Sexism in textbooks. *British Journal of Language Teaching*, 21(2): 109-113.

JAYNES, G. D. & WILLIAMS, R. M., (eds.). 1989. *A common destiny*: blacks and american society. Washington: National Academy Press.

JENKINS, R. 1986. *Racism and recruitment*: managers, organizations and equal opportunity in the labour market. Cambridge: Cambridge University Press.

JOHNSON, K. A. 1987. *Media images of Boston's black community*. William Monroe Trotter Institute, Research Report. Boston: University of Massachusetts.

JOHNSON-LAIRD, P. N. 1983. *Mental models*. Cambridge: Cambridge University Press.

JUDD, C. M. & DOWNING, J. W. 1990. Political expertise and development of attitude consistency. *Social Cognition*, 8(1):104-124.

JUST, M. R., CRIGLER, A. N. & NEUMANN, W. R. 1996. Cognitive and affective dimensions of political communication. In: CRIGLER, A. N. (ed.). *The psychology of political communication*. Ann Arbor: The University of Michigan Press, pp. 133-148.

KALIN, R. & RAYK, O. D. 1980. The social significance of speech in the job interview. In: ST. CLAIR, R. N. & GILES, H. (eds.). *The social and psychological contexts of language*. Hillsdale: Lawrence Erlbaum, pp. 39-50.

KELLY, J. W. 1985. *Storytelling in high tech organizations*: a medium for sharing culture. Western Speech Communication Association, Fresno.

KENDALL, S. & TANNEN, D. 2001. Discourse and gender. In: SCHIFFRIN, D.; TANNEN, D. & HAMILTON, H. E. (eds.). *The Handbook of Discourse Analysis*. Oxford: Blackwell, pp. 548-567.

KENNEDY, S. 1959. *Jim Crow guide to the U.S.A.* London: Lawrence and Wishart.

KINDER, D. R. & SANDERS, L. M. 1990. Mimicking political debate with survey questions: the case of white opinion on affirmative-action for Blacks. *Social Cognition*, 8(1):73-103.

KING, J. & STOTT, M. (eds.). 1977. *Is this your life? Images of women in the media*. London: Virago.

KINLOCH, G. C. 1981. *Ideology and contemporary sociological theory*. Englewood Cliffs: Prentice-Hall.

KINTSCH, W. 1998. *Comprehension*: a paradigm for cognition. Cambridge: Cambridge Univeristy Press.

KLAPPER, J. T. 1960. *The effects of mass communication*. New York: Free Press.

KLAUS, G. 1971. *Sprache der Politik*. Berlin: VEB Deutscher Verlag der Wissenschaften.

KLEIN, G. 1986. *Reading into racism*. London: Routledge & Kegan Paul.

KLEIN, W. & DITTMAR, N. 1979. *Developing grammars*: the acquisition of German by foreign workers. Heidelberg & New York: Springer Verlag.

KNORR-CETINA, K. & CICOUREL, A.V. (eds.). 1981. *Advances in social theory and methodology. Towards an integration of micro- and macrosociologies*. London: Routledge & Kegan Paul.

KOCHMAN, T. 1981. *Black and white styles in conflict*. Chicago: University of Chicago Press.

KOTTHOFF, H. & WODAK, R. (eds.). 1997. *Communicating gender in context*. Amsterdam: Benjamins.

KRAMARAE, C. 1980. *Voices and words of women and men*. Oxford: Pergamon.

__________. 1983. *Women and men speaking*. Rowley: Newbury House.

KRAMARAE, C.; SCHULZ, M. & O'BARR, W. M. 1984. Towards an understanding of language and power. In: KRAMARAE, C.; SCHULZ, M. & O'BARR, W. M. (eds.). *Language and power*. Beverly Hills: Sage, pp. 9-22.

KRAMARAE, C.; THORNE, B. & HENLY, N. 1983. Sex similarities and differences in language, speech, and nonverbal communication: an annotated bibliography. In: THORNE, B.; KRAMARAE, C. & HENLY, N. (eds.). *Language, gender and society*. Rowley: Newbury House, pp. 151-331.

KRAUS, S. (ed.). 1990. *Mass communication and political information processing*. Hillsdale: Lawrence Erlbaum.

KRAUSS, S. & PERLOFF, R. M., (eds.). 1985. *Mass media and political thought*. Beverly Hills: Sage.

KRESS, G. 1985. Ideological structures in discourse. In: VAN DIJK, T. A. (ed.). *Handbook of discourse analysis*: vol. 4. Discourse analysis in society. London: Academic Press, pp. 27-42.

KRESS, G. & HODGE, B. 1979. *Language and ideology*. London: Routledge & Kegan Paul.

KROSNICK, J. A. & MILBURN, M. A. 1990. Psychological determinants of political opinionation. *Social Cognition*, 8:49-72.

KUKLINSKI, J. H., LUSKIN, R. C. & BOLLAND, J. 1991. Where is the schema: going beyond the s-word in political psychology. *American Political Science Review*, 85(4):1341-1356.

LABOV, W. 1972. Rules for ritual insults. In: Sudnow, D. (ed.). *Studies in social interaction*. New York: Free Press.

LAKOFF, R. T. 1990. *Talking power. The politics of language*. New York: Basic Books.

LAU, R. R. & SEARS, D. O. (eds.). 1986. *Political cognition*. Hillsdale: Erlbaum.

LAU, R. R., SMITH, R. A. & FISKE, S. T. 1991. Political beliefs, policy interpretations and political persuasion. *Journal of Politics*, 53(3):644-675.

LAUREN, P. G. 1988. *Power and prejudice. The politics and diplomacy of racial discrimination.* Boulder: Westview Press.

LAVANDERA, B. R.; GARCIA NEGRONI, M. M.; LOPEZ OCOn, M.; LUIS, C. R.; MENENDEZ, S. M.; PARDO, M. L.; RAITER, A. G. & ZOPPI-FONTANA, M. 1986. Análisis sociolinguístico del discurso político. *Cuadernos del Institute de Linguística,* 1(1). Buenos Aires: Instituto de Linguística, Universidad de Buenos Aires.

LAVANDERA, B. R.; GARCIA NEGRONI, M. M.; LOPEZ OCON, M.; LUIS, C. R.; MENENDEZ, S. M.; PARDO, M. L.; RAITER, A. G. & ZOPPI-FONTANA, M. 1987. Análisis sociolinguístico del discurso político (11). *Cuadernos del Institute de Linguística.* Buenos Aires: Instituto de Linguística, Universidad de Buenos Aires.

LEET-PELLEGRINI, H. M. 1980. Conversational dominance as a function of gender and expertise. In: GILES, H; ROBINSON, W. P. & SMITH, P. M. (eds.) *Language*: social psychological perspectives. New York: Pergamon, pp. 97-104.

LEIMDORFER, F. 1992. *Discours academique et colonization. Themes de recherché su l'Algerie pendant la periode coloniale.* Paris: Publisud.

LEIN, L. & BRENNIS, D. 1978. Children's disputes in three speech communities. *Language in Society,* 7:299-323.

LIEBES, T. & KATZ, E. 1990. *The export of meaning*: cross-cultural readings of "Dallas". New York: Oxford University Press.

LIND, E. A. & O'BARR, W. M. 1979. The social significance of speech in the courtroom. In: GILES, H. & ST. CLAIR, R. N. (eds.). *Language and social psychology.* Oxford: Basil Blackwell, pp. 66-87.

LINDE, C. 2001. Narrative in institutions. In: SCHIFFRIN, D.; TANNEN, D. & HAMILTON, H. E. (eds.). *The Handbook of Discourse Analysis.* Oxford: Blackwell, pp. 518-536.

LINDEGREN-LERMAN, C. 1983. Dominant discourse: The institutional voice and the control of topic. In: DAVIS, H. & WALTON, P. eds. *Language, image, media.* Oxford: Basil Blackwell, pp. 75-103.

LINEN, P. & JONSSON, L. 1991. Suspect stories: perspective-setting in an asymmetrical situation. In: MARKOVA, I. & FOPPA, K. (eds.). *A symmetries in dialogue. The dynamics of dialogue.* New York: Barnes & Noble, pp. 75-100.

LODGE, M. & MCGRAW, K. M. (eds.). 1995. *Political judgement*: structure and process. Ann Arbor: University of Michigan Press.

LORIMER, R. 1984. *Defining the curriculum*: the role of the publisher. Paper presented at the annual meeting of the American Educational Research Association, New Orleans.

LUKE, T. W. 1989. *Screens of power*: ideology, domination, and resistance in informational society. Urbana: University of Illinois Press.

LUKES, S. 1974. *Power. A radical view.* London: Macmillan.

________. (ed.). 1986. *Power.* Oxford: Basil Blackwell.

MANKEKAR, D. R. 1978. *One-way flow*: neo-colonialism via news media. New Delhi: Clairon.

MANNING, D. J. (ed.). 1980. *The form of ideology.* London: George, Allen & Unwin.

MANSTEAD, T. & MCCULLOGH, C. 1981. Sex role stereotyping in British television ads. *British Journal of Social Psychology,* 20:171-180.

MARABLE, M. 1985. *Black American politics.* London: Verso.

MATIN ROJO, L. 1994. Jargon of delinquents and the study of conversational dynamics. *Journal of Pragmatics,* 21(3):243-289,

MARTIN ROJO, L. & VAN DIJK, T. A. 1997. "There was a problem, and it was solved!" Legitimating the expulsion of "illegal" immigrants in Spanish parliamentary discourse. *Discourse and Society,* 8(4):523-567.

MARTINDALE, C. 1986. *The white press and Black America.* New York: Greenwood Press.

MATTELART, A. 1979. *The multinational corporations and the control of culture*: the ideological apparatus of imperialism. Atlantic Highlands: Harvester.

MAYNARD, D. W. 1985. The analysis of plea bargaining discourse. In: VAN DIJK, T. A. (ed.). *Handbook of discourse analysis:* vol. 4. Discourse analysis in society. London: Academic Press, pp. 153-179.

MAZINGO, S. 1988. Minorities and social control in the newsroom: thirty years after Breed. In: SMITHERMAN-DONALDSON, G. & VAN DIJK, T. A. (eds.). *Discourse and Discrimination.* Detroit: Wayne State University Press, pp. 93-130.

McHoul, A.W. 1986. Writing, sexism, and schooling: a discourse-analytic investigation of some recent documents on sexism and education in Queensland. In: Fisher, S. & Todd, A. D. (eds.). *Discourse and institutional authority*: medicine, education and law. Norwood: Ablex, pp. 187-202.

McLaughlin, M. L. 1984. *Conversation*: how talk is organized. Beverly Hills: Sage.

McPhee, R. D. & Thompkins, P. K. (eds.). 1985. *Organizational communication:* traditional themes and new directions. Beverly Hills: Sage.

Mead, R. 1985. Courtroom discourse. *English Language Research, Discourse Analysis Monographs*, 9 (University of Birmingham).

Mehan, H. 1979. *Learning lessons*. Cambridge: Harvard University Press.

________. 1986. The role of language and the language of role in institutional decision making. In: Fisher, S. & Todd, A. D. (eds.). *Discourse and institutional authority*: medicie, education, and law. Norwood: Ablex, pp. 140-163.

Mercer, N. 1995. *The guided construction of knowledge. Talk amongst teachers and learners.* Clevedon: Multilingual Matters.

Merelman, R. M. 1986. Revitalizing political socialization. In: Hermann, M. G. (ed.). *Political Psychology*. San Francisco: Jossey-Bass, pp. 279-319.

Merten, K. 1986. *Das Bild der Auslander in der deutschen Presse*. Frankfurt: Gagyeli Verlag.

Messaris, P. 1997. *Visual persuasion*: the role of images in advertising. Thousand Oaks: Sage.

Mey, J. 1985. *Whose language*: a study in linguistic pragmatics. Amsterdam: Benjamins.

Milburn, M. A. 1987. Ideological self-schemata and schematically induced attitude consistency. *Journal of Experimental Social Psychology*, 23(5):383-398.

Miles, R. 1989. *Racism*. London: Routledge.

Milis, C. W. 1956. *The power elite*. New York: Oxford University Press.

Milliband, R. 1983. *Class power and state power*. London: Verso.

Milner, D. 1983. *Children and race. Ten years on*. London: Ward Lock Educational.

Minority Participation in the Media. 1983. Hearings before the Subcommittee on Telecommunications, consumer Protection and Finance, of the Committee on Energy and Commerce, Houseof Representatives, 98th Congress, 19 and 23 September, 1983.

Mishler, F. G. 1984. *The discourse of medicine*: dialectics in medical interviews. Norwood: Ablex.

Morrow, D. G. 1994. Spatial models created from text. In: van Oostendorp, H. & Zwaan, R. A. (eds.). *Naturalistic text comprehension*. Norwood: Ablex, pp. 57-78.

Moscovici, S. 2001. *Social representations*: explorations in Social Psychology. New York: New York University Press.

Mueller, C. 1973. *The politics of communication*: a study of the political sociology of language, socialization, and legitimation. New York: Oxford University Press.

Mumby, D. K. 1988. *Communication and power in organizations*: discourse, ideology, and domination. Norwood: Ablex.

__________. (ed.). 1993. *Narrative and social control*: critical perspectives. Newbury Park: Sage.

Mumby, D. K. & Clair, R. P. 1997. Organizational discourse. In: van Dijk, T. A. (ed.). *Discourse as social interaction. Discourse Studies. A Multidisciplinary introduction*. Vol. 1. London: Sage, pp. 181-205

Murray, N. 1986. Anti-racistas and other demons: the press and ideology in Thatcher's Britain. *Race & Class*, 27:1-19.

Natal, M.; Entin, E. & Jaffe, J. 1979. Vocal interruptions in dyadic communication as a function of speech and social anxiety. *Journal of Personality and Social Psychology*, 37:865-878.

Neisser, U. & Fivush, R. (eds.). 1994. *The remembering self*: construction and accuracy in the self-narrative. Cambridge: Cambridge University Press.

Nesler, M. S.; Aguinis, H.; Quigley, B. M. & Tedeschi, J. T. 1993. The effect of credibility on perceived power. *Journal of Applied Social Psychology*, 23(17):1407-1425.

Ng, S. H. & Bradac, J. J. 1993. *Power in language*. Newbury Park: Sage.

Nimmo, D. D. & Sanders, K. R. (eds.). 1981. *Handbook of political communication*. Berverly Hills: Sage.

OAKHILL, J. & GARNHAM, A. (eds.). 1996. *Mental models in cognitive science. Essays in honour of Phil Johnson-Laird.* Hove (Sussex): Psychology Press.

O'BARR, W. M. 1982. *Linguistic evidence*: language, power and strategy in the courtroom. New York: Academic Press.

O'BARR, W. M.; CONLEY, J. M. & LIND, A. 1978. The power of language: presentational style in the courtroom. *Duke Law Journal*, 14:266-279.

O'KEEFE, D. J. 2002. *Persuasion*: theory & research. Thousand Oaks: Sage.

OSLER, A. 1994. Still hidden from history: The representation of women in recently published history textbooks. *Oxford Review of Education*, 20(2):219-235.

OWSLEY, H. H. & SCOTTON, C. M. 1984. The conversational expression of power by television interviewers. *Journal of Social Psychology*, 123:696-735.

PACKARD, V. 1957. *The hidden persuaders*. New York: Pocket Books.

PALMER, M. T. 1989. Controlling conversations: turns, topics, and interpersonal control. *Communiction. Monographs*, 56(1):1-18.

PALMER, N. (ed.). 2003. *Terrorism, war and the press*. Teddington, Middlesex: Hollis.

PARDO, M. L. 1996. *Derecho y linguistica*: como se juzga com palabras. Buenos Aires: Nueva Visión.

PASIERBSKY, F. 1983. *Krieg und Frieden in der Sprache*. Frankfurt: Fischer.

PARKINSON, M. G.; GEISLER, D. & PELIAS, M. H., 1983. The effects of verbal skills on trial success. *Journal of the American Forensic Association*, 20:16-22.

PECHEUX, M. 1969. *Analyse automatique du discours*. New York: St. Martin's Press.

__________. 1975. Analyse du discourse. Langue et ideologies. *Langages*, 37.

PERCY, L. & ROSSITER, J. R. 1980. *Advertising strategy*: a communication theory approach. New York: Praeger.

PETTIGREW, A. M. 1972. Information control as a power resource. *Sociology*, 6:187-204.

__________. 1973. *The politics of organizational decision making*. London: Tavistock.

PETTY, R. E. & CACIOPPO, J. T. 1981. *Attitudes and persuasions*: classic and contemporary approaches. Dubuque: Wm. C. Brown.

PFEFFER, J. 1981. *Power in organizations*. Marshfield: Pitman.

PHIZACKLEA, A. & MILES, R. 1979. Working class racist beliefs in the inner city. In: MILES, R. & PHIZACKLEA, R. (eds.). *Racism and political action in Britain*. London: Routledge & Kegan Paul.

POWELL, L. W. 1989. Analyzing misinformation: perceptions of congressional candidates ideologies. *American Journal of Political Science*, 33:272-293.

PREISWERK, R. (ed.). 1980. *The slant of the pen. Racism in children's books.* Geneva: World Council of Churches.

RADTKE, I. (ed.). 1981. *Die sprache des Rechts und der Verwaltung*. Volume II of Deutsche Akademie fur Sprache und Dichtung, Die offentiche Sprachgebrauch. Stuttgart: Klett-Cotta.

RAGAN, S. L. 1983. Alignment and conversational coherence. In: CRAIKG, R. T. & TRACY, K. (eds.). *Conversational coherence*. Beverly Hills: Sage, pp. 157-171.

RASMUSSEN, D. M. (ed.). 1996. *The handbook of critical theory*. Oxford: Blackwell.

REEVES, F. 1983. *British racial discourse*. Cambridge: Cambridge University Press.

RICHSTAD, J. & ANDERSON, M. H., (eds.) 1981. *Crisis in international news*. New York: Columbia University Press.

RILEY, P. 1983. A structurationist account of political culture. *Administrative Science Quarterly*, 28:414-437.

ROBINSON, J. P. & LEVY, M. R. 1986. *The main source. Learning from television news*. Beverly Hills: Sage.

ROLOFF, M. E. & BERGER, C. R. (eds.). 1982. *Social cognition and communication*. Beverly Hills: Sage.

ROLOFF, M. E. & MILLER, G. R. 1980. *Persuasion*: new directions in theory and research. Beverly Hills: Sage.

ROSEMAN, I.; ABELSON, R. P. & EWING, M. F. 1986. Emotion and political cognition: Emotional appeals in political communication. In: LAU, R. R. & SEARS, D. O., (eds.). *Political cognition*. Hillsdale: Erlbaum, pp. 279-294.

ROSENBLUM, M. 1981. *Coups and earthquakes*: reporting the world to America. New York: Harper Row.

Sabsay, S. & Platt, M. 1985. *Social setting, stigma and communicative competence*. Amsterdam: Benjamins.

Sacks, H.; Schegloff, E. A. & Jefferson, G. A. 1974. A simplest systematics for the organization of turn taking for conversation. *Language*, 50:696-735.

Said, E. W. 1979. *Orientalism*. New York: Random House (Vintage).

__________. 1981. *Covering Islam*. Henley, Oxfordshire: Routledge & Kegan Paul.

Saville-Troike, M. 1982. *The ethnography of communication*. Oxford: Basil Blackwell.

Schatzman, L. & Strauss, A. 1972. Social class and modes of communication. In: Moscovici, S. (ed.). *The psychosociology of language*. Chicago: Markham, pp. 206-211.

Scherer, K. R. & Giles, H. 1979. *Social markers in speech*. Cambridge: Cambridge University Press.

Schlenker, B. R. 1980. *Impression management*: the self-concept, social identity and interpersonal relations. Monterey: Brooks/Cole.

Schiller, H. L. 1973. *The mind managers*. Boston: Beacon Press.

Schramm, W. & Atwood, E. 1981. *Circulation of news in the Third World*: a study of Asia. Hong Kong: Chinese UniversityPress.

Scott, M. & Lyman, S. 1968. Accounts. *American Sociological Review*, 33:46-62.

Seibold, D. R., Cantrill, J. G. & Meyeres, R. A. 1985. Communication and interpersonal influence. In: Knapp, M. I. & Miller, G. R. (eds.). *Handbook of interpersonal communication*. Beverly Hills: Sage, pp. 551-611.

Seidel, G. 1985. Political discourse analysis. In: van Dijk, T. A. (ed.). *Handbook of discourse analysis*: vol. 4. Discourse analysis in society. London: Academic Press, pp. 43-60.

Seidel, G. 1987a. The white discursive order: the British New Right's discourse on cultural racism, with particular reference to the Salisbury Review. In: Zvala, I.; van Dijk, T. A. & Diaz-Diocaretz, M. (eds.). *Literature, discourse, psychiatry*. Amsterdam: Benjamins.

Seidel, G. 1987b. The British New right's "enemy within": the anti-racistas. In: Smitherman-Donaldson, G. & van Dijk, T.A. (eds.). *Discourse and discrimination*. Detroit: Wayne State University Press.

Seidel, G., Ed. 1988. *The nature of the right. A feminist analysis of order patterns*. Amsterdam: Benjamins.

Seliktar, O. 1986. Identifying a society's belief system. In: Hermann, M.G. (ed.). *Political Psychology*. San Francisco: Jossey-Bass, pp. 320-354.

Shapiro, M., (ed.). 1984. *Language and politics*. Oxford: Basil Blackwell.

Shohat, E. & Stam, R. 1994. *Unthinking eurocentrism. Multiculturalism and the media*. London: Routledge & Kegan Paul.

Shore, B. 1996. *Culture in mind: Cognition, culture and the problem of meaning*. New York: Oxford University Press.

Shuy, R.W. 1986. Some linguistic contributions to a criminal court case. In: Fisher, S. & Todd, A.D. (eds.). *Discourse and institutional authority:* Medicine, education and law. Norwood, NJ: Ablex, pp. 234-249.

Shuy, R.W. 1992. *Language crimes. The use and abuse of language evidence in the courtroom*. Oxford: Blackwell.

Shuy, R.W. 2001. Discourse analysis in the legal context. In: D. Schiffrin, D. Tannen & H.E. Hamilton, eds. *The Handbook of Discourse Analysis*. Oxford: Blackwell, pp. 437-452.

Sidel, M. 2004. *More secure, less free? Antiterrorism policy & civil liberties after September 11*. Ann Arbor: University of Michigan Press.

Sierra, M.T. 1992. *Discurso, cultura y poder. El ejercio de la autoridad em los pueblos hfiethiifis del Valle del Mezquital*. Gobierno del Estado de Hildago: Centro de Investigaciones y Estúdios Superiores em Antropologia Social.

Sinclair, J. McH. & Brazil, D. 1982. *Teacher talk*. Oxford: Oxford University Press.

Singh, R., Ed. 1996. *Towards a critical sociolinguistics*. Amsterdam: Benjamins.

Slobin, D. I., Miller, S. H. & Porter, L. W. 1972. Forms of address and social relations in a business organization. In: S. Moscovici, ed. *The psychosociology of language*. pp. 2263-272.

Smith, D.E. 1991. Writing women's experience into social science. *Feminism and Psychology*, 1(1):155-169.

Smitherman-Donaldson, G. & van Dijk, T.A., Eds. *Discourse and discrimination*. Detroit: Wayne State University Press.

SNIDERMAN, P. M., TETLOCK, P. E. & CARMINES, E. G., Eds. 1993. *Prejudice, politics and the American dilemma.* Stanford, CA: Stanford University Press.

SNOW, C. & FERGUSON, C., Eds. 1977. *Talking to children.* New York: Cambridge University Press.

SOLOMOS, J. 1989. *Race and racism in contemporary Britain.* London: Macmillan.

SOLOMOS, J. 1993. *Race and racism in Britain.* New York: St. Martin's Press.

SOLOMOS, J. & BACK, L. 1995. *Race, politics, and social change.* London: Routledge.

SPENDER, D. 1980. *Man made language.* London: Routledge & Kegan Paul.

SPERBER, D. & WILSON, D. 1986. *Relevance: Communication and cognition.* Cambridge, MA: Harvard University Press.

STOLL, E. A. 1983. A naturalistic study of talk in the classroom. Doctoral dissertation, University of Utah.

STRONG, P.M. 1979. *The ceremonial order of Me clinic:* Parents, doctors and medical bureaucracies. London: Routledge & Kegan Paul.

SYKES, M. 1985. Discrimination in discourse. In T.A. VAN DIJK, ed. *Handbook of discourse analysis: Vol. 4, Discourse analysis in society.* London: Academic Press, pp. 83-101.

SYKES, M. 1987. From "rights" to "needs": Official discourse and the "welfarisation" of race. In: G. SMITHERMAN-DONALDSON & T.A. VAN DIJK, eds. *Discourse and discrimination.* Detroit: Wayne State University Press.

TAGUIEFF, P.-A. 1988. *La force du prejudge. Essai sur le racisme et ses soubles.* Paris: Editions de la Decouverte.

TAJFEL, H. 1981. *Human groups and social categories.* Cambridge: Cambridge University Press.

TANNEN, D. 1994a. *Gender and discourse.* New York: Oxford University Press.

TANNEN, D. 1994b. *Talking form 9 to 5. How women's and men's conversational styles affect who gets heard, who gets credit, and what gets done at work.* New York: Morrow.

TEDESCHI, J.T., Ed. 1981. *Impression management. Theory and social psychological research.* New York: Academic Press.

TEDESCHI, J.T. & REISS, M. 1981. Identities, the phenomenal self, and laboratory research. In: J.T. TEDESCHI, ed. *Impression management. Theory and social psychological research.* New York: Academic Press, pp. 3-22.

TER WAL, J. 1997. *The reproduction of ethnic prejudice and racism through policy and news discourse.* The Italian case (1988-92). Florence, PhD, European Institute.

TETLOCK, P.E. 1981. Personality and isolationism: Content analysis of senatorial speeches. *Journal of Personality and Social Psychology,* 41:737-743.

TETLOCK, P.E. 1983. Cognitive style and political ideology. *Journal of Personality and social Psychology,* 45(1):188-126.

TETLOCK, P.E. 1984. Cognitive style and political belief systems in the British House of Commons. *Journal of Personality and Social Psychology,* 46:365-75.

TETLOCK, P.E. 1985a. Integrative complexity of policy reasoning. In: S. KRAUSS & R. PERLOFF, eds. *Mass media and political thought.* Beverly Hills, CA: Sage.

TETLOCK, P.E. 1985b. Toward an intuitive politician model of attribution processes. In B.R. SCHLENKER, ed. *The self and social life.* New York: McGraww-Hill.

TETLOCK, P.E. 1993. Cognitive structural analysis of political rhetoric: Methodologicaland theoretical issues. In: S. IYENGAR & W.J. MCGUIRE, eds. *Explorations in political psychology.* Duke Studies in Political Psychology. Durham, NC: Duke University Press, pp. 380-445.

THERBORN, G. 1980. *The ideology of power and the power of ideology.* London: Verso.

THOMAS, J. 1993. *Doing critical ethnography.* Newbury Park: Sage.

THORNE, B.& HENLY, N. 1975. *Language and sex: Difference and dominance.* Rowley, MA: Newbury House.

THORNE, B., KRAMARAE, C. & HENLY, N., Eds. 1983. *Language, gender and society.* Rowley, MA: Newbury House.

TOLMACH LAKOFF, R. 1981. Persuasive discourse and ordinary conversation: with examples from advertising. In D. TANNEN, ed. *Analyzing discourse: Text and talk.* Washington, DC: Georgetown Univeristy Press, pp. 25-42.

TREICHLER, P., FRANKEL, R. M., KRAMARAE, C., ZOPPI, C. & BECKMAN, H. B. 1984. Problems and problems: Power relationships in a medical interview. In: C. KRAMARAE, M. SCHULTZ & W.M. O'BARR, eds. *Language and power.* Beverly Hills, CA: Sage, pp. 43-61.

TRUMEL-PLUTZ, S., Ed. 1984. *Gewalt durch Sprache. De Vergewaltigung von Frauen in Gesprachen*. Frankfurt: Fisher

TROYNA, B. 1981. *Public awareness and the media:* A study of reporting on race. London: commission for Racial Equality.

TUCHMAN, G. 1978. *Making news:* A study in the construction of reality. New York: Free Press.

TUCHMAN, G. DANIELS, A. K. & BENET, J., Eds. 1978. *Hearth and home:* Images of women in the mass media. New York: Oxford University Press.

TULVING, E. 1983. *Elements of episodic memory*. Oxford: Oxford University Press.

TURKEL, G. 1996. *Law and society. Critical approaches*. Boston: Allyn and Bacon.

TUROW, J. 1983. Learning to portray institutional power: The socialization of creators of mass media organization. In: R. D. MCPHEE & P. K. TOMPKINS, eds. *Organizational communication: Traditional themes and new directions*. Beverly Hills, CA: Sage, pp.211-234.

UNESCO. 1977. *Ethnicity and the media*. Paris: Unesco.

UNESCO. 1980. *Many voices, one world*. Report by the International Commission for the Study of Communication Problems (chaired by Sean MacBride). Paris: Unesco, London: Kogan Page.

VAN DIJK, T. A. 1977. *Text and context*. London: Longman.

VAN DIjk, T. A. 1980. *Macrostructures*. Hillsdale, NJ: Lawrence Erlbaum.

VAN DIJK, T. A. 1981. *Studies in the pragmatics of discourse*. The Hague: Mouton de Gruyter.

VAN DIJK, T. A. 1983. *Minderheden in the media*. Amsterdam: Socialistische Uitgeverij Amsterdam.

VAN DIJK, T. A. 1984a. *Prejudice and discourse. An analysis of ethnoprejudice in cogition and conversation*. Amsterdam: Benjamins.

VAN DIJK, T. A. 1984b. *Structures of international news. A case study of the world's press*. Unpublished manuscript. University of Amsterdam, Department of General Literary Studies, Section of Discourse Studies.

VAN DIJK, T. A., Ed. 1985a. *Handbook of discourse analysis*. 4 vols. London: Academic Press.

VAN DIJK, T. A., Ed. 1985b. *Discourse and communication. New approaches to the analysis of mass media discourse and communication*. Berlin: De Gruyter.

VAN DIJK, T. A. 1985c. Cognitive situation models in discourse processing. The expression of ethnic situation models in prejudiced stories. In J.P. FORGAS, ed. *Language and social situations*. New York: Springer, pp. 61-79.

VAN DIJK, T. A. 1987a. *Communicating racism: Ethnic prejudice in thought and talk*. Beverly Hills, CA: Sage.

VAN DIJK, T. A. 1987b. *News as discourse*. Hillsdale, NJ: Lawrence Erlbaum.

VAN DIJK, T. A. 1987c. *News analysis:* Case studies of national and international news: Lebanon, ethnic minorities, refugees, squatters. Hillsdale, NJ: Lawrence Erlbaum.

VAN DIJK, T. A. 1987d. *Schoolvoorbeelden van raism*. Amsterdam: Socialistische Uitgeverij Amsterdam.

VAN DIJK, T. A. 1987e. How "they" hit the headlines: Ethnic minorities in the press. In: G. SMITHERMAN-DONALDSON & T. A. VAN DIJK, eds. *Discourse and discrimination*. Detroit: Wayne StateUniversity Press.

VAN DIJK, T. A. 1987f. *Social cognition, social power and social discourse*. Paper presented at the International Conference on Social psychology and Language, Bristol.

VAN DIJK, T. A. 1987g. Elite discourse and racism. In: I. ZAVALA, T. A. VAN DIJK & M. DIAZ-DIOCARETZ, eds. *Approaches to discourse, poetics and psychiatry*. Amsterdam: Benjamins, pp. 81-122.

VAN DIJK, T. A. 1987h. Episodic models in discourse processing. In: R. HOROWITZ & S.J. SAMUELS, eds. *Comprehending oral and written language*. San Diego, CA: Academic Press, pp. 161-196.

VAN DIJK, T. A. 1988. The Tamil panic in the press. In T. A. VAN DIJK, ed. *News analysis*. Hillsdale, NJ: Erlbaum, pp. 215-254.

VAN DIJK, T. A. 1990. Social cognition and discourse. In: H. GILES & R.P. ROBINSON, eds. *Handbook of social psychology and language*. Chichester: Wiley, pp. 163-183.

VAN DIJK, T. A. 1991. *Racism and the press*. London: Routledge.

VAN DIJK, T. A. 1992a. Discourse and the denial of racism. *Discourse and Society*, 3:87-118.

VAN DIJK, T. A. 1992b. Elite discourse and the reproduction of racism. In: STANFIELD, J. & R.M. DENNIS, eds. *Methods in race and ethnic relations research*. Newbury Park, CA: Sage.

VAN DIJK, T. A. 1993a. *Elite discourse and racism.* Newbury Park, CA: Sage.

VAN DIJK, T. A. 1993b. Discourse and cognition in society. In: D. CROWLEY, D. MITCHELL, eds. *Communication theory today.* Oxford: Pergamon, pp. 104-126.

VAN DIJK, T. A. 1993c. Principles of critical discourse analysis. *Discourse and Society* 4:249-283.

VAN DIJK, T. A. 1996. Discourse, power and access. In: R. C. CALDAS-COULTHARD & M. COULTHARD, eds. *Texts and practices:* Readings in Critical Discourse Analysis. London: Routledge & Kegan Paul, pp. 84-104.

VAN DIJK, T. A. 1997a. Cognitive context models and discourse. In: M. STAMENOW, ed. *Language structure, discourse and the access to consciousness.* Amsterdam: Benjamins, pp. 189-226.

VAN DIJK, T. A., Ed. 1997b. *Discourse studies:* a multidisciplinary introduction. London: Sage.

VAN DIJK, T. A. 1997c. What is political discourse analysis? In: J. BLOOMAERT & C. BULCAEN, eds. *Political linguistics.* Amsterdam: Benjamins, pp. 11-52.

VAN DIJK, T. A. 1998a. *Ideology. A multidisciplinary study.* London: Sage.

VAN DIJk, T. A. 1998b. Towards a theory of context and experience models in discourse processing. In: H. VAN OOSTENDORP & S. GOLDMAN, eds. *The construction of mental models during reading.* Hillsdale, NJ: Erlbaum.

VAN DIJK, T. A. & KINTSCH, W. 1983. *Strategies of discourse comprehension.* New York: Academic Press.

VAN DIJK, T. A. 2001. Multidisciplinary CDA: A plea for diversity. In: R. WODAK & M. MEYER, eds. *Methods of Critical discourse Analysis.* London: Sage, pp. 95-120.

VAN DIJK, T. A. 2003. *Ideologia y discurso.* Barcelona: Ariel.

VAN LEEUWEN, T. 2005. *Introducing social semiotics.* London: Routledge.

VAN OOSTENDORP, H. & GOLDMAN, S. R., eds. 1999. *The construction of mental representations during reading.* Manwah, NJ: Erlbaum.

VAN OOSTENDORP, H. & ZWAAN, R. A., Eds. 1994. *Naturalistic text comprehension.* Norwood, NJ: Ablex.

VAN ZOONEN, L. 1994. *Feminist media studies.* London: Sage.

WALKER, A. G. 1982. Patterns and implications of co-speech in a legal setting. In: R. J. DI PIETRO, ed. *Linguistics and the professions.* Norwood, NJ: Ablex, pp. 101-112.

WALKER, A. G. 1986. The verbatim record: The myth and the reality. In: S. FISHER & A. D. TODD, eds. *Discourse and institutional authority:* Medicine, education and law. Norwood, NJ: Lawrence Erlbaum.

WARTENBERG, T.E. 1990. *The forms of power: From domination to transformation.* Philadelphia: Temple University Press.

WEAVER, C. A., MANNES, S. & FLETCHER, C.R., eds. 1995. *Discourse comprehension. Essays in honor of Walter Kintsch.* Hillsdale, NJ: Lawrence Erlbaum.

WELLMAN, D. T. 1993. *Portraits of white racism.* Cambridge: Cambridge University Press.

WEMER, F. 1983. *Gesprcichsverhalten von Frauen and Manner.* Frankfurt: Lang.

WEST, C. 1984. *Routine complications:* Troubles with talk between doctors and patients. Bloomington: Indiana University Press.

WEST, C. & ZIMMERMAN, D. H. 1983. Small insults: A study of interruptions incross-sex conversations between unacquainted persons. In: B. THORNE, C. KRAMARAE & N. HENLY, eds.. *Language, gender and society.* Rowley, MA: Newbury House, pp. 102-117.

WEST, C. & ZIMMERMAN, D.H. 1985. Gender, language and discourse. In: T. A. VAN DIJK, ed. *Handbookof discourse analysis: Vol. 4. Discourse analysis in society.* London: Academic Press, pp. 102-114.

WETHERELL, M. & POTTER, J. 1992. *Mapping the language of racism: discourse and the legitimation of exploitation.* New York: Columbia University Press.

WHITE, D. M. 1976. *The concept of power.* Morristown, NJ: General Learning Press.

WILKINSON, L. C., Ed. 1982. *Communicating in the classroom.* New York: Academic Press.

WILLIAMS, J., Ed. 1995. *PC wars. Politics and theory in the academy.* New York: Routledge & Kegan Paul.

WILLIS, P. 1977. *Learning to labour:* How working class kids get working class jobs. London: Saxon House.

WILSON, C. & GUTIÉRREZ, F. 1985. *Minorities and media.* Beverly Hills, CA: Sage.

WILSON, J. 2001. Political discourse. In: D. SCHIFFRIN, D. TANNEN & H.E. HAMILTON, eds. *The Handbook of Discourse Analysis*. Oxford: Blackwell, pp. 398-415.

WODAK, R. 1984. Determination of guilt: discourse in the courtroom. In: C. Kramarae, M. SCHULZ, & W.M. O'BARR, eds. *Language and power*. Beverly Hills, CA: Sage, pp. 89-100.

WODAK, R. 1985. The interaction between judge and defendant. In: T. A. VAN DIJK, ed. *Handbook of discourse analysis:* Vol. 4. Discourse analysis in society. London: Academic Press, pp. 181-191.

WODAK, R. 1987. "And where is the Lebanon?" A socio-psycholinguistic investigation of comprehension and intelligibility of news. *Text* 7(4):377-410.

WODAK, R. 1996. *Disorders of discourse*. London: Longman.

WODAK, R. 1997. *Gender and discourse*. London: Sage.

WODAK, R., NOWAK, P., PELIKAN, J., GRUBER, H. de Cillia, R. & MITTEN, R. 1990. *"Wir sind alle unschuldige Triter." Diskurshistorische Studien zum Nachkriegantisemitismus*. Frankfurt/Main: Suhrkamp.

WODAK, R. & REISIGL, M. 2001. Discourse and racism. In: D. SCHIFFRIN, D. TANNEN & H.E. HAMILTON, eds. *The Handbook of Discourse Analysis*. Oxford: Blackwell, pp. 372-397.

WODAK, R. & VAN DIJK, T. A., Eds. 2000. *Racism at the top*. Klagenfurt: Drava Verlag.

WRONG, D. H. 1979. *Power, its forms, bases and uses*. Oxford: Basil Blackwell.

WYER, R. S., BUDESHEIM, T. L., SHAVITT, S., RIGGLE, E. D. et al. 1991. Image, issues, and ideology: the processing of information about political candidates. *Journal of Personality and Social Psychology*, 61(4):533-545.

WYER, R. S. J. & Ottati, V. C. 1993. Political information processing. In: S. IYENGAR & W. J. MCGUIRE, eds. *Explorations in political psychology*. Duke Studies in Political Psychology. Durham, NC: Duke University Press, pp. 264-295.

YOUNG, M., Ed. 1971. *Knowledge and control. New directions for the sociology of education*. London: collier-Macmillan.

ZALLER, J. R. 1990. Political awareness, elite opinion leadership, and the mass survey response. *Social Cognition*, 8(1):125-153.

ZANNA, M. P. OLSON, J.M., eds. 1994. *The psychology of prejudice*. The Ontario Symposium, vol 7. Hillsdale, NJ: Lawrence Erlbaum.

ZIMMERMANN, H. D. 1969. *Die politische rede. Der Sprachgebrauch Bonner Politiker*. Stuttgart: Kohlhammer.

ZIZEK, S. 2002. *Welcome to the desert of the real! Five essays on 11 September and related dates*. London: Verso.

ZUMBUHL, U. 1984. "Ich darf noch gnz kurz...": die m'annliche Gesschwätzig, keit am Beispiel von zwei TV-Disussionssendungen. In: S. TRÓMEL-PLÓTZ, ed. *Gewalt durch Sprache. Die Vergewaltigung von Frauen in Gespritchen*. Frankfurt: Fischer, pp. 233-245.

O autor

Teun A. van Dijk é professor da Universidade Pompeu FaBra de Barcelona (Espanha) desde 1999. Licenciado na Universidade Livre de Amsterdã e na Universidade de Amsterdã (Holanda), é doutor por esta última. Foi editor-fundador das revistas *Poetics*, *TEXT*, *Discourse & Society* e *Discourse Studies*; ainda é editor das duas últimas. Fundou também a revista multidisciplinar *Discourse & Communication* e a revista on-line em espanhol *Discurso y Sociedad*. Idealizador do site www.racismos.org e co-fundador e secretário-geral da *International Association for the Study of Racism* (IASR). Pela Editora Contexto publicou os livros *Cognição, discurso e interação* e *Racismo e discurso na América Latina*, o último como organizador.

As organizadoras

Judith Hoffnagel

PhD. em Antropologia pela Universidade de Indiana (EUA), tem pós-doutorado em Antropologia Linguística pela Universidade do Texas (EUA). É professora associada do Departamento de Letras da Universidade Federal de Pernambuco (UFPE) e pesquisadora nível I do CNPq. É organizadora e tradutora para língua portuguesa de três livros da obra do linguista norte-americano Charles Bazerman.

Karina Falcone

Doutora e mestra em Linguística pela Universidade Federal de Pernambuco (UFPE). Formada em Jornalismo, atuou como repórter no *Correio Braziliense*. Atualmente é pesquisadora e professora recém-doutora na UFPE pelo programa Prodoc/Capes.

Agradecimentos

Agradeço às editoras mencionadas abaixo a permissão para publicar no Brasil os seguintes ensaios:

Structures of Discourse and Structures of Power. In: J. A. Anderson (ed.), *Communication Yearbook* 12, pp. 18-59. Newbury Park, CA: Sage, 1989.

Discourse, Power and Access. In: Carmen Rosa Caldas-Coulthard and Malcolm Coulthard (eds.), *Texts and Practices. Readings in Critical Discourse Analysis.* (pp. 84-104). London: Routledge, 1996.

Critical Discourse Analysis. In: D. Tannen, D. Schiffrin e H. Hamilton (eds.), *Handbook of Discourse Analysis.* (pp. 352-371). Oxford: Blackwell, 2001.

Discourse and Racism. In: David Goldberg e John Solomos (eds.), *The Blackwell Companion to Racial and Ethnic Studies.* (pp. 145-159). Oxford: Blackwell.

Discourse and the Denial of Racism. *Discourse & Society*, 3 (1992), pp. 87-118.

Political Discourse and Political Cognition. In: Paul A. Chilton e Christina Schäffner (eds.), *Politics as Text and Talk. Analytical Approaches to Political Discourse.* (pp. 204-236). Amsterdã: Benjamins, 2002.

Discourse and Manipulation. *Discourse & Society*, 17 (2), pp. 359-383, 2006.

T.V.D.